Glücklicher leben mit Vollwertkost

Hildegard Hölzle

Schnitzer.

D-7742 St. Georgen im Schwarzwald
ISBN 3-922894-26-7

Gesamtherstellung: Reiff Druck, 7600 Offenburg

Inhalt

Was ist Vollwertkost?

Viele von Ihnen, liebe Leser, sind sicherlich schon einmal mit dem Begriff „Vollwertkost" konfrontiert worden. Ja, haben vielleicht schon einmal versucht, Ihre Ernährung in diese Richtung umzustellen.
Erfahrungsgemäß ist dies für viele nicht so einfach. Der Mensch, Gewohnheiten unterlegen, neigt dazu, immer wieder in alte Ernährungsgewohnheiten zurückzufallen, obwohl er weiß, daß das eine oder andere Nahrungsmittel seiner Gesundheit nicht förderlich ist.
Dieses Kapitel soll dazu dienen, Ihr Ernährungsverhalten erneut zu prüfen und „Neulingen" auf dem Gebiet der Vollwerternährung die Zusammenhänge zwischen Ernährung und Gesundheit aufzuzeigen.
In unseren hier gemachten Aussagen stützen wir uns auf die langjährigen Untersuchungen namhafter Wissenschaftler wie Dr. med. Bircher-Brenner (1867–1939), Prof. Kollath (1892–1970), Dr. med. M. O. Bruker und Dr. Johann Georg Schnitzer.
Sie zeigen uns, daß unsere Gesundheit nicht von einem blinden Schicksal abhängig ist, das uns aus heiterem Himmel mit chronischen Krankheiten und frühzeitigem Siechtum schlägt.

Die Ausbreitung der Zivilisationskrankheiten

Die verschiedenen Zivilisationskrankheiten haben nicht nur in unserem Bekanntenkreis erschreckende Ausmaße angenommen. Auch die Statistik spiegelt diese Tatsache wider. Folgende Zivilisationskrankheiten gelten heute bei Ganzheitsmedizinern und umfassend forschenden Wissenschaftlern als ernährungsbedingt:

1. Der Gebißverfall
   - Praktisch jeder leidet an Folgen der Zahnkaries (98%). Zahnkaries beginnt heute in der Regel schon im Alter von 2 Jahren.
   - Parodontose, eine degenerative Erkrankung des Zahnhalteapparates, die zum Verlust von noch mehr Zähnen führt als Karies. Viele junge Leute tragen heute schon Vollprothesen.
   - Zahnfehlstellungen finden sich bei 70% der heutigen Jugend.
2. Herz- und Kreislauferkrankungen
   Sie stellen zur Zeit immer noch die Haupttodesursache dar.
3. Erkrankungen des Bewegungsapparates
   Arthritis, Arthrosen, Rheuma.
4. Stoffwechselerkrankungen
   Zuckerkrankheit, Gicht, auch Übergewicht als Risikofaktor, Stuhlverstopfungen.
5. Ablagerungserkrankungen
   Gallen- und Nierensteine.
6. Infektionskrankheiten
   Durch Mangel an Vitalstoffen ist das Abwehrsystem nicht funktionsfähig.
7. Nervenerkrankungen
   Oft sind zu geringe nervliche Belastbarkeit, innere Unruhe und Unausgeglichenheit die Folge.
8. Krebserkrankungen
   Bei der Entstehung spielen natürlich auch Krebsgifte wie Pestizide, zu hohe Schwermetallkonzentrationen, Chemiegifte, Suchtgifte sowie psychische Faktoren eine Rolle.

Den direkten Zusammenhang zwischen falscher Ernährung und dem Anstieg der oben genannten Krankheiten hat man erst sehr spät erkannt. Karies entwickelt sich zwar sehr rasch durch Fehlernährung. Die meisten anderen Krankheiten kommen aber erst mit einem Verzögerungsfaktor von ca. 20 Jahren zum Ausbruch. Es handelt sich hierbei um die von den englischen Forschern CLEAVE und CAMPBELL aufgestellte „Regel der 20 Jahre". In der BRD findet sich diese Regel nur zu gut bestätigt: Im Jahre 1969, also 20 Jahre nach der Währungsreform, die zugleich eine Veränderung der Ernährungsgewohnheiten in Richtung verfeinerte Zivilisationskost mit sich brachte, kam es zu einem steilen Anstieg von Übergewicht, Herzinfarkt und Zuckerkrankheit.

„Das Denken in Kalorien" – ein Fehler der alten Ernährungslehre

Fragen wir uns nun, wie es zu dieser katastrophalen Krankheitsflut kommen konnte. Nicht ganz unschuldig daran scheint die vor Jahren praktizierte Ernährungsforschung zu sein.
Viele Ansichten, die Sie heute über Ernährungsfragen zu hören bekommen, basieren

noch auf dieser veralteten Ernährungslehre. Hier glaubte man lange Zeit, es sei ausreichend, wenn der Mensch die drei Grundnährstoffe Eiweiß, Fett und Kohlenhydrate zu sich nimmt. Der Wert einer Kost wurde in Kalorien berechnet. Man war der Überzeugung, je mehr reine Nahrungsmittel der Mensch ißt, um so besser sei dies für seinen Organismus und um so mehr könne er an Leistung erbringen.
Aus diesem Denken heraus kam es dann zur fabrikmäßigen Herstellung von „reinen Nahrungsmitteln" wie Industriezucker und Weißmehl. Dabei wurde die Nahrung von allen für überflüssig gehaltenen „Ballaststoffen" befreit, um dem Körper konzentrierte Energie zuzuführen und ihm überflüssige Arbeit abzunehmen. Daß z. B. mit der ausgesiebten Kleie beim Getreide lebensnotwendige Vitamine, Fermente, Eiweißstoffe, Mineralstoffe, Spurenelemente und Aromastoffe aus der menschlichen Ernährung entfernt wurden, davon hatte man damals natürlich noch keine Ahnung, weil diese Stoffe noch nicht erforscht waren.

Die „neuzeitliche" Ernährungslehre – Entdeckung der Vitalstoffe

Mit der Entdeckung der Vitamine vor ca. 80 Jahren kam es zu einer grundlegenden Wandlung in der Ernährungslehre. Nun dämmerte es bereits einzelnen Forschern und Ärzten, daß mit der Verfeinerung der Nahrung ein schwerwiegender Fehler gemacht worden sein könnte. Man erkannte, daß der menschliche Organismus außer Eiweiß, Fett und Kohlenhydraten auch noch andere Substanzen brauchte, um die Gesundheit zu erhalten.
Die analytische Ernährungsforschung hat in den letzten Jahrzehnten ständig neue Stoffe entdeckt, die sich als unentbehrlich für die Erhaltung der Gesundheit herausstellten. Diese Stoffe werden heute unter dem Begriff „Vitalstoffe" zusammengefaßt. Hierzu gehören außer den Vitaminen auch die Mineralstoffe, Spurenelemente, Fermente oder Enzyme, ungesättigte Fettsäuren und die Aromastoffe.
Die moderne Ernährungslehre hat somit auch den Wert der Vitalstoffe erkannt. Nur wenn die Vitalstoffe in einem ausgeglichenen Verhältnis zueinander in der Nahrung vorhanden sind, bleibt der Mensch gesund.

Aber glauben Sie jetzt nicht, daß uns alle Vitalstoffe bekannt sind! Viele sind bis heute unentdeckt. Forscher vermuten z. B. statt der bekannten ca. 40 über 100 Vitamine. Selbst beim Weizen, der die weltweit wichtigste Ernährungsgrundlage darstellt, sind noch immer 9% der Inhaltsstoffe unerforscht.
Wir dürfen uns somit nicht auf die analytische Ernährungsforschung verlassen. Es gibt nur eine Möglichkeit, auch die noch unentdeckten Stoffe mit der Nahrung aufzunehmen, indem wir alle Lebensmittel „so natürlich wie möglich" zu uns nehmen. Wobei wir beim Begriff „Vollwertkost" angelangt wären.
Vollwertkost ist niemals fabrikatorisch manipuliert. Bei ihr wird nichts hinzugefügt und nach Möglichkeit auch nichts weggelassen. In der Vollwertkost kommen wir der berühmten Forderung des Ernährungswissenschaftlers Prof. KOLLATH nach:
Laßt die Nahrung so natürlich wie möglich!
Wird die Nahrung maschinell und industriell verarbeitet, so wird aus dem Lebensmittel ein Nahrungsmittel. Unser wichtigstes Lebensmittel, das Getreide, wird so z. B. durch die Technik zum „Krankheitsmittel" gemacht.

Lebensmittel oder Nahrungsmittel? – Worin liegt der Unterschied?

Wer sich mit dieser Frage noch nicht auseinandergesetzt hat, wird vielleicht auf Anhieb keinen Unterschied feststellen. Aber starten Sie zur Klärung dieser Frage doch mal einen Versuch: Säen Sie ein Haferkorn in Ihrem Garten aus. Bereits in wenigen Tagen können Sie beobachten, wie aus dem Korn eine kleine Pflanze heranwächst.
Hier handelt es sich um ein „Lebensmittel", welches „Leben" hervorbringt. Nun versuchen Sie einmal das gleiche mit einer Haferflocke. Sie werden kein Glück haben und wenn Sie ihr auch noch so gut zureden! Bei ihr handelt es sich um eine „tote" Substanz, die keine neue Pflanze, kein „Leben" hervorbringt. Nun kennen Sie den Unterschied zwischen Lebens- und Nahrungsmittel! Die Haferflocke wurde durch Hitzebehandlung haltbar gemacht. Wertvolle Vitalstoffe wurden dabei zerstört. Aus dem Lebensmittel wurde durch diesen Bearbeitungsprozeß ein „totes" Nahrungsmittel.

Die Hitzebehandlung unserer Nahrung

Es ist doch heute selbstverständlich geworden, Nahrungsmittel zu kochen, sterilisieren, pasteurisieren usw. Man hält diese Hitzebehandlung nicht nur für unbedenklich, sondern sogar für gesundheitlich vorteilhaft. Eventuell vorhandene Bakterien werden abgetötet und die Nahrung sei darüber hinaus besser aufschließbar. Erst in den letzten Jahren setzte sich allmählich die Erkenntnis durch, daß Hitze den gesundheitlichen Wert der Nahrung ganz wesentlich schmälert.

Durch die Hitzebehandlung wird aus dem Lebensmittel ein Nahrungsmittel. Welche Bedeutung aber rohe, lebendige Kost für die Gesundheit hat, geht daraus hervor, daß in der gesamten lebenden Natur sowohl Pflanzen wie Tiere darauf angewiesen sind, lebendige Nahrung aufzunehmen. Der Mensch ist das einzige Lebewesen, das seine Nahrung zerstört, bevor es sie zu sich nimmt. Kein Tier kocht sich sein „Fressen". Alles wird roh, d. h. unerhitzt, aufgenommen. Selbst Pflanzen werden krank und vermehrungsunfähig, wenn sie nur mit toten Nährlösungen ernährt werden. Auch sie sind darauf angewiesen, ihre Nahrung von lebenden Bodenbakterien aufbereiten zu lassen. Wie sehr lebendes Gewebe durch Hitze zerstört wird, können Sie feststellen, wenn Sie einmal aus Unachtsamkeit mit kochendem Wasser in Berührung kommen.

Wollen wir gesund und vital bleiben bis ins hohe Alter hinein, so sollte der überwiegende Teil unserer Nahrung lebendig sein.

Vielleicht überzeugt Sie folgendes. Im Tierversuch mit Katzen über mehrere Generationen hinweg hat sich gezeigt, daß schon das Pasteurisieren von Milch ausreicht, um zu Degenerationserscheinungen in der Folgegeneration zu führen. Die langen Röhrenknochen des Skeletts werden dünner und länger, Schädel und Kiefer schmaler, so daß die Zähne nicht genügend Platz haben und es zu unregelmäßigen Zahnfehlstellungen kommt. Beobachten wir nicht bei unserer heutigen Jugend auch ein übermäßiges Längenwachstum und Zahnfehlstellungen?

Im Tierversuch waren die Katzen nach der dritten Generation überwiegend fortpflanzungsunfähig. Nur Lebendiges erzeugt Leben und hält es gesund!

Wir mästen uns mit tierischem Eiweiß!

Ein Irrtum, der auch immer noch teilweise unter Ernährungswissenschaftlern und Medizinern verbreitet ist, besteht in dem Glauben, daß der Mensch zum Aufbau von körpereigenem Eiweiß tierisches Eiweiß in Form von Fleisch, Eiern und Milchprodukten brauche. Die Versorgung auf rein pflanzlicher Basis sei nicht ausreichend.

In Wirklichkeit ist diese ebenso gut durch die Kombination pflanzlicher Eiweißträger möglich, die sich gegenseitig in ihren Aminosäuren (kleinste Bausteine der Eiweiße) ergänzen, wie z. B. Getreide und Grünblattsalate oder Getreide und Hülsenfrüchte. Wie anders wäre es denn auch möglich, daß unter den Säugetieren die Pflanzenfresser so viel eigene Fleischmasse bilden und uns dazu noch mit eiweißreicher Milch versorgen, wie z. B. die Kuh?

Außerdem entstand in der Ernährungslehre der bis heute noch umstrittene Irrtum, daß der Organismus Eiweiß nicht speichern könne, sondern alles verbrenne. So kam es zur Empfehlung, viel tierisches Eiweiß zu essen, wie Fleisch, Fisch, Käse, Quark, Milch usw. Diese Empfehlung aber birgt die Gefahr der Eiweißüberfütterung in sich. Es kommt zu Eiweißablagerungserkrankungen wie Altersdiabetes, Rheuma und Gicht.

Die Gicht, dieses „Zipperlein", war früher die Krankheit der Reichen. Sie konnten sich schon damals eine fleischreiche Ernährung leisten. Heutzutage ist der Fleisch- und Wurstverzehr nicht mehr auf die reichen Schichten beschränkt. Dies macht sich an der hohen Zahl der Gichtkranken bemerkbar.

„Laßt die Nahrung so natürlich wie möglich!"

Unser Körper braucht, das wissen wir jetzt, um hundertprozentig funktionieren zu können, auch hundertprozentig intakte, lebendige Kost. Lebensmittel oder Nahrungsmittel, ist dies für Sie jetzt noch eine Frage? Prof. KOLLATH hat bereits vor vielen Jahren eine Tabelle erstellt, in der er die Nahrung in zwei Hauptgruppen einteilte:

A. Die LEBENSMITTEL; er nennt sie deshalb so, weil in ihnen noch Leben enthalten ist. Je nach Gehalt an Vitalstoffen und Lebendigkeit unterscheidet er nochmals 3 Untergruppen

1. Die natürlichen Lebensmittel, z. B. das lebendige Getreidekorn, der Sonnenblumenkern, die frische, rohe Kuhmilch.
2. Die mechanisch veränderten Lebensmittel, z. B. das geschrotete Korn, das herausgepreßte Sonnenblumenöl und die aus der Rohmilch erzeugte Butter.
3. Die fermentativ veränderten Lebensmittel, z. B. das Sauerkraut, welches aus Eigengärung aus Weißkohl entsteht, oder die Sauermilch.

B. Die NAHRUNGSMITTEL, die mehr oder weniger zerstört, also „tot" sind. Auch hier unterscheidet er je nach dem Wertverlust:

4. Die erhitzten Nahrungsmittel, z. B. der gekochte Vollkornbrei, pasteurisierte Milch, gekochtes Gemüse.
5. Die konservierten Nahrungsmittel, z. B. Obst- und Gemüsekonserven, H-Milch, Produkte aus Weißmehl.
6. Die präparierten Nahrungsmittel, z. B. Fabrikzucker, Vitaminpräparate, Trockenmilchpulver.

Die Vollwertkost beschränkt sich auf die ersten 4 Wertgruppen, wobei der überwiegende Teil der Nahrung unerhitzt sein sollte. Das Prinzip ist im Grunde sehr einfach. Ernähren wir uns in erster Linie von Lebensmitteln, so bleiben wir gesund. Nehmen wir überwiegend tote Nahrungsmittel zu uns, so steuern wir früher oder später „todsicher" auf eine Krankheit zu. Es liegt also bei jedem selbst!

Welche Nahrungsmittel sollten wir unbedingt meiden?

Der Zucker – eine unerkannte Gefahr!

Im folgenden wollen wir Ihnen in leicht verständlicher Weise zeigen, wie und warum der Industriezucker ein gefährlicher Feind unserer Gesundheit ist.

Immer wieder lesen wir einzelne Berichte in der Presse, die vor dem reichlichen Gebrauch des Zuckers warnen. Im allgemeinen aber verhallen sie ungehört.

Dr. SCHNITZER machte als Zahnarzt schon vor 25 Jahren auf die Gefahr aufmerksam, fand jedoch wenig Verständnis.

Fragen wir uns zunächst einmal, was Zucker überhaupt ist? Die Rohstoffe, aus dem der Zucker hergestellt wird, sind das Zuckerrohr und die Zuckerrübe. Er ist in der Tat ein Naturprodukt. Gerade das ist es, was viele Menschen beruhigt und zu der Annahme verleitet, daß er deshalb nicht schädlich sein könne. Daß diese Annahme aber nur bedingt richtig ist, soll aus nachfolgenden Betrachtungen hervorgehen.

Der Fabrikzucker ist ein isoliertes Kohlenhydrat. In der Natur gibt es aber kein Kohlenhydrat allein. Immer kommt es in Verbindung mit Eiweiß, Mineralien, Vitaminen, Spurenelementen und anderen Begleitstoffen vor. Dies hat unser Schöpfer in weiser Abstimmung mit dem Stoffwechsel so eingerichtet. Gewiß sind die Kohlenhydrate der Brennstoff in unserem Körper. Von allen Stoffen gebrauchen wir ihn am meisten, doch immer in Begleitung der oben angeführten Stoffe.

Ohne die nackten Kohlenhydrate gäbe es überhaupt keine Probleme. Ein Mehr hier macht ein Mehr dort notwendig. Hier aber liegt das Problem.

Ein Vergleich: Wenn man einem Menschen alle seine Kleider wegnehmen würde, wäre sein erster Gedanke, wie komme ich zu anderen Kleidern. Alle anderen Probleme würden erst einmal in den Hintergrund treten. Da wir ja ohne Kleider frieren, wäre es uns im ersten Moment ganz egal, wo wir sie hernehmen können, Hauptsache, wir können unser Bedürfnis befriedigen. Gerade so macht es der Zucker in unserem Körper. Man hat ihn mit Gewalt seiner Begleitstoffe beraubt, sobald es ihm möglich ist, reißt er sie an sich. Wo sollte es ihm anders möglich sein als im Körper?

Werfen wir einen Blick in die Zuckerindustrie, um diesen Vergleich zu rechtfertigen. Bei der Herstellung von Zucker wird zunächst das Zuckerrohr mit Wasser ausgekocht. Dieser süße Saft wird eingedickt, unter Zusatz von

Kalkmilch erhitzt, dabei fallen die Calciumsalze und die Eiweißstoffe aus. Durch die alkalische Reaktion werden fast alle Vitamine vernichtet. Zur restlosen Säuberung kommt er mit Kalilauge, Kohlensäure, Schwefeloxid und Natriumcarbonat in Berührung. Dazu werden noch alle natürlichen Farb- und Faserstoffe entfernt und zurück bleibt ein weißer Sand, mit dem man alles machen kann: Kristallzucker, Staubzucker, Würfelzucker usw.
Durch den Verlust aller Begleitstoffe ist ein Kohlenhydrat entstanden, das achtmal konzentrierter ist als weißes Mehl. Alle konzentrierten Stoffe sind aber mit Vorsicht zu genießen! Wir haben den natürlichen Rohrzucker aller seiner Begleitstoffe beraubt, und nun wird er für uns gefährlich.
Um den Zucker abzubauen, braucht unser Organismus unter anderem Vitamin B_1, Kalk und weitere Mineralien, die man ihm vorher entzogen hat und die in unserer üblichen Kost ohnehin fehlen.
Der isolierte Fabrikzucker ist daher ein Vitamin- und Kalkräuber ersten Ranges!
Wir teilen heute in zwei große Gruppen ein:
- Einmal den natürlichen Zucker, wie er ohne menschliche Eingriffe in der Natur vorkommt, z. B. das Zuckerrohr. Er ist für uns nicht gefährlich. Die Zulus und Bantus in Afrika, die auf Zuckerplantagen arbeiten, kennen keinen Diabetes. Sie verzehren aber große Mengen natürlichen Rohrzuckers. 2 kg werden täglich von einem Arbeiter gekaut, dies entspricht 350 g Industriezucker.
- Zum anderen den Fabrikzucker.

Wir brauchen aber auf das ,,süße Leben" nicht ganz zu verzichten. Die Alternative: Süßen Sie mit Honig! Aber auch hier ist Vorsicht geboten. Honig greift zwar wegen seines Vitalstoffgehaltes nicht ungünstig in unseren Stoffwechsel ein, aber auch er kann an den Zähnen Karies erzeugen.

Auszugmehl – oder „die Ausplünderung des vollen Getreidekornes"

Der Name ,,Auszugmehl" deutet bereits darauf hin und sollte uns eine Warnung sein. Es handelt sich auch hier um einen Auszug, um einen Teil vom Ganzen.
Das volle Getreidekorn ist das beste, umfangreichste, vielseitigste und lagerfähigste Lebensmittel, das wir in unserer Ernährung kennen. Ursprünglich wurde in den Familien Getreide vorrätig gehalten und vor dem Verzehr frisch gemahlen. Die Geburtsstunde der ernährungsbedingten Krankheiten begann nicht nur mit der Errichtung von Zuckerfabriken, sondern auch mit dem Bau von Großmühlen vor ca. 150 Jahren.
Das Getreide wurde nun in großen Mengen gemahlen und bis zum Verkauf gelagert. Schnell entdeckte man, daß das gemahlene Getreide nicht lagerfähig war, sondern ranzig und muffig wurde. Für das Ranzigwerden schon nach kurzer Zeit war der ölhaltige Getreidekeimling verantwortlich. Rasch wurde ein Verfahren entwickelt, den ölhaltigen Keim vom Stärkekern zu trennen. Er wurde herausgesiebt, so wie die Randschichten auch, die nach der damaligen Auffassung sowieso nur unverdaulicher Ballast waren. Was zurückblieb war das Auszugmehl, eine lagerfähige aber ,,tote" Konserve. Dies merkt sogar ein Mehlwurm, der zufällig in einen Sack Weißmehl fällt, denn dies bedeutet seinen sicheren Tod.
Daß mit der ausgesiebten ,,Kleie" lebenswichtige Vitalstoffe entfernt wurden, bemerkte man erst sehr viel später – als man z. B. Versuchsratten mit solchem Auszugmehl und Wasser fütterte und diese in wenigen Wochen starben. Wurden die Ratten hingegen mit dem ganzen Korn gefüttert, waren sie auch in den nachfolgenden Generationen quicklebendig und vermehrten sich prächtig.
Das Auszugmehl ist wie der Fabrikzucker auch ein großer Krankheitsfaktor. Unser Organismus benötigt zum Abbau von Weißmehl ebenfalls Vitamin B_1. Doch woher soll er es nehmen?
Da brauchen wir uns nicht zu wundern, daß der deutsche Bundesbürger zu 50 % mit Vitamin B_1 unterversorgt ist.

Das Fettproblem

Welch eine Fülle von verschiedenen hochwertigen Fetten und Ölen bietet uns doch die Natur. Alles ist in ihnen enthalten, was wir benötigen, um gesund und leistungsfähig zu bleiben. Was aber macht der Mensch daraus?
Wegen des Aussehens, des Geruchs, des Geschmackes und wegen der Haltbarkeit unterwirft er die Öle ähnlichen Prozessen wie die Kohlenhydrate Zucker und Mehl. Er beraubt das Öl aller Begleitstoffe und nennt diesen Prozeß ,,Veredelung". Das Resultat aber ist,

daß die Gefäßveränderungen heute an erster Stelle der Todesursachen liegen, weil durch eine falsche Ernährungsweise mit einem hohen Anteil an tierischen Fetten die Verkalkung schon bei den Kindern beginnt.
Wissen Sie eigentlich, was in der Industrie mit den Ölen geschieht? Zuerst werden Saatteilchen und Begleitstoffe von der Ölfrucht entfernt. Dagegen wäre nichts einzuwenden. Durch Zugabe von Phosphorsäure und Alkaliphosphaten werden Eiweißstoffe und Kohlenhydrate entfernt. Durch Laugenbehandlung werden Schwermetallspuren reduziert. Um die Farbe aufzuhellen, wird das Öl auf 100 Grad erhitzt und mit Bleicherde oder Aktivkohle behandelt. Zuletzt kommt die Desodorierung, d. h. es werden dem Öl alle Geruchsstoffe entzogen. Das Resultat ist ein reines Tafelöl mit heller Farbe, welches geschmacksneutral ist und sich gut hält. Genauso wie der Fabrikzucker und das Auszugmehl handelt es sich hier nicht mehr um ein Lebensmittel, sondern nur noch um ein „totes" Präparat.
Halten wir uns noch einmal die Tabelle von Prof. Kollath vor Augen. Er stufte das Öl, welches durch kalte Pressung aus der Ölfrucht gewonnen wurde, als Lebensmittel, also als gesund ein. Ebenso die Butter aus unerhitzter Milch. Diese naturbelassenen Öle und Fette sind für uns geeignet. Nicht sie sind es, die uns dick machen, sondern ein entgleister Stoffwechsel, der durch Fabrikfette, Zucker und Auszugmehle verursacht wird.
Fette mit einem hohen Anteil an gesättigten Fettsäuren sind für unseren Organismus ungünstig. Sie sind bei Zimmertemperatur meist fest und haben einen hohen Schmelzpunkt. Dazu gehören: Kokosfett, Palmkernfett, Talk, Speck und Schmalz.

Welche Lebensmittel gehören in den täglichen Speiseplan?

Das Naturmüsle oder der Frischkornbrei

Bitte nicht zu verwechseln mit den Fertigmüslis aus der Packung. Bei ihnen handelt es sich stets um „Konserven", bestehend aus bereits erhitzten Getreideflocken, Nüssen und Trokkenfrüchte. Einige enthalten auch Fabrikzucker!
Beim Frischkornbrei handelt es sich um ein Müsle, das aus frischgemahlenem vollen Korn hergestellt wird. Die alten Phönizier und die römischen Legionäre aßen bereits ihre Getreide in ähnlicher Breiform.
Mit die wichtigste Grundlage der Vollwertkost sind diese keimfähigen Vollgetreide, die, roh zubereitet und mit Obst angereichert, ein köstliches Frühstück ergeben. In diesem Frühstück sind dann nicht nur die bereits bekannten lebensnotwendigen Vitalstoffe enthalten, sondern auch die noch unerforschten. Und so wird es gemacht:
Pro Person werden ca. 60 g keimfähiges Getreide (Weizen, Roggen oder Hafer) in einer Getreidemühle mittelgrob geschrotet und sofort mit soviel Wasser eingeweicht, wie das Getreide aufsaugen kann. Es sollte mindestens 30 Minuten, höchstens 10 Stunden lang weichen. Bei kühlen Temperaturen kann diese Vorbereitung bereits abends getroffen werden; bei warmen Temperaturen ist die Vorbereitung morgens besser. Kurz vor dem Verzehr erfolgt die weitere Zubereitung. Hierzu werden pro Person 1 Teelöffel Zitronensaft untergemischt, ein Apfel hineingerieben und ca. 100 g frisches Obst der Saison hinzugefügt sowie ca. 30 g gehackte Nüsse. Mit etwas Sahne oder Joghurt kann der Geschmack verbessert werden.
Der große Vitalstoffgehalt dieses Müsles (reich an B-Vitaminen, Mineralien, Ballaststoffen usw.) erklärt seine gesundheitlichen Wirkungen. Es sorgt über mehrere Stunden hinweg für eine gleichmäßige Energieversorgung. Es macht leistungsfähig und hält fit. Probieren Sie es doch aus!

Gerichte aus frischgemahlenem Vollkorn

Das lebendige, keimfähige Getreidekorn ist eines unserer wertvollsten Lebensmittel. Das

unscheinbare, unzerstörte Korn ist sozusagen eine „lebendige Konserve". Auf kleinstem Raum hält es jahrelang alle lebenswichtigen Stoffe frisch und ohne Qualitätsverlust für uns bereit. Doch sobald es gemahlen wird, ist es weniger haltbar als frische Milch. Sofort nach dem Mahlen nämlich beginnen die empfindlichen Vitalstoffe unter dem Einfluß von Luftsauerstoff zu oxidieren. Schon innerhalb kurzer Zeit werden wertvolle Fermente, Vitamine und die Keimöle zerstört. Dieser Oxidationsprozeß verläuft so rasch, daß es wenig ratsam ist, sich Getreide auf Vorrat im Reformhaus oder Naturkostladen schroten zu lassen, um es dann mit nach Hause zu nehmen. Das wäre ähnlich, als wenn Ihnen Ihr Obsthändler die Äpfel bereits mundgerecht schneiden und mitgeben würde. Diesen Vergleich halten Sie sicher für absurd, da Sie wissen, wie schnell die Äpfel braun werden. Ähnlich verläuft der Prozeß beim Vollkornmehl. Nur tritt keine sichtbare Farbveränderung ein, dennoch gehen die Vitalstoffe zum größten Teil verloren.
Sicher erkennen Sie jetzt, daß das A und O in der Vollwertküche die eigene Getreidemühle ist!

Salat- und Frischkostrezepte – wichtiger Bestandteil einer vollwertigen, vitalstoffreichen Ernährung

Die Bauart unseres Gebisses weist darauf hin, daß der Mensch von Natur aus ein Früchteesser ist. Für uns sind die natürlichen Früchte in Form von Samen (Getreide, Nüsse, Hülsenfrüchte), Blattschößlinge (alle Blattsalate, Kohlarten und Gewürzkräuter) und Wurzelknollen vorgesehen. In der Vollwertkost sollte der überwiegende Teil der Nahrung roh gegessen werden. Einen besonderen Stellenwert haben dabei die knakkig frischen Salate, die stets vor der warmen Beilage verzehrt werden sollen. Grundsatz: Alle Gemüse und Salate lassen sich roh zubereiten, wobei Sie folgendes Prinzip bei der Zusammenstellung beachten sollten: Nach Möglichkeit verwenden Sie bitte immer 1 Blattsalat und 2 Sorten Gemüse oder Knollengewächse. Noch besser ist natürlich, wenn es sich dabei um biologische Waren handelt. Reicht man zu dieser bunten Salatplatte Samen in Form eines würzigen rohen Getreideschrotes oder als angekeimte Körner (Weizen, Roggen, Mungobohnen, Linsen und Kichererbsen lassen sich wunderbar ankeimen), so bekommt unser Organismus alle Vitalstoffe, die er braucht. Auch unser Eiweißbedarf läßt sich so auf pflanzlicher Basis abdecken. Und das Ideale an der ganzen Sache ist, daß Sie sich an Frischkost niemals überessen können und folglich schlank und fit bleiben. Durch die viele Kauarbeit, die beim Verzehr der vielen Rohkost erforderlich ist, tritt das Sättigungsgefühl meist im rechten Moment ein. Unsere Appetitregulation funktioniert bei dieser naturbelassenen Nahrung wieder!

Kaltgepreßte Öle und Fette – für unsere Gesundheit unerläßlich!

Wie bereits erwähnt, sollen Fabrikfette und Fette mit einem hohen Anteil an gesättigten Fettsäuren gemieden werden. Zu letzteren gehören auch die tierischen Fette. Sie tragen zu einer kalorienreichen Ernährung bei und führen gern zu den uns nur zu gut bekannten Fettpölsterchen.
Ab sofort sollten Sie Ihre Salate nur noch mit kaltgepreßten Ölen wie: Distel- oder Sonnenblumenöl mit einem hohen Anteil an hochungesättigten Fettsäuren anmachen! Nun fragen Sie sicher nach dem Brotaufstrich. Was ist besser, Butter oder Margarine?
Nun, über das Für und Gegen die Butter wird viel gestritten. Lange Zeit wurde die Butter u. a. für den zu hohen Cholesterinspiegel mitverantwortlich gemacht. Sie soll auch ein Risikofaktor für Herzinfarkt und Arteriosklerose sein. Aber Butter wird schon seit Jahrtausenden verzehrt und hat sich mittlerweile als das verträglichste Fett überhaupt herausgestellt. Der zu hohe Cholesterinspiegel ist sicherlich nicht die Folge eines zu hohen Butterkonsums, sondern die Folge eines entgleisten Fett- und Kohlenhydratstoffwechsels. Ist Margarine überhaupt eine Alternative zur Butter? Sie wird meist zu 90% aus pflanzlichen Ölen hergestellt, und was mit den Ölen in der Regel geschieht, haben Sie vorhin gehört.
Wir hoffen, Ihnen nun die wichtigsten Grundpfeiler einer gesunden Ernährung aufgezeigt zu haben.
Wir wissen aber auch, daß der Mensch Gewohnheiten unterlegen ist. Essen bedeutet

für uns auch eine Lust, eine Befriedigung sinnlicher Bedürfnisse. Oft dauert es eine gewisse Zeit, bis wir die Erkenntnisse über die Vollwertkost „verdaut" haben. Dieses Buch, mit einer Vielzahl von köstlichen Rezepten, soll Ihnen helfen, den „Einstieg" so leicht wie möglich zu bewerkstelligen. Aber eines sollten wir uns vor Augen halten. Die Ernährung ist zwar mit der wichtigste Faktor, jedoch nicht allein ausschlaggebend für unsere Gesundheit. Fast ebenso wichtig sind:

- der Aufenthalt in der freien Natur – richtige Atmung
- das regelmäßige Betreiben von Sport
- die positive Lebenseinstellung
- ein harmonisches Familienleben
- eine befriedigende Aufgabe und Anerkennung am Arbeitsplatz
- das Tragen natürlicher Kleidung und ein gesundes Wohnen

Der Verlag

Lebensmittel für die biologische, gesunde Küche

Getreide

Getreidearten: Weizen, Roggen. Nackthafer, Nacktgerste – d. h. frei von Spelzen.
Frisch und fein gemahlen oder geschrotet oder in Form von vorgekeimten Körnern für:
Müsle, Mittags- und Abendmahlzeiten, für Brot und Feingebäck, für Suppen, Saucen, Süßspeisen und für entsprechende Salate.
Buchweizen gehört eigentlich nicht zur Getreidefamilie. Er ist eine uralte Kulturpflanze, ein Knöterichgewächs, das auf Sand- und Heideböden wächst. Die Früchte sind nüßchenartig und dunkelbraun. Gemahlen wird der Buchweizen für Polenta, Pfannkuchen und Nudeln verwendet. In der Schweiz für Pizzoccheri, eine Buchweizenspezialität.
Dinkel, ein Vorläufer des Weizens.
Triticale, eine neue Kreuzung aus Weizen und Roggen.
Grünkern ist ein Dinkelkorn, das milchreif geerntet und über Holzfeuer ganz wenig geröstet bzw. gedarrt wird.
Hirse ist ein wichtiges, sehr mineralstoffreiches Lebensmittel, das gern verwendet wird für Aufläufe, Brei und als Beigabe für herzhaftes Gebäck. Ursprünglich in Ostasien und Afrika beheimatet, heute auch in Südosteuropa angebaut.
Mais (Welschkorn) wird auf der ganzen Welt angebaut. Er enthält Eiweiß, Fett und die Vitamine A, B, C, D. Er wird verwendet für Breie (Polenta) und auch als Brotgetreide.
Vollreis enthält Vitamine, Spurenelemente, Fett- und Eiweißstoffe. Rundkornreis gibt beim Garen reichlich Stärke ab und ist dadurch geeignet für Reissuppen und Süßspeisen.
Italienischer Langkornreis ist großkörnig und breit. Er läßt sich weich, aber trotzdem „al dente", d. h. bißfest, kochen. Er ist vorzüglich geeignet für alle Risottogerichte.
Amerikanischer Langkornreis nimmt beim Kochen weniger Flüssigkeit auf als der italienische, dadurch quillt er weniger auf und eignet sich besonders gut für exotische Reisgerichte und für Trockenreis.
Kartoffeln: Sie sind ein hochwertiges Lebensmittel und die besten „Schlankmacher". Sie enthalten hochwertiges Eiweiß, sehr leicht verdauliche Stärke, Vitamin C und reichlich Kalium, das zuständig ist für die Entwässerung des Gewebes, der Stärkung von Nerven und Muskeln und für die Förderung von Reaktions- und Konzentrationsfähigkeit. Kartoffeln stets mit der Schale im Dampf garen oder im Ofen backen. Schalenkartoffeln sind basenbildend, während geschälte Kartoffeln säurebildend sind. Es gibt mehlig- und festkochende Kartoffeln.
Grüne Sojabohnen, Linsen und auch **Kichererbsen** sind sehr wertvolle Eiweißträger und üben eine hervorragende Wirkung aus bei Nervosität und Abgespanntheit. Um sie stets vorrätig zu haben – auch als Beilage zu den Mahlzeiten –, sollten sie im Wechsel alle zwei Tage zum Keimen frisch angesetzt werden. Die Anleitung dafür finden Sie auf der Seite 139.
Gelbe Sojabohnen eignen sich zur Herstellung von Sojamehl. Sie sind wichtige Eiweiß- und Lezithinträger. Sojamehl wird leicht ranzig, deshalb sollte es erst kurz vor dem Verbrauch in einer dafür geeigneten Getreidemühle

gemahlen werden oder in kleinen Mengen im Reformhaus eingekauft werden.

Milchsaures Gemüse, durch Spezial-Milchsäurekulturen gesäuert, in den Reformhäusern erhältlich oder im eigenen Haushalt – in Spezial-Gärtöpfen eingelegt –, ist sehr bekömmlich und dient der Bereicherung verschiedener Mahlzeiten.

Früchte

Der **Apfel** nimmt unter den Obstsorten eine Sonderstellung ein. Sein hoher diätetischer Wert ist nicht hoch genug einzuschätzen, da er über zwanzig verschiedene Mineralstoffe aufzuweisen hat, die dem Knochenbau und den Zähnen zugute kommen und gleichermaßen wohltuend sind für jung und alt. Dazu kommen noch eine Reihe von Vitaminen. Zwei mittelgroße Äpfel enthalten genügend Pektin, um den Cholesterinspiegel des Blutes zu senken. Die Spitzenposition halten der Berlepsch, der Boskop und die Renette; es folgen Cox Orange, Goldparmäne und die Neuzüchtungen Jonagold und Gloster. Eine Ausnahme unter den Äpfeln ist der Delicious, der außerordentlich arm an Vitalstoffen ist und leider besonders gern gegessen wird.

Ananas, diese Vitamin-C-reiche und sehr wohlschmeckende Frucht kommt vorwiegend aus Hawaii und Brasilien zu uns. Die besonders aromatischen Früchte aber stammen aus Kenia.

Gelbe Grapefruits mit ihrem säuerlichen, herb-bitteren Geschmack sind eine Kreuzung zwischen Orangen und Zitronen. Sie werden vorwiegend in den USA und in England zum Frühstück gegessen. Wir servieren sie gern als erfrischende Vorspeise. Versuchen Sie doch einmal die Fruchthälften leicht mit Vollmeersalz zu bestreuen. Das ungewöhnliche Aroma wird Sie überraschen.

Rosarote Grapefruits, die auch eine fast rote Farbe haben können, schmecken süßer als die gelben Früchte, weil sie einen höheren Fruchtzuckergehalt haben. Beide Arten enthalten sehr viel Vitamin C, Spurenelemente und Kalium, das zur Entwässerung des Gewebes beiträgt. Grapefruits regen die Darmtätigkeit an.

Orangen und ihre Verwandten enthalten außer Vitamin C 13 Mineralstoffe, 5 Fruchtsäuren (u. a. Zitronen-, Apfel- und Weinsäure), Rohrzucker, Trauben-, Fruchtzucker und Fermente. Ihre ursprüngliche Heimat war China. Von November bis Juni kommen die sogenannten Winterorangen aus dem Mittelmeerraum, die Sommerorangen aus Südafrika, Südamerika und aus dem Süden der USA auf unsere Märkte. Beim Einkauf soll man auf eine pralle Schale und Druckfestigkeit achten. Der Stielansatz muß fest sein.

Mandarinen sind die kleinen Verwandten der Orangen, die überwiegend aus Italien zu uns kommen. Sie sind kernreich, haben aber ein sehr aromatisches Fruchtfleisch. Ihre Urheimat ist die Insel Mauritius, in der Sprache der Eingeborenen „Mandara", daher die Bezeichnung Mandarinen.

Satsumas, die ursprünglich in Japan beheimatet waren, sind ab Oktober bei uns zu haben. Sie sind zwar kernarm, das Fruchtfleisch ist zart und saftig, aber mangels Säure von leicht fadem Geschmack.

Tangarinen, die kleinsten der Mandarinenfamilie, sind kernarm, fein süß und leicht von der Schale zu lösen. Sie kommen erst ab März auf den Markt.

Clementinen, vielleicht die begehrtesten unter den Orangenfrüchten, sind fast kernlos, süß, saftig und sehr aromatisch. Sie sind eine Kreuzung zwischen Mandarine und Pomeranze.

Nüsse aller Arten, Pinien- und Sonnenblumenkerne
sind hochwertige Lebensmittel. Sie enthalten leicht verdauliche Fette und Eiweiße. Ausgekernte Nüsse dürfen nicht zu lange gelagert werden, weil sie dann austrocknen oder ranzig werden.

Mandeln kommen hauptsächlich aus Italien, Kalifornien, Spanien und Tunesien zu uns. Viele Urlauber werden sich an das Meer von blühenden Mandelbäumen im Frühling in Apulien oder Sizilien erinnern, wo 200–300 verschiedene Sorten kultiviert werden.
Mandeln sind Energie- und Kraftspender durch ihren hohen Öl- und Eiweißgehalt. Durch einen beachtlichen Anteil an Vitamin B^1 und B^2 und auch Phosphor sind Mandeln eine gute Nervennahrung.

Bittere Mandeln, in größeren Mengen verzehrt, können zu Vergiftungen führen. In kleinen Mengen sind sie sogar empfehlenswert. Das in den bitteren Mandeln enthaltene Glycosid Amygdalin zählt zu den krebsvorbeugenden Mitteln.

Trockenfrüchte sollen ungeschwefelt sein. Sie gibt es als helle und dunkle Rosinen, Sultaninen, Korinthen, Feigen und Datteln. Sehr fein und preiswert sind die gänzlich unbehandelten, wilden Aprikosen, die viele Bioläden führen. Ein besonderer Genuß sind die großen, dunklen, fruchtig-süßen, kalifornischen Sultaninen für Gebäck, feine Salate und Desserts. Sie werden 20 Tage lang nur von der Sonne getrocknet. Trockenfrüchte halten sich lange frisch, wenn sie in Schraubdeckelgläser gefüllt werden. Durch Beigabe von dem Abgeriebenen von Orangen oder Zitronen, einige Stunden vor dem Verbrauch der Früchte, können diese geschmacklich noch verfeinert werden.

Gemüse und Obst selbst dörren. Wenn Sie einen Gemüse- und Obstgarten besitzen oder Gelegenheit haben, frisches, biologisch gezogenes Obst und Gemüse zu erwerben, empfehle ich Ihnen den **„Sigg dörrex"**, einen idealen Dörrapparat für jeden Haushalt, mit dem Sie mühelos viele Arten von Gemüse und Früchten und auch Küchenkräuter dörren können.

Bienenhonig ist für Gebäck und Süßspeisen bestens geeignet. Er soll aber nicht löffelweise und auch nicht als Brotaufstrich genossen werden, da er in so konzentrierter Form rasch Zahnfäule verursachen kann. Der echte Bienenhonig besitzt eine Heilkraft durch seine ausgewogene Kombination vieler Inhaltsstoffe, z. B. das Nervenvitamin B, Pantothensäure, Frucht- und Traubenzucker, viele wertvolle Mineralstoffe, Fermente und hormonelle Stoffe.

Getreide, Kartoffeln, Gemüse, Salate und Früchte sollen nach Möglichkeit aus biologischem Anbau kommen, was heutzutage kein allzu großes Problem mehr ist. Zitrusfrüchte sollen unter allen Umständen naturbelassen, also nicht behandelt sein, zumindest dann, wenn die Schalen von Zitronen und Orangen mit verwendet werden.

Milchprodukte

Frischmilch: Sie enthält Fett, Eiweiß, Lezithin, Kalk, Phosphor und Milchzucker. Sie soll aber nicht als durststillendes Getränk verwendet werden. Durch das Eiweiß und den Kalkgehalt kann es im Magenbereich zu unangenehmen Stauungen kommen. Milch soll niemals erhitzt werden, denn durch das Erhitzen über 42° C beginnt die Veränderung des Eiweißes, die zu schweren gesundheitlichen Schäden führen kann. Bei chronischen Krankheiten wie: Rheuma, Gicht, Diabetes, bei Neigung zu Erkältungskrankheiten und Störungen des Lymphsystems sollten weder Milch noch Milchprodukte verwendet werden.

Sauer- oder Dickmilch ist eine besonders leicht verdauliche Milch.

Buttermilch bleibt bei der Verbutterung übrig, wenn sich die Rahmrestchen zusammengeklumpt haben.

Kefir entsteht, indem der Milch Spezial-Milchsäurebakterien und Kefirknöllchen zugesetzt werden.

Molke fällt bei der Verkasung der Milch an. Sie enthält hochwertiges Eiweiß, schmeckt gut und ist sehr erfrischend.

Sanoghurt ist eine Spezialsauermilch. Der Milchsäureanteil besteht zu 95 % aus rechtsdrehender Milch L (+) – Milchsäure. Durch zusätzliche Sanoghurt-Kulturen gerinnt das Milcheiweiß.

Joghurt ist leicht verdaulich, enthält Calcium und Phosphor und hat einen hohen Nährstoffgehalt. Mit dem Joghurtautomat **„Yogorex"** können Sie den natürlichsten und frischesten Joghurt selbst herstellen. Auf diese Weise haben Sie ihn jederzeit frisch, frei von Konservierungsstoffen und Bindemitteln, also naturrein. Hinzu kommt, daß er nur etwa ein Drittel des gekauften Joghurts kostet.

Frische Sahne enthält Fett, Eiweiß, Milchzukker und fünf Vitamine. Sahne macht nicht dick, wenn sie mäßig, ohne Zucker und ohne Honig verzehrt wird. Darüber hinaus schmeckt die ungesüßte Sahne, wenn Sie sich daran gewöhnt haben, weitaus besser als die gesüßte.

Saure Sahne wird gern zur Verfeinerung vieler Speisen verwendet. Sie ist sehr bekömmlich und enthält bedeutend weniger Kalorien als die frische Sahne.
Saure Sahne entsteht, wenn Schlagsahne mit Milchsäurebakterien gesäuert wird.

Tofu – ein guter Quarkersatz: Tofu ist eine Art Quark oder Käse aus der Sojabohne und nimmt in der Ernährung Ostasiens den Platz ein, den hierzulande das Fleisch hat. Tofu ist ein idealer pflanzlicher Eiweißlieferant. Vielseitig verwendbar bereichert er den Speisezettel.
Wie Joghurt, Quark und Käse ist Tofu jederzeit eßfertig und bedarf keiner weiteren Zuberei-

tung. Er wird geschätzt als ein gesundes, leicht verdauliches Lebensmittel mit vorzüglichen Diäteigenschaften. Er enthält kein Cholesterin, wenig gesättigte Fettsäuren und ist kalorienarm. Erschöpfende Auskunft über Tofu und über seine Anwendungsmöglichkeiten erfahren Sie in den Bio-Läden.

Butter – ein hochwertiges Lebensmittel: Die Butter ist das natürlichste und leichtverdaulichste Fett, das wir kennen. „Ohne Umwandlungen in der Leber wird es von den Zellen aufgenommen und vom Körper direkt verwendet." (Siehe Dr. Bruker-Kleinschrift Nr. 6, Butter – ein hochwertiges Lebensmittel)
Butter enthält zwar auch Cholesterin, jedoch in weitaus geringerem Maße als viele andere tierische Fette. Durch Zufuhr von fettlöslichen Vitaminen und hochungesättigten Fettsäuren, die in naturbelassenen, pflanzlichen Ölen reichlich enthalten sind und die selbstverständlich zu einer biologisch-vollwertigen Ernährung gehören, wird das Cholesterin wieder verarbeitet.
Butter enthält das Vitamin A und das seltene Vitamin D, das sogenannte Sonnen-Vitamin.

Pflanzliche Fette

Diäsan und Vitagen, die in Reformhäusern erhältlich sind. Diäsan findet Verwendung zum Braten in der Pfanne und nach Belieben auch als Brotaufstrich. Durch den hohen Anteil an Leinöl aber wird es leicht ranzig und muß daher im Kühlschrank gelagert werden. Vitagen hat bedeutend weniger Leinöl-Anteile und schmeckt dadurch milder. Es wird gern verwendet zum Backen in der Pfanne, z. B. für Omeletten, für einfache Hefeteige und auch zum Fetten von Blechen für rustikales Gebäck.

Pflanzliche Öle, z. B. Sonnenblumen-, Oliven-, Walnuß-, Soja-, Leinöl und Distelöl müssen kaltgeschlagen oder kaltgepreßt, d. h. naturbelassen sein (Dosen bzw. Flaschen müssen diesen Aufdruck vorweisen). Nur solche Öle haben einen außerordentlich hohen Gehalt an lebenswichtigen Enzymen = Eiweißstoffen, fettlöslichen Vitaminen und hochungesättigten Fettsäuren, die für den Abbau von überschüssigem Cholesterin unentbehrlich sind. Durch Erhitzen werden sie zerstört, was zu schweren gesundheitlichen Schäden führen kann.
Für die Pfanne zum Braten und Backen handelsübliche Öle verwenden.

Tartex ist ein rein pflanzliches Produkt, leicht verdaulich und geschmacklich sehr fein. Tartex gibt es in verschiedenen Geschmacksrichtungen für Brotaufstrich, zum Verfeinern von Frikadellen und vielen anderen warmen und kalten Speisen. Tartex führen alle Reformhäuser.

Zwiebeln und ihre Verwendung

Zwiebeln, Porree oder Lauch: Zwiebeln werden in vielen Ländern der Welt angebaut, so daß man sie das ganze Jahr über frisch und preiswert kaufen kann. Zwiebeln, fein gerieben oder fein geschnitten, wirken appetitanregend. Der unverkennbare Geruch beruht auf schwefelhaltigen, ätherischen Ölen. Aufgeschnitten verlieren sie rasch an Geschmack und Bekömmlichkeit. Deshalb soll man sie erst kurz vor dem Verbrauch schneiden: Zum Reiben eine Chromstahl- oder Bircherreibe verwenden. Zum Schneiden von Zwiebeln und Knoblauch sollte man ein extra Brettchen parat haben, damit andere Lebensmittel nicht den Geruch annehmen.
Porree oder Lauch ist u. a. auch ein geschätztes Gemüse zum Auskochen für Gemüsebrühen.
Haushaltszwiebeln: Diese gibt es das ganze Jahr hindurch. In der Größe sind sie sehr verschieden, aber alle sind mehr oder weniger scharf. Sie werden vor allem zum Kochen, Braten und für sehr pikante Gebäckarten verwendet, z. B. für Pizza.
Die **rote Zwiebel** ist würzig, aber nicht so scharf. Sie gibt den Salaten einen farblich geschätzten Effekt. Die jungen, zarten Röhren können mitverwendet werden.
Schalotten sind kleine, süßliche Zwiebeln, die meistens gebündelt wachsen. Sie sind nicht immer und auch nicht überall erhältlich.
Perlzwiebeln, in süßsaurem, feingewürztem Essig-Sud eingelegt, sind sehr beliebt als Beilage für Fondue und für das kalte Büfett.
Silber-, auch **Frühlingszwiebeln** genannt, sind sehr zart und mild. Sie werden mit den jungen, grünen Röhren für feine Salate, aber auch als Brotbelag ungeschält verwendet.
Die **weißen Speisezwiebeln** sind sehr groß und kugelrund, im Geschmack vielleicht noch etwas lieblicher als die Frühlingszwiebeln.
Für feine, gedämpfte Speisen, aber auch als Brotbelag – auf Butter oder Käse gewürfelt oder gescheibelt – ist sie nicht zu übertreffen.

Hinweis

Zwiebeln stets kurz vor dem Verbrauch aufschneiden. Eine angeschnittene Zwiebel, in Folie verpackt, kann einen Tag im Kühlschrank in der Gemüselade aufgehoben werden. Größere Mengen Zwiebeln sollten Sie der Einfachheit halber mit der Brotmaschine aufschneiden. Die Maschine sehr fein einstellen, die Zwiebel kräftig gegen das Messer schieben. Unter Zuhilfenahme des Schiebers läßt sie sich dann spielend und tränenlos aufschneiden. Bei kleinen Zwiebelmengen die Zwiebel durch Wurzel- und Stielansatz hindurch halbieren. Dann jede Zwiebelhälfte mehrmals senkrecht einschneiden. Die Schnitte sollen ungefähr 1 cm vor dem Wurzelansatz enden. Dann die Hälften mehrmals quer durchschneiden bzw. würfeln, dabei die Zwiebel am Wurzelhals festhalten. So kann man sie beliebig fein würfeln.

Knoblauch: Der Knoblauch ist ein zwiebelähnliches Gewächs, das aus zusammenhängenden Zehen, auch Nebenzwiebeln genannt, besteht. Geschmack und Geruch sind sehr durchdringend, was auf die Bestandteile einer Reihe von ätherischen Ölen zurückzuführen ist.
Wird der Knoblauch in wohldosierter Menge verwendet, verleiht er Salaten, Suppen, Saucen und einer Reihe anderer Speisen ihren Wohlgeschmack und gibt ihnen den besonderen Pfiff. Luftig und trocken aufbewahrt, hält er sich den ganzen Winter über frisch. Daß der Knoblauch unserer Gesundheit sehr zuträglich ist, wußte man schon im Altertum. In seiner Eigenschaft als blähungs- und galletreibend, krampflösend und blutdrucksenkend wird er auch noch heute als natürliches Arzneimittel verwendet. Ebenso bewährt er sich bei Asthma, Bronchitis und bei verschiedenen Hautkrankheiten.

Kleine Käseparade

Käsesorten aus verschiedenen europäischen Ländern, die auch bei uns in Deutschland sehr gefragt und auch zu haben sind.
Wer Käse im Kühlschrank aufbewahrt, muß ihn – je nach Sorte – 30 bis 60 Minuten vor dem Verzehr bei Zimmertemperatur liegen lassen, damit er sein volles Aroma entwickeln kann.
Feinschmecker kaufen Käse am Stück. Eingeschweißter Ware mangelt es an Aroma.

Dänemark: Sehr gefragt sind die Blauschimmelkäse Danablu, Esroom und der Luxus-Danbo.
Deutschland: Tilsiter, Bergkäse, Romadur, Schwarzwälder Tresana-Crème und auch sehr beliebt der Bavariablu, ein milder Blauschimmelkäse, der neu auf dem Markt ist; und natürlich der Emmentaler, ein Hartkäse aus roher Kuhvollmilch, der als Schnittkäse und auch zum Reiben sehr gut geeignet ist.
Frankreich: Das Käseparadies mit über 400 verschiedenen Käsesorten, von denen nur ein kleiner Teil zu haben ist. Bestimmt aber der Dauphin, der Coulommiers, der Bleu de Bresse, der Epoisses und Roquefort. Von den Streichkäsearten der Bressot mit Knoblauch, Cantadou neutral oder mit Meerrettich oder Kräutern, Camembert mit speziellen Kulturen gereift, der Rambol, Gerocrème und Crème fraîche mit und ohne Kräuter. Es ist schon allein ein Genuß, in Frankreich einen Käseladen aufzusuchen.
Griechenland: U. a. der beliebte Feta und der Kefalotiri, die beide einen uralten Stammbaum haben. Käse ist für die griechische Bevölkerung ein Volksnahrungsmittel.
Großbritannien: Wohl die bekanntesten Käsesorten sind der Cheese, Blue Stilten, Cheddar und Cheshire.
Italien: Gourmets, die italienischen Käse kennen, möchten ihn nicht missen. Schon allein die Namen machen Appetit: Parmigiano, Pecorino, Provolone, Mozzarella, Gorgonzola und Parmesan, das ist ein Hartkäse aus roher Kuhmilch, der mehr als zwei Jahre reift. Parmesan ist nur zum Reiben verwendbar und wegen seiner Qualität sehr beliebt.
Gegenüber den anderen italienischen Käsearten ist der Mozarella leicht säuerlich und nur wenig gereift.
Niederlande: Seit dem 16. Jh. gibt es den Gouda-Käse. Der Edamer ist jünger aber ebenso beliebt; er wird aus schonend erhitzter Kuhmilch hergestellt. Beides sind hervorragende Schnittkäse, die sich auch sehr gut zum Reiben eignen und bei uns dafür gern verwendet werden.
Schweiz: Die begehrten Bergkäse Greyerzer, Emmentaler, Appenzeller haben alle ein kräftiges Aroma. Zum Schmelzen für Fondue ist der Raclette bestens geeignet.

Eier haben einen sehr hohen Cholesteringehalt und sollten, wenn immer möglich, gegen Sojamehl ausgetauscht werden. 1 Eigelb = 1 gestr. Eßlöffel Sojamehl. Die Rezepte in diesem Buch

sind auf mittelgroße, d. h. 60 g schwere Eier aufgebaut. Ausnahmen sind in den jeweiligen Rezepten vermerkt. Übrige Eigelbe und auch Eiweiße kann man gut einfrieren (s. Seite 156 unter Tiefkühlkost).
Eiweiße sind aber auch sehr rasch zu Makronen verarbeitet, die nicht nur zur Weihnachtszeit gut schmecken.

Danga-Vollmeersalz wird aus dem Meerwasser gewonnen und ist reich an Magnesium, Haupt- und Spurenelementen. Dennoch sollte es mäßig verwendet werden. Damit es nicht feucht wird, soll es in einer gutschließenden Dose oder in einem Schraubdeckelglas aufbewahrt werden. Für den Salzstreuer fügt man ein paar Reiskörner hinzu. So bleibt es trocken.

Meerrettich gehört zur Familie der Kreuzblütler, wie auch der Rettich, die Radieschen und Senf. Er kann nur gerieben und seines brennenden Geschmacks wegen in kleinen Mengen verwendet werden, z. B. für pikante Creme, rassige Salate und Salatsaucen. Geriebener Meerrettich verfärbt sich rasch und muß daher sofort mit etwas Zitronensaft, Essig oder Milch befeuchtet und bis zum baldigen Verbrauch zugedeckt werden. Wurzelreste in Alufolie packen und kühl lagern, um sie vor dem Vertrocknen zu schützen. Ganze Wurzeln können im kühlen Keller in feuchtem Sand gut lagern.

Gewürze

Die natürlichen Duft- und Geschmacksstoffe der Lebensmittel bleiben erhalten und werden in vielen Fällen erst aufgeschlossen durch Beigabe von Gewürzen. Die Kunst des Würzens liegt in der Dosierung und Auswahl der Gewürze und Kräuter. Sie sollen den Eigengeschmack der Lebensmittel abrunden, aber nicht überdecken. Diese Regel gilt sowohl für die Frischkost als auch für die erhitzten Speisen.

Gewürze für Frischkostsalate

Delicata (Brecht) ist ein speisesalzfreies Gewürz für alles, was pikant abgeschmeckt werden soll.
Delifrut (Brecht) ist eine Mischung aus naturreinen Gewürzen, ohne künstliche Aromastoffe.
Frugolawürze ist eine körnige Würze mit Hefeextrakt.
Knoblauchwürze wird aus getrocknetem, geriebenem Knoblauch und Vollmeersalz zubereitet.
Ingwer wird in Indien, China und Brasilien angebaut. Die knollige, handförmige Wurzel hat ein scharfes, aber leicht süßliches Aroma. Das feinste Ingwer-Gewürz liefert die frische Wurzel. Die getrocknete, frisch geriebene Knolle ist besonders aromatisch.
Kräuterwürze „Bad Rehburger" mit Vollmeersalz und dem Vitamin-B-Komplex.
Kümmel stammt von kultivierten Pflanzen. Die spitzen Früchte enthalten das würzige Kümmelöl. Kümmel verbessert den Geschmack und ist sehr bekömmlich. Im gemahlenen Zustand erhöht sich noch die Würzkraft.
Pfefferkörner sind die Früchte eines Kletterstrauches in Vorderindien und auf den malaiischen Inseln. Schwarzer Pfeffer entsteht aus grünen, unreifen Beeren, die getrocknet und danach dunkel und runzelig werden. Weißer Pfeffer entsteht, indem die unreifen Früchte aufeinandergeschichtet werden und man sie einem Fermentationsprozeß überläßt. Dabei wird das Fruchtfleisch zerstört und kann dann entfernt werden.
Rosenpaprika und **Paprika edelsüß:** Paprikafrüchte wachsen in Ungarn, Spanien, Italien und in Südfrankreich. Die roten, völlig trockenen Früchte werden getrocknet und pulverisiert. Der Schärfegrad hängt davon ab, wieviel von dem Fruchtfleisch, von den weißen Scheidewänden und von dem scharfen Samen verwendet wird. Für den edelsüßen Paprika wird Fruchtfleisch und nur wenig Samen verwendet.
Rosenpaprika enthält alle Teile und ist dadurch schärfer. Die billigste Sorte mit hohen Anteilen an Samen und Scheidewänden ist rotbraun und sehr scharf.
Salatgewürz (Brecht), eine feine Mischung für Blatt- und viele Wurzelsalate.
Selleriesalz ist eine Mischung aus getrockneten, geriebenen Sellerieknollen und Vollmeersalz.

Gewürze für Mittags- und Abendmahlzeiten, für Suppen und Saucen

Cayennepfeffer, ein sehr scharfes Gewürz aus den Fruchtschalen von Capsicum, einem Gewächs in Südamerika (Guayana).
Cenoviswürze, eine körnige Würze mit Vollmeersalz und Hefeextrakt.
Chinagewürz, ein feines, aromatisches Gewürz nach chinesischer Art. Es ist in Lebensmittelläden erhältlich.

Curry, ein Gemisch von vielen Gewürzen: Gewürznelken, Ingwer, Kardamom, Koriander, Muskatnuß, Paprika, Pfeffer, Zimt und Kurkuma = Gelbwurz, das dem Curry die stark gelbliche Färbung gibt.
Delicata (s. Seite 16)
Delifrut (s. Seite 16)
Dijon-Senf, der berühmte, kostbare Senf von der Côte d'Or.
Frugola (s. Seite 16)
Kapern, mild-pfeffrige Blütenknospen des dornigen, lederblättrigen Kapernstrauches in den Mittelmeerländern. In Essig gelegt, sind die Kapern ein beliebtes Gewürz.
Kräuter der Provence sind berühmte, französische Kräutermischungen für pikante Speisen.
Kräuterwürze („Bad Rehburger" s. Seite 16)
Lorbeerblätter, der Lorbeerbaum wächst im gesamten Mittelmeerraum. Die jungen, immergrünen Blätter werden nach dem Pflücken gleich getrocknet. Sie enthalten ätherische Öle und Bitterstoffe. Die Blätter sollen beim Einkauf ganz und dunkelgrün sein. Gelbbraune sind alt und minderwertig.
Kurkuma, scharf-würzige, gelborangene Wurzelstöcke eines Ingwergewächses aus Südostasien. Als Gewürzpulver ist es in Currymischungen vorhanden. Es wird verwendet für sehr pikante Saucen und auch für einzelne Gebäckarten. Für die indische Küche ist es unentbehrlich.
Majoran, einjähriges Gewürzkraut aus der Familie der Lippenblütler. Hauptanbaugebiete in Frankreich und im Raum Bamberg.
Muskat (s. Seite 17)
Paprika edelsüß (s. Seite 16)
Pfeffer, grüner, weißer, schwarzer (s. Seite 16)
Pilz-Soja-Sauce, eine hocharomatische Würze aus natürlich vergorenen Sojabohnen und Pilzen.
Pizza-Gewürz ist zusammengesetzt aus vielen gemahlenen, mehr oder weniger scharfen Gewürzen, vorwiegend Oregano.
Reform-Senf, auf natürlicher Basis hergestellt.
Rosenpaprika (s. Seite 16)
Tabasco, eine Pfeffersauce aus ausgesuchten, roten Pfefferschoten, Essig und Salz.
Worcestersauce, eine scharfe, aromatische Würze aus feinen Früchten, Pilzen, exotischen Gewürzen, Curry, Estragon und Malzessig hergestellt.
Vitam-R flüssig und als **Paste** ist ein Hefe-Extrakt, vitamin- und eiweißreich.
Zwiebelpulver besteht aus getrockneten, geriebenen Zwiebeln, mit Vollmeersalz vermischt.

Gewürze für Gebäck und Süßspeisen

Agar-Agar, ein pflanzliches Geliermittel aus Meeresalgen hergestellt, zum Steifen von Süßspeisen und zum Andicken von Saucen.
Ahorn-Sirup: In den großen Wäldern Kanadas wird aus den Stämmen der Ahornbäume dünnflüssiger, leicht süßlicher Saft – pro Baum 1 Liter – abgezapft und über Holzkohlenfeuer leicht eingedickt. Dieser Sirup hat ein wunderbares Aroma, das auch Sie begeistern wird, falls Sie den Sirup noch nicht kennen sollten. Er ist vielseitig verwendbar.
Anis, getrocknete Spaltfrucht der Anispflanze, ist beheimatet in den Gebieten des östlichen und westlichen Mittelmeeres. Anis enthält beruhigende, krampfstillende ätherische Öle. Es gibt ihn in ganzer und auch in gemahlener Form.
Fenchel kommt aus Südeuropa, wird aber auch bei uns in Hausgärten angebaut. Der Samen der reifen Früchte wird sowohl für Gebäck als auch in Form von Tee bei Verdauungsstörungen mit Erfolg angewendet.
Delifrut (Brecht) (s. Seite 16)
Carob wird aus trockenen Früchten des Johannisbeerbaumes (Südeuropa) gemahlen. Im Gegensatz zu Kakao besitzt er eigene Süße und sehr viel mehr Nährstoffe.
Ingwer (s. Seite 16 unter Gewürze für Frischkostsalate)
Kakao: der Kakaobaum wächst überall in den Tropen. In den gurkenähnlichen Früchten sitzen die Kakaobohnen. Sie enthalten Fett, Eiweiß und 1–3% Theobromin (Anregungsmittel). Nach dem Rösten der Bohnen und der Entfernung des Fettes (Kakaobutter) entsteht das Kakaopulver.
Kardamom: der Anbau des echten Kardamom erfolgt besonders auf Ceylon. Die Früchte sind etwa erbsengroß (Semikosen), in der dünnen Fruchtschale sitzen die kleinen Samenkörner. Sie enthalten das feinaromatische Öl. Da das Gewürz teuer ist, werden die Fruchtschalen oft mitgemahlen. Man unterscheidet die reine Kardamomsaat und die mit der Schale gemahlene. Diese erkennt man an der hellen Farbe im Gegensatz zu der grau-roten Farbe der Kardamomsaat. Das Gewürz ist brennend-scharf und wird vor allem für Weihnachtsgebäck verwendet.
Muskatnüsse sind Steinfrüchte, die auf bis zu 18 m hohen, oft uralten Bäumen wachsen. Ihre Heimat ist Afrika, Brasilien und die Molukken.

Die fleischigen Steinfrüchte enthalten den Samenkern, der von einem geschlitzten Samenmantel, der Muskatblüte, umhüllt ist. Die Blüte wird getrennt getrocknet und als gelb-orangenes Pulver „Mazies“ verkauft.
Gewürznelken oder Nägelein sind getrocknete Blütenknospen des Gewürznelkenbaumes. Ihre Heimat sind die Molukken und Madagaskar. Ihr Geschmack ist intensiv und feurig-würzig.
Orangeat ist die kandierte Schale von Orangen oder Pomeranzen.
Sanddorn ist ein Energiespender aus frisch verarbeitetem Gebirgssanddorn. Es gibt ihn mit Honig gesüßt und auch ungesüßt.
Vanille, die längliche Schote ist eine Kapselfrucht einer in Mexiko beheimateten Kletterorchidee. Eine besonders gute Qualität aber kommt von der Insel Réunion (früher Bourbon). Durch Fermentation färbt sich die Schote schwarzbraun und entwickelt das feine, süßliche Aroma.
Zimt oder **Caneel** wird aus der inneren Rindenschicht des Zimtbaumes gewonnen. Besonders fein und aromatisch ist der helle Ceylon-Zimt, der aber nur in Gewürzläden erhältlich ist. Der chinesische ist dunkler und herber.
Zitronat (Sukkade) wird aus der Zedrat-Zitrone, einer besonders fleischigen Frucht, hergestellt.

Gewürze für Brot, Brötchen und ähnliches Gebäck

Anis	*Koriander*
Fenchel	*Kümmel*
Gewürznelken, „Nägelein“	*Sesam*
Kardamom	*Zimt*

Küchenkräuter

Sie sind ein wichtiger Bestandteil der vollwertigen Ernährung. Frische Kräuter werden vor dem Schneiden gebündelt in handwarmem Wasser ganz kurz gewaschen und in Küchenkreppapier behutsam ausgedrückt. So lassen sie sich gut schneiden und aufstreuen. Fast alle Kräuter eignen sich zum Einfrieren (s. Seite 157 unter Tiefkühlkost).
Eine andere Art, Kräuter haltbar zu machen, ist das Trocknen an der Luft. Danach werden sie zwischen den Fingern zerrieben und in Frischhaltebeuteln oder -dosen oder einfach in Alufolie verpackt aufbewahrt.
Für alle, die keine Gelegenheit haben, frische Kräuter zu sammeln oder zu kaufen, führen Gewürz- und auch Bioläden und Reformhäuser alle Sorten in gerebelter und in pulverisierter Form.
Frische Petersilie und Schnittlauch kann man auch im Winter fast überall einkaufen.

Kräuter, die wir alle kennen und mögen

Basilikum	*Liebstöckel*
Beifuß oder Gänsekraut	*Petersilie*
Bibernelle	*Pimpinelle*
Borretsch	*Rosmarin*
Dill	*Salbei*
Estragon	*Schnittlauch*
Kerbel	*Thymian*
Kresse	*Zitronenmelisse*

Ein guter Tip

Beliebige, frische Kräuter sehr fein schneiden und in ein hohes Schraubdeckelglas füllen. Reichlich kaltgeschlagenes Öl einer beliebigen Sorte darübergießen, kräftig schütteln und das Glas verschließen.
Das gibt ein feines, aromatisches Kräuteröl für beliebige Rohkost- und auch Kartoffelsalate. Kühl aufbewahren.

Wildsalate

Brunnenkresse	*Sauerampfer*
Löwenzahnblättchen	*Gänseblümchenblätter*

Im Frühjahr, noch vor der Blüte, die jungen Blätter sammeln. Vom Löwenzahn auch die zarten Wurzeln ausstechen, fein raffeln und den Blättern beigeben. Nach dem Vorbereiten in einer beliebigen Marinade anrichten (s. Seite 27).

Wildkräuter als Beigabe zu Blattsalaten

Brennessel	*Schafgarbe*
Beinwell	*Schlüsselblume*
Huflattich	*Spitzwegerich*

Küchengeräte, die Sie benötigen

Getreidemühle mit Mahlsteinen: Sie ist das wichtigste Küchengerät und elektrisch oder handbetrieben in verschiedenen Größen und Preislagen erhältlich, z. B. von Schnitzer.
Elektrische Küchenmaschine zum Rühren, Kneten oder Schlagen für größere Haushaltungen, z. B. die Erzeugnisse der Firmen Bosch und Braun. Alle Maschinen haben Zu satzgeräte zum Raspeln von Gemüse, Obst, Nüssen u. v. a.
Elektrisches Handrührgerät mit Knethaken und Rührbesen ist für kleinere Haushaltungen bestens geeignet. Zusatzgeräte wie Ständer und Rührschüssel, die automatisch angetrieben wird, erleichtern die Arbeit ungemein. Zu diesem Gerät gibt es auch noch verschiedene andere Zusatzteile. Z. B. Krups 3Mix 3000.
Elektrische Rohkostmaschine, z. B. die ,,ME" von Schnitzer, Kombination Getreidemühle mit Gemüseraspeln. Für kleinere Haushaltungen sehr zu empfehlen.
Kleine elektrische Schlagmessermühle zum Mahlen von Leinsamen, Gewürzen, z. B. auch Vanillegewürz (s. Seite 129).
Küchenwaage mit einem Fassungsvermögen von 5–6 kg.
Briefwaage für kleine Mengen.
Literbecher: Um ein genaues Maß zu erzielen, muß der Becher beim Messen auf eine gerade Unterlage gestellt werden.
Edelstahlreibe
Zitronenpresse
Schneebesen, groß und klein.
Rollholz
Spachtel zum Lösen von Teig auf dem Backbrett, aber auch in Schüsseln u. ä.
Gummischaber, eignet sich auch gut zum Mischen von zartem Teig, Eischnee und Sahne.
Teigrädchen zum Ausrädeln von Plätzchen und Teigböden.
Springformen, Kastenbleche, flache Backbleche, Gratin- oder Auflaufform.
Glasboden-Springform – 24 cm Durchmesser – zum Backen und Servieren. Mühelose Kontrolle, ob der Boden die richtige Bräune hat, leicht zu reinigen.
Backrolle mit Stiel, mit der man den Teig innerhalb der Backform gleichmäßig bis zum Rand ausrollen kann.
Backofenthermometer
Kuchengitter zum Abkühlen von Gebäck.
Alufolie, Backtrennpapier, Frischhaltebeutel, Küchenkreppapier.
Diamant-Messer: Neuheit, Solingen, Edelstahl. Ein Allzweck-Gerät für sämtliche Schneid- und Raspelvorgänge im Haushalt. Schnell, sicher und bequem.
Spritzbeutel zum Verzieren von Torten, Füllen von Windbeuteln etc. Vor dem Gebrauch kalt ausspülen und die obere Hälfte nach außen umschlagen. Dann die Tülle einstecken, daß sie straff sitzt. Die Spritzmasse mit dem Gummischaber einfüllen und die Manschette zurückschlagen. Den Beutel auf den Tisch geben und die Füllung mittels Schaber zur Tülle schieben. Den Beutel oben zusammendrücken, abdrehen, mit der rechten Hand halten und drücken, mit Daumen und Zeigefinger der linken Hand die Tülle führen.
Tortenspritze, für kleinere Mengen der Füllmasse.
Stielpfanne, je nach Personenzahl eine große und eine kleine Edelstahl- oder Gußeisenpfanne mit feuerfestem Glasdeckel zum Backen von Küchlein, Frikadellen, Omeletten, Kartoffeln, Teigwaren, Dampfnudeln u. ä.
Spätzleschwab oder **Spätzleschieber** für die Zubereitung der so beliebten schwäbischen Spätzle, sofern man nicht die handgeschabten vorzieht.
Suppensieb, Abtropfsieb, Schaumlöffel
Dämpf- oder Dünsttopf, grundsätzlich soll der größte Teil der täglichen Nahrung unerhitzt verzehrt werden. Für die Lebensmittel, die nach den Rezepten in diesem Buch gedämpft werden, ist zur besonders schonenden Behandlung z. B. der Turmdünster ,,Perfecto 500" mit Einsätzen aus Jenaer Glas, die gleichzeitig als Servierschüsseln benutzt werden können, zu empfehlen.
Nudelmaschine ,,Emide" oder die kleine Jupiter, empfehlenswerte **Teigpresse** ,,Emide", in allen Haushaltsgeschäften erhältlich.
Knoblauch-Presse mit Reinigungs-Automatik.
Keimgerät zum schnellen und problemlosen Keimen von Getreide und Samen.

Bezugsquellen können direkt beim Verlag erfragt werden.

Meine Kindheit – ein Traum, der mir leben half

Ostpreußen! Welch ein Land! Dort wurde ich geboren. In einer Talsenke, idyllisch gelegen, umschlossen von Wald, Wiesen und weiten Feldern und durchzogen von einem kleinen Fluß, lag unser Gutshof, der unter dem Namen „Königsmühle" weithin bekannt war. Umsorgt und behütet von Eltern und älteren Geschwistern, wuchs ich auf wie im Paradies. Dort, in eben diesem Paradies, entfaltete sich meine Liebe zur Natur. Dort auch wurde der Grundstein gelegt zu meiner Neigung, einfach und natürlich zu leben.

Viel trug mein Vater zu dieser Entwicklung bei. Er hing besonders an mir, vielleicht weil ihm nach fünf Söhnen wieder eine Tochter geboren wurde? Die drei ältesten seiner Kinder waren zwar auch Mädchen, aber inzwischen erwachsen. Fünf Jahre nach mir gesellte sich noch Nesthäkchen Elisabeth zu uns.

Oft machten Vater und ich Fahrten mit Pferd und Wagen, oder wir spazierten durch Feld und Flur. Dabei erklärte er mir die verschiedenen Arten von Getreide, machte mich auf die Wachstumsphasen von der Saat bis zur Ernte aufmerksam und sprach über den hohen Wert des Getreides für Mensch und Tier.

Durch meinen Vater lernte ich auch die Vielzahl der Vögel kennen, ihre Gewohnheiten, ihre Stimmen. Drosseln, Lerchen, Schwalben, Stare, Kuckuck, Nachtigallen und Störche in großer Zahl waren hier zu Hause.

Mit hellem Entzücken sah ich die wogenden Getreidefelder mit den vielen bunten Blumen darin. In der Erinnerung ist es mir, als hätte ich nie wieder so farbenfrohe Getreidefelder gesehen.

Ich lernte in jenen frühen Kindheitsjahren auch den Himmel zu sehen, wußte die Wolkenbildung zu deuten, wenn ein Gewitter aufzieht, wenn sich Sturm und Regen ankündigen. Wenn Wolken ein schweres Gewitter vorausahnen ließen, wurden Wohn- und Wirtschaftsgebäude mit Weihwasser besprengt. Während des oft langanhaltenden Gewitters versammelte sich die Familie und das Personal im großen Wohnraum zum Gebet. Das und auch das Gefühl der Zusammengehörigkeit beschwichtigte unsere Ängste.

Ich erinnere mich, daß ich bei einem der vielen Spaziergänge bitterlich geweint habe und meinen Vater fragte, warum ich wohl so häßlich sei. Ich war pummelig, hatte mehlweiße Haare und Füße, die nach innen zeigten. Meine Brüder nannten mich, wenn auch liebevoll, der Haare wegen „Müllerkopf". Papa tröstete mich: „Du bist schön!", sagte er. „Jedes Geschöpf ist es, aber sieh, wie schön erst die Felder und Blumen ringsum sind zu unserer Freude!"

Aller Schmerz war rasch vergessen.

Zu unserem Besitz gehörten natürlich auch Pferde und viele andere Haustiere. Wenn es sich ergab, durfte ich dabei sein, wenn ein Kälbchen geboren wurde oder ein Lämmchen, wenn Gänschen, Enten und Hühner schlüpften. Überall und überall Leben!

Auch Hunde verschiedener Rassen durften sich in unserer großen Familie wohlfühlen. Meine besondere Liebe galt den Katzen, mindestens zehn hatten Heimatrecht bei uns. Wenn ich sie morgens mit Namen rief, kamen sie aus allen Winkeln des Hofes hervor, um die ihnen gereichte noch warme Milch zu schlecken.

Als ich etwa 16 Jahre alt geworden war, durfte ich in den Ferien meine Eltern hin und wieder mit Wagen und meinem liebsten Pferdegespann, zwei wunderschönen Rappen, in die zehn Kilometer entfernte Stadt kutschieren. Mit dem Einspänner fuhr ich auch schon mal alleine. Der Gedanke daran löst noch heute spürbare Freude in mir aus!

Nur zu gut erinnere ich mich noch an jenen Tag, als ich – Jahre später – meinen Verlobten per Kutsche vom Bahnhof abholte. Er, der mit Pferden in keiner Weise vertraut war, fürchtete zunächst, ich würde ihn sehr bald in den Straßengraben kippen. Er war dann aber doch überrascht und begeistert von der schnellen und sicheren Fahrt seiner jungen Braut. War es bedingt durch die Freude oder Verliebtheit – ich

weiß es nicht –, auf jeden Fall ging während dieser Fahrt seine Reisetasche verloren.
Der Verlust wurde erst zu Hause bemerkt.
Sie wurde aber wiedergefunden.
Zu unserem Besitz gehörte auch eine große Kunden-Mühle, in die alle Bauern der engeren und weiteren Umgebung ihr Getreide zum Mahlen brachten. Damals kam das 00-Mehl in Mode. Das Getreide wurde, wie auch heute üblich, so stark ausgemahlen, daß die wertvollen Bestandteile, wie Schale, Randschichten, Vitamine, Mineralstoffe und der größte Teil des wertvollen Getreideeiweißes als Kleie oft in der Mühle zurückblieben.
Aufklärungen durch die Müller und meinen Vater wurden in den Wind geschlagen –, allerdings zum Nutzen unserer Schlachttiere, die mit den Abfällen gefüttert wurden.
Das Fleisch der Tiere aus der Königsmühle nämlich wurde von den Kunden der Metzger bevorzugt, weil es fest und fettarm war und eine zarte, rosige Farbe hatte; bedingt durch eine hochwertige Fütterung.
Die mit Wasser betriebene Mühle – in Trockenzeiten wurde Strom eingesetzt –, das Drehen und Klappern der großen Räder, das unaufhörliche Rauschen des Wassers, das unseren vielen Gästen in den ersten Nächten den Schlaf raubte, der Duft nach frischgemahlenem Mehl und die Müller, die sich über mein Interesse freuten und nicht müde wurden, meine vielen Fragen zu beantworten, haben einen tiefen Eindruck in mir hinterlassen.
Einmal in der Woche wurde Brot gebacken – Vollkornbrot, versteht sich. Vor dem Einschieben wurden die glühenden Kohlen an die Seiten des Steinbackofens gebracht und dann mit einem breiten Holzschieber je zwei bis drei Brote miteinander geschickt eingeschoben.
Die Nachhitze im Ofen wurde für Kuchen und Plätzchen genützt. Klar, daß sich die natürliche Beheizung des Ofens auch positiv auf den Brotgeschmack auswirkte.
Nach der Lein- bzw. Flachsblüte, wenn aus den reifen Samenkörnern Öl geschlagen wurde, war das frisch duftende, leicht gesalzene Leinöl zusammen mit Brotwürfeln, die eingetaucht wurden, eine willkommene Beilage zum Frühstück um 10 Uhr vormittags.
Nahe der Getreidemühle befand sich das Sägewerk. Bevor die Baumstämme gesägt wurden, mußten sie mit Spezialgeräten geschält werden. Die Rinde, auch Borke genannt, in Wind und Sonne getrocknet, wurde in einem Schuppen gestapelt und im Winter zum Beheizen eines großen Kachelofens verwendet. In der riesigen Röhre des Ofens wurden Äpfel gebraten, die wir an langen Abenden im Familien- und auch im Freundeskreis, oft bei Musik, Gesang oder gemütlicher Plauderei, verschmausten.
Trotz der eigenen großen Familie war es meiner lieben Mutter nie zuviel, wenn wir Kinder Freunde ins Haus brachten. Muttchen war durch ihr sonniges Gemüt, ihr allzeit fröhliches Herz und durch ihre auffallend melodische Stimme bei jung und alt beliebt.
Dieses mein Elternhaus, in dem wir Geborgenheit, Hilfsbereitschaft, Sparsamkeit und – trotz des Wohlstandes – ein einfaches, natürliches und christlich ausgerichtetes Leben erfuhren, hat uns Kinder geformt!
Es hat uns in schweren Notzeiten, die wir alle in gerütteltem Maße durchlebt haben, zum Durchhalten verholfen.

» *Lange träumte ich,*
das Leben sei schön,
aber – es ist eine Pflicht;
ich arbeitete und sah,
daß es eine Freude ist. «

Rezepte

Was Sie zuvor wissen sollen

Wer die Möglichkeit hat, ausreichende Mengen vollwertiger Nahrung zu genießen, braucht weder über Kalorien noch über Vitamine, Eiweißbedarf usw. nachzudenken und sich Sorgen zu machen. Wir Menschen haben ein Denkvermögen und können bewußt in der Ernährung nach der Devise „Vorwärts zur Natur" handeln. Dazu möchte dieses Buch verhelfen.
Dem ist aber noch hinzuzufügen, daß unsere täglichen Mahlzeiten hauptsächlich aus reichlich Frischkost wie: Frischkornmüsle, Blattsalaten und roher, abwechslungsreicher Gemüsekost bestehen sollen, die vor den jeweiligen Mahlzeiten verzehrt werden.
Selbstverständlich können Vollkornbrote aller Art zusätzlich zum Frühstück und zu den Abendmahlzeiten gegessen werden. Für die Mittagsmahlzeit stehen Ihnen als Krönung köstliche Desserts zur Verfügung.
Gegen einfaches Gebäck – z. B. verschiedene Hefekuchen, auch mit Obstbelag, zum Nachmittagstee – ist nichts einzuwenden.
Feine Kuchen und Torten dürfen Ihre Sonntage und festlichen Feiertage versüßen.

An dieser Stelle noch ein Wort zum Kaffee

Wenn Sie überzeugt und dadurch in der glücklichen Lage sind, den Bohnenkaffee einschränken zu können und ihn nur als reines Genußmittel bei besonderen Anlässen oder bei einer gemütlichen Kaffeerunde zu trinken, dürfen Sie es gern tun. Andernfalls könnte er Ihnen zum Verhängnis werden.
Alles, was Sie „Vom Kaffee und seinen Wirkungen" wissen sollten, können Sie in der gleichnamigen Schrift von Dr. med. M. O. Bruker nachlesen.

Das Frühstück

Frischkornmüsle

Am Morgen ein Frischkornmüsle, und der ganze Tag ist gesichert.
Die Grundlage dafür ist ein frischgeschrotetes Korn aus naturgemäßem Anbau: Weizen, Roggen, Buchweizen, Nackthafer und Nacktgerste. Das Getreide muß direkt vor dem Einweichen geschrotet werden, weil die hochempfindlichen Vitamine durch den Luftsauerstoff sehr rasch zerstört werden und so wertlos sind. Die Körner ½ bis 10 Stunden vor dem Verzehr einweichen.
Außer lebenswichtigen Vitaminen und Mineralstoffen, u. a. Eisen und Magnesium, enthält das Vollkorn den gesamten Vitamin-B-Komplex. Vor allem das Vitamin B^1, das in anderen Lebensmitteln seltener vorkommt. Die B-Vitamine sind wichtig für den Aufbau unserer Zellen und für die Gesunderhaltung des Blutes. Sie sind die beste Nervennahrung. Die B-Vitamine und das Magnesium dienen der Stärkung von Muskeln, vor allem des Herzmuskels. So kann dem Herzinfarkt vorgebeugt werden.
Darüber hinaus bietet das Vollkorn sogenannte Ballast- oder Faserstoffe; das sind die Schalenanteile, die sich auf den gesamten Verdauungsapparat und damit auf den Stuhlgang außerordentlich günstig auswirken. Außer den gekeimten Körnern bietet das Frischkornmüsle die einzige Möglichkeit, in den Genuß von rohem pflanzlichen Eiweiß zu kommen. Das Getreidekorn enthält 12% Eiweiß gegenüber dem Tatar – der Rohkost aus tierischem Eiweiß – mit 20%; wobei man bedenken muß, was alles zu beachten ist, daß das Tatar in gesundheitlich einwandfreiem Zustand dem Verbraucher zugeführt werden kann.

Wichtigste Zutaten für das Müsle
Bananen, sie enthalten Fruchtzucker und Vitamin C.
Nüsse enthalten pflanzliches Eiweiß und Fette.
Zitronensaft hat einen hohen Vitamin-C-Gehalt.
Äpfel, unter den Obstsorten

◀ Sonntags-Müsle Seite 24

sind sie die höchsten Mineralstoffträger. Außerdem wird durch ihr klassisches Aroma das Müsle geschmacklich wunderbar abgerundet.
Nüsse sollen wegen der Verschiedenheit der Vital- und Geschmackstoffe täglich gewechselt werden: Cashew-, Hasel-, Para- und Walnüsse.
Sonnenblumen- und Pinienkerne sind gleichwertig.
Wenn Sie für das Müsle ungeschwefelte Trockenfrüchte verwenden, sollen auch sie – wie die Nüsse – täglich gewechselt werden. In Frage kommen: Rosinen, Sultaninen, Korinthen, Feigen, Datteln, wilde Aprikosen.
Ihr hoher Fruchtzuckergehalt führt leicht zu Karies. Diese Gefahr kann gemildert werden, wenn die Früchte einige Stunden vor dem Verbrauch in kaltes Wasser eingeweicht und mit der Flüssigkeit in den Schrotbrei eingemengt werden.

Sonntags-Müsle

Die Mengenangaben gelten für 4 Personen

200 g oder 8 geh. Eßl. Nackthafer, 120–150 g kaltes Wasser, je nach Körnerart, 2 Eßl. Zitronensaft (natur), 4 Eßl. frische Sahne, 2–3 gestr. Teel. Honig, 1 große Banane, 2–3 mittelgroße Äpfel, 2 Eßl. beliebige Nüsse, 400 g Früchte nach der Jahreszeit.

Am Vorabend die Körner mittelgrob schroten, mit dem kalten Wasser zu einem dickflüssigen Brei anrühren. Mit einem Tuch abdecken und kühl stellen.
Am Morgen Zitronensaft, Sahne, Honig, die zerdrückte Banane und die gewiegten Nüsse mit dem Brei vermengen.
Zuletzt werden die Äpfel mit Schale in das Müsle hineingerieben und laufend vermischt.
In einer hübschen Schüssel oder in Portionsschälchen anrichten, mit frischer Ananas, Kiwi oder Zitrusfrüchten, im Sommer mit Beeren oder, sehr fein, mit Honigmelonen belegen und servieren.

Hinweis

Hafer ist reich an Eiweiß, Vitaminen, Mineralstoffen, Spurenelementen und dadurch hilfreich bei Eisenmangel und Kreislaufstörungen. Nach dem Verzehr spürt man förmlich eine spontane Zunahme von körperlicher und geistiger Spannkraft.

Frischkorn-Müsle für alle Tage 1. Art

Die Mengenangaben gelten für 4 Personen

200 g oder 8 geh. Eßl. Weizen, 120–150 g kaltes Wasser, 1 Eßl. Leinsamen, 2 geh. Teel. Mineralgemisch*, 1 Eßl. Zitronensaft, 2 kleine Bananen, 2 Eßl. Haselnüsse, 3–4 mittelgroße Äpfel, 400 g Früchte nach der Jahreszeit.

Am Vorabend die Körner mittelgrob schroten, mit dem Wasser zu einem dickflüssigen Brei verrühren, mit einem Tuch abdecken und kühl stellen.
Am Morgen den in einer kleinen elektrischen Schlagmessermühle frischgemahlenen Leinsamen, das Mineralgemisch, den Zitronensaft, die feingescheibelten Bananen und die grobgewiegten Haselnüsse untermischen.
Zuletzt die Äpfel hineinraspeln. Beliebige Früchte zerkleinern und unterheben.

Hinweis

Weizen, das liebliche Korn, wirkt harmonisch und entlastend auf sämtliche Körperfunktionen.

* Zusammensetzung des Mineralgemisches Pulvin, der mineralischen Zusammensetzung von Knochen und Zähnen entsprechend, bezogen auf 100 g: Calcium phosphoricum 85,05 g, Magnesium phosphoricum 4,53 g, Ferrum phosphoricum oxydatum 0,61 g, Calcium citricum 9,24 g, Calcium fluotum 0,13 g, Natrium chloratum 0,37 g, Manganum chloratum 36,0 mg, Cobaltum chloratum 0,1 mg, Natriummolybdat 0,3 mg, Zincum oxydatum 31,8 mg, Cuprum oxydatum 1,8 mg. In Apotheken erhältlich.
Die Bedeutung des Mineralgemisches ist erläutert in der Gesamtausgabe „Gesundheit für unsere Jugend" (Kapitel A 39), Schnitzer-Verlag, D-7742 St. Georgen. Wenn das Pulvin nicht vorrätig sein sollte, können Sie auf Basica zurückgreifen.

Frischkorn-Müsle für alle Tage 2. Art

Die Mengenangaben gelten für 4 Personen

200 g oder 4 geh. Eßl. Roggen, 4 geh. Eßl. Weizen, 120–150 g kaltes Wasser, 1 Eßl. Leinsamen, 1 geh. Teel. Mineralgemisch* (s. oben), 1 Eßl. Zitronensaft (natur), 1 große Banane, 2 Eßl. Cashewkerne, 3 Eßl. Trockenfrüchte, 3–4 Äpfel, 400 g Früchte nach Belieben.

Am Vorabend die Körner mittelgrob schroten, mit dem Wasser verrühren, mit einem Tuch abdecken und kühl stellen. Die Trockenfrüchte in etwas Wasser gesondert einweichen.
Am Morgen den frischgemahlenen Leinsamen, das Mineralgemisch, den Zitronensaft, die feinzerdrückte Banane, die grobgehackten Nüsse und die Trockenfrüchte mit dem Wasser in den Brei einrühren. Zuletzt die Äpfel mit Schale in das Müsle hineinreiben oder -raspeln, dabei laufend vermengen.
Beliebige Früchte zerkleinern und unterheben.

Hinweis

Der Roggen ist das wichtigste Brotgetreide in unseren Breiten. Seine wertvollsten Mineralstoffe sind Kalium und Kieselsäure. Kalium entwäs-

sert das Gewebe, scheidet Harnsäure aus, fördert Konzentrations- und Reaktionsfähigkeit. Die Kieselsäure dient dem gesamten Knochenaufbau sowie dem Aufbau und der Gesunderhaltung der Zähne, Haare und Nägel.

Fünfkorn-Müsle

Die Mengenangaben gelten für 4 Personen

200 g gemischte Körner, Weizen, Roggen oder Nacktgerste, Nackthafer, Buchweizen, Hirse.

Am Vorabend die Körner mittelfein oder mittelgrob schroten, einweichen und am Morgen beliebige Zutaten, wie sie in den vorstehenden Rezepten angegeben sind, einmengen. Trokkenfrüchte bitte immer getrennt in wenig Wasser einweichen.
Die Körnermischung gibt es in allen Reformhäusern und Bio-Läden. Natürlich können Sie die Mischung zu Hause selbst zusammenstellen.
Bei **hartnäckiger Stuhlverstopfung** ist es für den Erfolg von Vorteil, wenn die Körner gröber gemahlen werden.

Hinweis

Grundsätzlich soll das Müsle am Morgen gegessen werden, um für den ganzen Tag eine gesicherte Grundlage zu haben. Der Verzehr nachmittags oder abends soll Ausnahmen vorbehalten sein.
Bei Bedarf können Sie nach dem Frischkornmüsle gern noch Vollkornbrot, Vollkornbrötchen oder auch Vollkorntoast mit Butter, Frischkäse oder mit einem Aufstrich (s. S. 71) zu sich nehmen.
Ich persönlich bevorzuge einen Butteraufstrich, darüber einen Belag mit Früchten nach der Jahreszeit, z. B. gescheibelte Erdbeeren, Kiwi, Bananen, Birnen, Pfirsiche, Ananas, wobei ich die Menge der Früchte für das Müsle verringere. Hin und wieder bestreiche ich das Butterbrot auch gern mit einer Konfitüre oder Marmelade (s. S. 134).
Nach Lust und Laune trinke ich dazu einen beliebigen Kräutertee oder auch mal einen Schwarztee.

Klunkermussuppe

Zu Hause auf unserem Gut gab es in der kalten Jahreszeit zu den Abendmahlzeiten auch eine „Klunkermussuppe". Dazu wurde frischgemahlener Roggen, oder Roggen gemischt mit Weizen, in einer Schüssel mit Wasser zu Krümeln (Klunkern) vermischt, mit einem Quirl in heißes, leicht gesalzenes Wasser eingerührt und zum Aufkochen gebracht.
Danach wurde gut warme Milch aufgegossen und mit frischgeriebenem Muskat fein abgeschmeckt.
Trotz der Einfachheit schmeckte die Klunkersuppe ganz herrlich. Vielleicht hing das nicht zuletzt mit dem frischgemahlenen Getreide und der kuhwarmen Milch zusammen.
Zu dem berühmten – und wegen seiner Üppigkeit berüchtigten – ostpreußischen Frühstück mit Speckrührei, Schinken, Wurst und Käse und auch noch einem feinen Hefekuchen, z. B. einem Gugelhupf, gehörte in unserer Familie stets ein Haferschrotbrei. Eine Art Porridge.
Dazu wurde frischgeschroteter Hafer über Nacht eingeweicht, am Morgen ganz kurz durchgekocht, mit warmer, im Sommer kalter Milch aufgegossen und mit Salz und Leinöl abgeschmeckt.
Dazu aß ich sehr gerne einen Apfel.

Wohlschmeckende und gesundheitsfördernde Teesorten

Reformhäuser und Bioläden halten nachstehende Teesorten bereit für diejenigen, die nicht in der glücklichen Lage sind, die dafür gebräuchlichen Kräuter im eigenen Garten anzubauen, in der freien Natur zu sammeln und zu trocknen oder frisch zu verwenden.

Apfelschalentee: Getrocknete Apfelschalen mit kochendem Wasser übergießen. Zugedeckt 10 Minuten ziehen lassen und danach abseien.
Frühstückstee
Frühstücks-Kräuterteemischung
Genußtee nach Dr. A. Vogel
Hagebuttentee
Nana Minztee: er hat ein stark minziges Aroma und wird gern mit grünem Tee gemischt.
Einfacher Pfefferminztee: beide Arten haben eine magenberuhigende und verdauungsanregende Wirkung.
Schwarztee mit Zitronen-Aroma ist hie und da eine beliebte Abwechslung.
Kindertee „Bioveda" ist zuckerfrei und sehr wohlschmeckend; bestens geeignet auch für Kindereinladungen.

Nach Belieben können Sie dem Tee ein wenig Honig beigeben. In diesem Fall darf der Tee 40° C nicht übersteigen, um die wertvollen Bestandteile des Honigs nicht zu zerstören.

Kleine Kräutertee-Apotheke

für die Kur zu Hause

Birkenblätter: harntreibend und den Stoffwechsel anregend.
Brennesseln: eisenhaltig, wirken entschlakkend und blutreinigend.
Fenchel: hat eine entgiftende, krampflösende Wirkung.
Gänseblümchen: als Tee und für Umschläge ein gutes Mittel gegen Muskelschmerzen, z. B. steifer Hals. Regt auch den Stoffwechsel an.
Kamille: frische oder getrocknete Blüten üben eine entzündungshemmende und entkrampfende Wirkung auf die Verdauungs- und Unterleibsorgane aus. Sie sind auch heilsam bei Mund- und Rachenspülungen, Dampf- und Vollbädern.
Melisse: hat eine schweißtreibende und entblähende Wirkung.
Mistel: ist zuständig für Gefäßerweiterung, bei Kreislaufschwächen und Nierenentwässerung.
Ringelblume: wirkt entzündungshemmend und ist hilfreich bei Regelstörungen und in den Wechseljahren.
Schafgarbe: wirkt schweißtreibend und ähnlich der Kamille entzündungshemmend bei Beschwerden im Bereich des kleinen Beckens und bei Kreuzschmerzen.
Spitzwegerich: ist außerordentlich hilfreich bei Heiserkeit, Husten, Bronchitis.
Weißdorn: wirkt anregend, stärkt die Funktion des Herzmuskels und ist schmerzstillend.
Weidenröschen: das **Kleinblütige** sowie das **Rosarote** können sehr hilfreich sein bei Prostata-Beschwerden.
Zinnkraut: gemischt mit **Schafgarbe, Weißdorn,** nach Belieben auch noch mit **Brennnesseln** als Tee ist besonders für ältere Menschen eine wohltuende Stärkung.

Blattsalate und Gemüsefrischkost

Die Mengenangaben gelten für 4 Personen
Alle Rezepte dieses Buches sind ausprobiert. Dennoch empfehle ich z. B. pikante Speisen, Saucen und Frischkostsalate vor dem Anrichten einer Geschmacksprobe zu unterziehen. Die angegebenen Gewürzzutaten sind dem Geschmack der Autorin angepaßt, und über Geschmack läßt es sich bekanntlich streiten.

Erläuterungen für Marinaden und Saucen

Marinaden für Salate aller Arten

Unter Marinaden versteht man Saucen ohne Beigabe von Milchprodukten.
Sie werden zubereitet aus kaltgeschlagenen Ölen, Apfelessig oder ähnlichen Essigsorten, aus Fruchtsäften, z. B. Zitronen-, Orangen- oder Grapefruitsaft.
Nach Belieben würzen mit Zwiebeln, Meerrettich, Knoblauch, Senf, Sanddorn mit oder ohne Honigbeigabe, Honig, Ahorn-Sirup, Kräutersalz, Pfeffer und Paprika.
Je nach Geschmack auch noch andere, natürliche Gewürze und beliebige frische, tiefgekühlte oder getrocknete Kräuter beigeben.

Saucen für viele Gemüse-, Obst- und Blattsalate

Saucen werden im Gegensatz zu Marinaden zubereitet aus frischer oder saurer Sahne, Bioghurt oder Sanoghurt, Dickmilch, Buttermilch; nach Belieben ein wenig Schichtkäse oder Quark, aus feinen Frischkäse- und aus verschiedenen Edel-Schimmelpilz-Käsesorten, aus kaltgeschlagenen Ölen, Mayonnaise, frisch gepreßten Fruchtsäften, Sanddorn, Honig, Ahorn-Sirup, Brechts Delifrut u. ä. Gewürzen, Nüssen und feinen Kräutern.

Hinweis

Blattsalate erst kurz vor dem Servieren mit 2 Gabeln in die Marinade bzw. Sauce locker unterheben.
Gemüse oder Obst mit der Marinade bzw. Sauce vermengen und, je nach Sorte, 5–20 Minuten durchziehen lassen.
Marinaden und Saucen können Sie für einige Tage als Vorrat zubereiten und in Schraubdeckelgläsern im Kühlschrank aufheben.
Hin und wieder kommt es vor, daß etwas Salatsauce abgegossen werden muß, der Salat soll ja darin nicht schwimmen. Diese Sauce enthält wertvolle Vitalstoffe und sollte getrunken oder für einen anderen Salat verwendet werden. Auf keinen Fall wegschütten.

Bambussprossensalat

250 g Bambussprossen (Dose), 5–6 Cornichons oder 1 kleine, süßsaure Gurke, ½ zarte Sellerieknolle.

Marinade

1 Knoblauchzehe, 1 Msp. Frugola, 1 Msp. geriebener Ingwer, ½ gestr. Teel. Reform-Senf, 2–3 Eßl. kaltgeschlagenes Öl, 2 Eßl. Obstessig, ½ gestr. Teel. Honig, 2 Eßl. Orangensaft, 150 g (netto) rote Paprikaschote, frischer Dill und Estragon.

Das Ausgepreßte der Knoblauchzehe mit Frugola verrühren. Dann Ingwer, Senf, Öl, Essig, Honig und Orangensaft dazugeben und alles gut verquirlen.
Die gewaschene Paprika halbieren, entkernen und fein würfeln.
Inzwischen die Bambussprossen auf einem Sieb gut abtropfen lassen, die Cornichons fein scheibeln und die vorbereitete Sellerieknolle fein raffeln.
Alles miteinander vermischen, die Marinade unterheben und mit den gewiegten Kräutern bestreuen.

Blattsalat mit Sojabohnen

200 g (netto) Radicchio, 150 g (netto) Chinakohl, 80 g gekeimte Sojabohnen (s. Seite 139).

Marinade

4 Eßl. kaltgeschlagenes Walnußöl oder Distelöl, 2 Eßl. Obstessig, 1 kleine geriebene Zwiebel, 1 kleine Prise Cayennepfeffer, Ingwerpulver, frisch gerieben, Kräutersalz, Delifrut (Brecht), 2 Scheiben Ananas.

Den Salat kalt abspülen, in einem Sieb gut abtropfen lassen und kleinreißen. Vom Chinakohl nur die zarten, festen Innenblätter verwenden und 2 cm breit aufschneiden. Die Sojabohnen sollten ca. 1 cm lange Keime haben.
Aus den Zutaten eine Marinade rühren und mit den Gewürzen pikant bis scharf abschmecken. Die sehr fein gewürfelte Ananas dazugeben, Salate und Soja-

bohnen unterheben und sofort servieren.

Hinweis

Chinakohl stammt ursprünglich aus China. Heute wird er auch bei uns angebaut. Es gibt den Sommerkohl sowie den späteren Winterkohl.
Im Gegensatz zu unserem Weißkohl ist er geschmacklich milder und bläht nicht.
Als Salat braucht man nur so viele Blätter abzulösen, wie benötigt werden. Der Rest hält sich in einem Frischhaltebeutel im Gemüsefach des Kühlschrankes bis zu 8 Tagen.

Bataviasalat mit kesser Sauce

500 g (netto) Bataviasalat.

Marinade

4 Eßl. saure Sahne, 2 Eßl. Orangensaft, 2 Eßl. Zitronensaft, 1 gestr. Teel. Honig, 1 Msp. Delifrut (Brecht), einige Spritzer Tabasco-Sauce, Paprikapulver zum Bestreuen.

Bataviasalat – ein vornehmer Kopfsalat – vorbereiten, waschen, kleinreißen und gut abtropfen lassen. Aus den Zutaten eine spritzige Sauce rühren, die Salatblätter unterheben und mit Paprikapulver leicht bestreuen. Sofort servieren.

Bunter Frühlingssalat

100 g Gurken, 100 g Radieschen, 100 g Tomaten, 100 g Steinchampignons, 100 g Lauch, 50 g Paprika, 100 g Blumenkohl, Thymian, Estragon, Basilikum, Schnittlauch, Petersilie, 100 g frisch gekeimte Kresse.

Marinade

5 Eßl. Öl, 4 Eßl. Essig, 1 Zwiebel, 1 Knoblauchzehe, Frugola, Kräutersalz, Pfeffer, Paprika edelsüß.

Aus Öl, Essig, der feingehackten Zwiebel und der geschnittenen und fein zerdrückten Knoblauchzehe eine Marinade zubereiten. Mit Frugola und allen anderen Gewürzen pikant abschmecken.
Die Gurke mit der Schale (wenn sie nicht zu hart ist) und die Radieschen fein hobeln. Tomaten halbieren und in Scheiben schneiden; ebenso mit den Pilzen verfahren. Die zarten Teile des Lauchs sowie Paprika sehr fein aufschneiden, den Blumenkohl in einzelne Röschen zerteilen, alles in die Tunke geben und zusammen mit den feingewiegten Kräutern vermischen.
Zugedeckt etwa 1 Stunde ziehen lassen. Wenn es nötig ist, vor dem Servieren von der Sauce etwas abgießen. Die vorbereitete, gut abgetrocknete Kresse auflegen.

Brauner Kopfsalat mit Löwenzahn

250 g brauner Kopfsalat, 100 g junger Löwenzahn, 100 g rote Paprikaschoten.

Sauce

4 Eßl. Sauerrahm, 5 Eßl. Walnuß- oder kaltgeschlagenes Sonnenblumenöl, 2 Eßl. Obstessig, 1 Eßl. Zitrone, 10–12 Tropfen Tabasco, 1 geh. Teel. Estragon, 1 geh. Teel. Thymian, Petersilie und Dill.

Den Kopfsalat vorbereiten, kurz waschen, in einem Sieb abtropfen lassen, öfter kräftig schütteln und die Blätter kleinreißen. Den Löwenzahn kurz waschen, abtropfen und auf Küchenkreppapier trocknen lassen. Die Stiele entfernen, die Blätter 1 cm breit aufschneiden und mit den Kopfsalatblättern vermischen. Die Zutaten für die Sauce verquirlen, abschmecken, die Salatblätter und die gewürfelte Paprikaschote unterheben.
Mit der feingehackten Petersilie und dem Dill bestreuen. Den Salat 10 Minuten durchziehen lassen.
Der „braune" Kopfsalat ist eine Neuzüchtung. Er ist fester und geschmacklich kräftiger als der grüne Kopfsalat.
Der Löwenzahn ist u. a. eine Salat- und Gemüsepflanze. Darüber hinaus wegen seines hohen Vitamin-C-Gehaltes und der Bitterstoffe eine wertvolle Arzneipflanze, die der Anregung des gesamten Stoffwechsels zugute kommt.

Hinweis

Ältere Löwenzahnblätter verlieren etwas den bitteren Geschmack, wenn sie lauwarm gewaschen, getrocknet und 30 Minuten in den Kühlschrank gestellt werden.

Bunte Salat-Platte

4 Eier, 200 g fleischige Tomaten, 150 g Salatgurke, 150 g rote Paprikaschoten, 150 g grüne oder gelbe Paprikaschoten, 1 Bund Radieschen, 100 g Chicorée, 1 mittelgr. Kopfsalat, 1 Handvoll Kresse, 100 g weiße Speisezwiebeln oder Frühlingszwiebeln oder 2 kl. rote Zwiebeln, Petersilie, Schnittlauch, grob gem. weißer Pfeffer, Obstessig, kaltgeschlagenes Öl.

Sauce

100 g Mayonnaise (s. Seite 91), 1–2 Becher Bioghurt, 2 Eßl. Ketchup, 1 gestr. Teel. Honig, 1/4 Teel. Kräutersalz, 1 Spritzer Tabasco.

Die Eier 10 Minuten kochen, schälen und vierteln. Die Tomaten waschen, achteln, die Gurke waschen und mit einem Buntmesser in ca. 1 cm dicke

Scheiben schneiden. Die Paprikaschoten abreiben, entkernen und in feine Ringe schneiden. Von den Radieschen die Wurzeln ganz und die Blätter bis auf 3 cm entfernen. Den Chicorée waschen, halbieren, den bitteren Teil herausschneiden und die Blätter lösen.
Den Kopfsalat putzen, die dunklen Blätter entfernen, den Rest waschen, achteln und gut abtropfen lassen. Die Kresse kurz abspülen, in einem Tuch behutsam ausdrücken.
Die Zwiebeln scheibeln, Petersilie und Schnittlauch fein schneiden. Auf einer großen Platte die Salate – jede Sorte für sich, farblich abgestimmt – auflegen. Die Eier darüber verteilen. Mit Zwiebeln, Pfeffer und Kräutern bestreuen. Essig und Öl zum Selbstanmachen in Karaffen dazustellen. Für die Sauce alle Zutaten glattrühren, mit den Gewürzen pikant abschmecken.
In Schälchen extra servieren.

Chicoréesalat „exzellent“

600 g (netto) Chicorée.

Sauce

4 Eßl. Öl, 4 Eßl. Zitronensaft, 3 Eßl. Weißwein, 3 Eßl. frische Sahne, 2 Eßl. Ingwer-Sirup, 10 g eingelegter Ingwer, 4 frische Feigen, 2 Kiwis, 50 g gehackte frische Erdnüsse oder Cashewnüsse.

Die Chicorée waschen, der Länge nach halbieren, den bitteren Teil herausschneiden und die Chicorée 2 cm breit aufschneiden. In eine Schüssel geben und abdecken, damit sie sich nicht verfärben.
Öl, Zitronensaft, Weißwein, Sahne und Ingwer-Sirup gut verrühren und mit den Chicoréestücken vermengen.
Ingwer fein würfeln, die Feigen achteln. Die Kiwis dünn schälen, der Länge nach halbieren und scheibeln.
Behutsam mit dem Chicoréesalat vermischen. Etwa 30 Minuten ziehen lassen, in eine Schüssel füllen und mit grob gehackten Erdnüssen bestreuen.

Chicorée ist eine besondere Spezialität des belgischen Gemüsebaus. Die Schosse wachsen bei totaler Dunkelheit, das führt zu der weißen bis gelblichen Farbe der Blätter und zu dem Gehalt an wertvollen Bitterstoffen. Wer den kräftigen Geschmack nicht mag, meistens sind es die Kinder, kann den Strunk mit einem spitzen Messer mehr oder weniger herausschneiden.

Eichblatt-Salat

350 g (netto) Eichblatt-Salat.

Sauce

2 Eßl. kaltgeschlagenes Sonnenblumenöl, 40 g Sanoghurt, 40 g saure Sahne, 1 Eßl. Obstessig, ½ Teel. Sanddorn – honiggesüßt, 1 gr. Msp. Brechts Salatgewürz, 1 mittelgr. Zwiebel, 50 g gekeimte Kichererbsen (s. Seite 139).

Den Salat zerteilen, gründlich waschen, im Sieb abtropfen lassen, hin und wieder kräftig schütteln und in mundgerechte Stücke reißen.
Das Öl, Sanoghurt, saure Sahne, Essig, Sanddorn und Salatgewürz verquirlen, die feingewürfelte Zwiebel beigeben. Kurz vor dem Servieren die Sauce über den Salat gießen, die grob gehackten, gekeimten Kichererbsen aufstreuen und alles zusammen locker vermengen.
Die Bezeichnung „Eichblatt-Salat" ist auf die eichenblattförmigen Blätter zurückzuführen.

Eisbergsalat – rassig

300 g (netto) Eisbergsalat, 100 g rote Paprikaschoten, 3 mittelgr. feste Tomaten, 1 großer, halber Apfel, 1 mittelgr. zarte Zwiebel.

Marinade

4 Eßl. Olivenöl, 3 Eßl. Obstessig, 1 gestr. Teel. Honig, ½ Apfel, fein gerieben, ¼ Teel. Brechts Salatgewürz, 2 Eßl. grob geschnittener Schnittlauch.

Den Eisbergsalat putzen, vierteln, ziemlich grob aufschneiden und kühlstellen.
Paprikaschoten in feine Streifen, Tomaten in Stücke, den halben Apfel in Würfel und die Zwiebel in dünne Ringe schneiden. Für die Marinade alle Zutaten verrühren, pikant abschmecken, über Paprika, Tomaten, Äpfel und Zwiebel gießen und 10–15 Minuten durchziehen lassen. Kurz vor dem Servieren den Eisbergsalat darunterheben.

Endivien-Kresse-Salat

4–5 Eßl. kaltgeschlagenes Sonnenblumenöl, 2–3 Eßl. Obstessig, 1 Knoblauchzehe, 1 Msp. Kräutersalz, 300 g (netto) Endivien, 100 g frisch gekeimte Kresse, Schnittlauch, Estragon und Zitronenmelisse.

Öl, Essig, das Ausgepreßte der Knoblauchzehe und Kräutersalz miteinander verrühren und würzig abschmecken. Nach Belieben ein wenig Honig beigeben.
Endivien waschen, trocknen, fein aufschneiden und mit der Sauce vermengen.
Die Kresse abschneiden, kurz abspülen, in Küchenkreppapier zart ausdrücken. Zusammen mit den feingeschnittenen

Kräutern unter den Salat heben und sofort servieren.

Hinweis

Im Sommer frische Kräuter, im Winter getrocknete, besser tiefgefrorene Kräuter verwenden.

Fenchel-Paprika-Salat

100 g (netto) Fenchel, 100 g roter Paprika, 100 g Tomaten, 1 Orange, 1 kl. Banane, ½ Birne.

Sauce

3 Eßl. Sanoghurt, 1 Eßl. Öl, 1 Eßl. Essig, Rosenpaprika, weißer Pfeffer, Frugola.

Aus Sanoghurt, Öl und Essig eine Sauce zubereiten, mit den Gewürzen pikant abschmecken.

Die äußeren Blätter und den harten Teil des Fenchels entfernen. Die Knolle raffeln (Scheibe mit kleinen Löchern). Stengel und Grün fein aufschneiden.

Paprika und Tomaten waschen, Paprika in sehr feine Streifen, Tomaten in Scheiben schneiden und halbieren. Die Orange schälen und grob würfeln. Die Banane scheibeln, die Birne schälen, achteln, das Kerngehäuse entfernen und grob scheibeln.

Den Salat mit der Sauce vermengen, nochmals abschmekken. Im Kühlschrank ca. 30 Minuten ziehen lassen. Mit Folie abdecken.

Gemüsefenchel kommt vorwiegend aus Italien und ist dort als Finocchi bekannt. Roh, als Salat, verwendet man am besten den kleinen, zarten Florentiner- und den größeren und kräftigeren Napolitaner Fenchel. Der milde, fenchelartige Geschmack kommt von dem Gehalt des ätherischen Öls Anethol.

Friseesalat „Young Line"

200 g (netto) Friseesalat, 1 großer säuerlicher Apfel, 2 große, aromatische, weiche Birnen, 3 Scheiben frische Ananas, 1 große, feste Banane.

Sauce

4 Eßl. Sahne, 5 Eßl. Sano- oder Bioghurt, 1 Zitrone, vollsaftig (natur), ¼ Teel. Delifrut (Brecht) oder ¼ Teel. Zimtpulver, 1 Eßl. Mandelblättchen.

Den Frisee putzen, waschen, kleinzupfen und gut abtropfen lassen. Inzwischen die Sauce zubereiten. Sahne, Sanoghurt oder Bioghurt, Zitronensaft (mit dem beim Pressen zurückgebliebenen Fruchtmark), Delifrut oder Zimtpulver mit dem Schneebesen cremig rühren.

Den Apfel mit Schale und die geschälten Birnen halbieren, entkernen, dick scheibeln und würfeln. Die Ananas in Stückchen und die Banane in feine Scheiben schneiden. Alles mit dem Friseesalat vermischen, in die Sauce unterheben, mit Mandelblättchen bestreuen.

Der „Friseesalat" ist ein hellgrüner, sehr zarter und stark gekrauster Blattsalat, dem Endiviensalat verwandt.

Festlicher Selleriesalat

600 g (netto) Sellerie, 4 Eßl. Zitronensaft, 2 mittelgr. säuerliche Äpfel, 4 Scheiben frische Ananas, 1 Banane, 40 g Walnüsse.

Sauce

3 Eßl. Bioghurt, 5 Eßl. frische Sahne, 1 gestr. Eßl. Honig, 2 Eßl. rote Kirschen, frische oder aus der Tiefkühltruhe, 4–6 Eßl. Sahne.

Sellerie schälen, alle holzigen Teile wegschneiden, mit Zitronensaft einreiben, damit er nicht braun wird. Mit der Rohkostmaschine fein raffeln. Den restlichen Zitronensaft darüberleeren.

Die Äpfel schälen, in kleine Würfel, die Ananas in feine Streifen schneiden und die Banane fein scheibeln.

Die Früchte mit dem Sellerie und der Hälfte der gehackten Walnüsse vermengen und mit Folie abdecken.

Aus Bioghurt, Sahne, Honig und Mayonnaise mit dem Schneebesen eine sämige Sauce rühren und behutsam unter die Früchte heben.

Zugedeckt im Kühlschrank 10–20 Minuten ziehen lassen. Inzwischen die frischen Kirschen entsteinen, tiefgekühlte antauen und entsteinen, Sahne steifschlagen. Den Salat in einer Glasschüssel anrichten, Schlagsahne-Rosetten aufspritzen, Kirschen daraufgeben und mit dem Rest der Walnüsse bestreuen.

Hinweis

In einem Tuppergefäß kann man diesen Salat – ohne Schlagsahne – im Kühlschrank gut 1–2 Tage aufheben.

Gemischter Blattsalat

400 g (netto) Spinat, Kopfsalat, Feldsalat.

Sauce

3 Eßl. frische Sahne, 5 Eßl. Dickmilch, 2 Eßl. Molke, 2 Eßl. Zitronensaft, 1 geh. Teel. Honig, 3 Eßl. Sonnenblumenöl, 2 Zehen Knoblauch, Radieschen, Petersilie.

Die Salate putzen, waschen, in einem Salatsieb und dann auf einem Küchentuch gut abtrocknen lassen und kleinreißen. Aus

den Zutaten die Sauce zubereiten.
Kurz vor dem Servieren die Salate darin vermengen.
Gescheibelte Radieschen und feingewiegte Petersilie darübergeben.

Kopfsalat mit Gänseblümchen

300 g (netto) knackiger Kopfsalat.

Marinade

4 Eßl. kaltgeschlagenes Sonnenblumenöl, 2 Eßl. Zitronensaft, 3 Eßl. Orangensaft, 1 kleine, zarte Zwiebel, 1 gr. Msp. Brechts Salatgewürz, 2 Eßl. verschiedene frische Kräuter oder tiefgefrorene (nicht aufgetaute), 1 kleine Handvoll junge Gänseblümchenblätter und -blüten.

Den Salat waschen, kleinreißen und gut abtrocknen lassen. Inzwischen das Öl, die Säfte, die feingewiegte Zwiebel, das Salatgewürz und die Kräuter zu einer Marinade verrühren. Die Gänseblümchenblätter 1 cm breit schneiden und zusammen mit den Kopfsalatblättern kurz vor dem Servieren unterheben, die Blüten aufstreuen.

Gänseblümchen regen Funktionen von Leber, Niere und Blase an. Die jungen Blätter kann man vielen anderen Blattsalaten, auch Wildsalaten, beigeben. Die Blüten als reizende Garnitur verwenden.

Feldsalat mit Orangen und Nüssen

250 g (netto) Feldsalat, 2 Schalotten, 2 mittelgroße Orangen oder 5 Clementinen.

Sauce

150 g Bio- oder Sanoghurt, 1 Eßl. Walnußöl, 2–3 Eßl. Zitrone, 1 Teel. Honig, 1 Msp. weißer Pfeffer, 3–4 Spritzer Worcestersauce.

Den Feldsalat sorgfältig putzen, in kaltem Wasser rasch waschen, auf einem Sieb abtropfen und auf Küchenkrepp trocknen lassen.
Die Zwiebeln in Ringe schneiden, die Orangen oder Clementinen schälen, mit einem spitzen Messer die weißen Häute entfernen. Dann die Früchte in Spalten teilen, diese halbieren; Clementinenspalten bleiben ganz.
Für die Sauce alle Zutaten gut verrühren, abschmecken und über die Fruchtmasse gießen.
Kurz vor dem Servieren den Feldsalat unterheben.

Feldsalat, auch Rapunzel-, Acker- oder Nüßlisalat, gehört zu den Baldriangewächsen. Er ist ein ausgezeichneter Vitamin-A-Spender und reich an Chlorophyll und Eisen. Er übt eine beruhigende Wirkung auf den gesamten Organismus aus. Wer an Eisenmangel leidet, sollte diesen Salat so oft wie möglich zubereiten.

Früchte-Gemüse-Salat

120 g (netto) Clementinen, 200 g blaue Trauben, 150 g (netto) Birnen, ½ Zitrone, 100 g feste Tomaten, 100 g grüne Paprika, 100 g (netto) Eisberg- oder Endiviensalat, 100 g (netto) Sellerie, fein gerieben, 100 g frisch gekeimte Kresse.

Salatsauce

250 g Bioghurt, 4 Eßl. Sauerrahm, 1 gestr. Eßl. Honig, 1 gestr. Teel. Kräutersalz, 1 Msp. weißer Pfeffer, 1 Eßl. Zitronensaft.

Die Clementinen schälen, die weißen Häute entfernen, die Früchte in Spalten zerlegen und je nach Größe halbieren, Trauben waschen, halbieren und entkernen. Die Birnen schälen, das Kerngehäuse sorgfältig entfernen, die Früchte würfeln und mit Zitronensaft beträufeln. Die Tomaten waschen, achteln und würfeln. Paprika putzen, achteln und in feine Streifen schneiden. Den grünen Salat waschen und 1 cm breit aufschneiden. Den Sellerie schälen, den zarten Teil fein reiben. Die Kresse leicht abspülen, in Küchenkreppapier ganz leicht ausdrücken. Alle Zutaten – außer Kresse – mit zwei Gabeln leicht vermengen.
Alle Saucenzutaten mit dem Schneebesen gut verrühren und pikant abschmecken. Kurz vor dem Servieren die Sauce unter den Salat ziehen und die Kresse aufstreuen.

Gurkensalat

500 g Gurken, 4 Eßl. Sauerrahm, 1 Eßl. gehackter Dill, Basilikum, Thymian, ½ Teel. Reform-Senf, 1 Msp. Rosenpaprika.

Die gewaschenen Gurken halbieren und in dünne Scheiben schneiden oder hobeln.
Aus Sauerrahm, gehacktem Dill und den Gewürzen eine pikante Sauce zubereiten. Mit den Gurkenscheiben vermischen und mit Paprika leicht überstreuen.

Gurken-Champignon-Salat

1 mittelgr. Salatgurke, 200 g frische Steinchampignons, 1 Eßl. gewiegter Dill.

Sauce

3 Eßl. Distelöl, 2 Eßl. Obstessig, 1 Eßl. Zitronensaft, ⅛ l saure Sahne, ¼ Teel. Honig, Kräutersalz, weißer Pfeffer, 30 g Tofu (s. Seite 13).

Die gewaschene, ungeschälte Gurke dünn scheibeln. Die Champignons putzen, waschen, gut abtropfen lassen, fein aufschneiden und mit Dill bestreuen.
Aus den Zutaten eine sämige Sauce zubereiten. Mit Salz und Pfeffer kräftig abschmecken, über den Salat gießen und den grob zerdrückten Tofu aufstreuen.
Bei Tisch mit 2 Gabeln alles miteinander vermengen.

Kopfsalat mit Käse

1 Kopfsalat (300 g netto), 1½ Becher Bioghurt, 60 g Edelschimmelkäse (Roquefort, Gorgonzola o. ä.), 1 Knoblauchzehe, 1 mittelgr. Zwiebel, 1 Msp. Vollmeersalz, 1 Msp. Pfeffer, 2 Eßl. Essig, Dill, Petersilie.

Bioghurt mit dem weichen Käse sämig rühren. Die Knoblauchzehe grob hacken, mit dem Messerrücken fein zerdrücken. Zusammen mit der feingewiegten Zwiebel in die Crememasse einrühren und mit den Gewürzen fein abschmecken. Die Salatblätter recht fein zerreißen und in die Sauce einmengen. Mit feingewiegten Kräutern bestreuen.

Kopfsalat – naturell

300 g (netto) Kopfsalat.

Sauce

4 Eßl. kaltgeschlagenes Distelöl, 1 Eßl. Obstessig, 1 Eßl. Zitronensaft, 2 Eßl. frische Sahne, 1 Msp. Kräutersalz, 1 Spur Cayennepfeffer, 1 gestr. Teel. Honig, 2 geh., gewiegte Eßl. Petersilie und Dill.

Die Blätter einzeln unter fließendem kalten Wasser abspülen. Auf einem Sieb abtropfen lassen, hin und wieder kräftig schütteln. Wenn nötig, auf Küchenkreppapier auslegen.
Öl, Essig, Zitronensaft, Sahne, Gewürze und Honig gut verquirlen und abschmecken.
Die feingewiegten Kräuter dazugeben. Den Salat kleinreißen, die Marinade kurz vor dem Anrichten über die Salatblätter gießen und mit zwei Gabeln leicht vermischen.

Kopfsalat mit Tomaten

300 g (netto) Kopfsalat, 200 g feste Tomaten.

Marinade

4 Eßl. kaltgeschlagenes Sonnenblumenöl, 2 Eßl. Obstessig, 1 gestr. Teel. Kräutersalz, 1 Knoblauchzehe, ausgepreßt, 1 Msp. Paprika, 1 Prise weißer Pfeffer, 1 mittelgr., gehackte Zwiebel, 2 Eßl. Schnittlauch und Petersilie, 1 Msp. Basilikum.

Die Salatblätter unter fließendem kalten Wasser einzeln abspülen, in ein großes Sieb geben, hin und wieder kräftig schütteln und gut abtrocknen

lassen. Die Tomaten waschen, halbieren und dünn aufschneiden.
Nun die Marinade zubereiten und pikant abschmecken.
Unmittelbar vor dem Servieren den kleingerissenen Salat und die Tomaten in eine große Salatschüssel geben, mit der Marinade übergießen und behutsam vermischen.

Kopfsalat mit Walnußöl

300 g (netto) Kopfsalat.

Sauce

3 Eßl. Walnußöl, 2 Eßl. saure Sahne, 2 Eßl. Apfelessig, 1 Eßl. Sanddorn, honiggesüßt, 1 mittelgr. Frühlingszwiebel oder 2–3 Schalotten, 1 Eßl. Dill, 1 Eßl. Schnittlauch, 1 Eßl. Petersilie.

Den Salat putzen, kalt waschen, gut abtropfen lassen, schleudern oder in Küchenkreppapier ganz leicht ausdrücken.
Aus den obenstehenden Zutaten eine Sauce zubereiten. Zwiebeln fein aufschneiden, Kräuter fein hacken.
Den Salat in beliebig große Stücke reißen und direkt vor dem Servieren zusammen mit den Zwiebeln und Kräutern in die Sauce unterheben.

Kresse-Käse-Salat

2–3 Kästchen oder 200 g frischgekeimte Kresse.

Marinade

4 Eßl. kaltgeschlagenes Sonnenblumenöl, 2 Eßl. Zitronensaft, 1 zerdrückte Knoblauchzehe, Kräutersalz, 1 kleine Banane, 50 g Cornichons, ½ Teel. grüner Pfeffer, 120 g junger Gouda.

Die Kresse abschneiden, abspülen, zuerst in einem Sieb, dann auf Küchenkreppapier gründlich abtrocknen lassen. Inzwischen die Marinade zubereiten.
Die Banane schälen, der Länge nach halbieren und in die Marinade hineinscheibeln, um das Verfärben zu verhüten.
Die Cornichons fein würfeln, den Pfeffer zerdrücken, den Käse grob raspeln, dazugeben und fein abschmecken. 10 Minuten ziehen lassen.
Dann die Kresse behutsam unterheben.

Löwenzahnsalat mit Radieschen

150 g junge Löwenzahnblättchen, Bärlauch oder 1 ausgepreßte Knoblauchzehe.

Marinade

1 Eßl. gewiegter Bärlauch, 3–4 Eßl. kaltgeschlagenes Sonnenblumen- oder Walnußöl, 1–2 Teel. Obstessig, 1 Eßl. Zitronensaft, ½ Teel. Reform- oder Dijon-Senf, 1 Msp. Delifrut (Brecht), ½ Teel. Brechts Salatgewürz, frischgemahlener, weißer Pfeffer, 7–8 Radieschen.

Die Löwenzahnblätter und den Bärlauch verlesen, in kaltem Wasser kurz waschen, gut abtropfen und auf Küchenkrepppapier trocknen lassen.
Bärlauch, Öl, Essig, Zitronensaft, Senf und die Gewürze miteinander verrühren und recht pikant abschmecken.
Kurz vor dem Servieren die Salatblätter fein schneiden, in die Marinade geben und sorgfältig vermengen. Die gewaschenen und gescheibelten Radieschen darüberstreuen.

Variante

Anstelle der Radieschen feingeschnittene, geröstete Vollkornbrotwürfel über den Salat geben, dazu vielleicht noch mit etwas feingewiegter Petersilie oder Dill bestreuen.

Löwenzahn, der Fitmacher, ist im Frühjahr auf den Märkten zu haben zu fast denselben Preisen wie Feldsalat. Man kann auch kostenlos auf einem Spaziergang die frischen, zarten Blätter pflücken und die jungen Wurzeln ausstechen. Für einen herzhaften Wildsalat werden die Blätter fein geschnitten und die Wurzeln fein geraffelt. Anrichten in einer kräftigen Sauce. Wem der Salat pur zu herb ist, kann ihn mischen mit Kopfsalat, Chinakohl, Kresse oder ähnlichen Blattsalaten. Blätter und Wurzeln des Löwenzahns enthalten wertvolle Bitterstoffe, Mineralstoffe, Vitamine und Enzyme, die heilsam sind bei Leber-, Galle- und Nierenleiden.

Möhren-Frischkost, sehr fein

500 g (netto) Möhren.

Sauce

3 Eßl. frische Sahne, 2 gestr. Teel. Honig, 2 Eßl. Orangensaft, 4 Eßl. Zitronensaft, 1 Eßl. Walnußöl, 1 Orange, 40 g Walnüsse, Pistazien.

Die Möhren waschen, unter kaltem, fließendem Wasser gut bürsten, nur wenn es nötig ist leicht schaben. Mit der Rohkostmaschine fein raffeln und abdecken.
Sahne, Honig, Orangen- und Zitronensaft und das Öl zu einer Sauce verquirlen. Fruchtfleisch, das an der Zitronenpresse haften bleibt, mitverwenden. Die Orange sorgfältig schälen, in Spalten aufteilen, in Würfel schneiden und zu den Möhren geben.
Kurz vor dem Servieren mit der Sauce begießen und vermengen.

Mit halben Walnüssen oder gehackten Pistazien, diese besser in einer kleinen elektrischen Mühle gemahlen, garnieren.

Möhren werden auch als Mohrrüben, Wurzeln oder gelbe Rüben bezeichnet. Fein oder grob gerieben, liefern sie sehr beliebte Rohkostsalate. Möhren sind außerordentlich reich an Vitamin A und Carotin, dem Schönheitsvitamin für unsere Haut. Carotin kann aber nur im Zusammenhang mit etwas Öl oder Sahne in Vitamin A umgewandelt werden. Vitamin A ist zuständig für unsere Sehkraft, für Funktionen der Schleimhaut und es soll dem Ergrauen der Haare vorbeugen.

Möhren-Zwiebel-Salat

500 g (netto) junge Möhren.

Marinade

3–4 Eßl. Zitronensaft, 3 Eßl. Walnußöl, 4 kleine Frühlingszwiebeln mit Stengel, 1 Eßl. Petersilie.

Die Möhren vorbereiten und mittelfein raffeln. Zitronensaft, Öl, die feingeschnittenen Zwiebeln, die zarten Stengel in Röllchen geschnitten, und die feingehackte Petersilie dazugeben und vermengen.
10–15 Minuten ziehen lassen.

Möhren-Gurken-Frischkost

500 g junge Möhren, 1 kleine, feste Salatgurke, 1–2 Eßl. kaltgeschlagenes Distelöl, Petersilie, Dill.

Sauce

200 g saure Sahne, 1 Zitrone (Saft), 1 kl. Msp. weißer Pfeffer, 1 Spur Honig.

Möhren gut waschen und grob reiben. In der Mitte auf vier flachen Tellern verteilen und mit Petersilie bestreuen. Die Gurke halbieren, dünn scheibeln und um die Möhren, immer etwas übereinandergelegt, anrichten. Leicht mit Öl beträufeln und mit Dill bestreuen.
Die Sahne mit dem Zitronensaft, Pfeffer und Honig verquirlen.
Die Sauce in Schälchen extra servieren.

Rapunzelsalat mit Paprika

250 g (netto) Rapunzel (Feldsalat), 100 g rote Paprikaschoten.

Sauce

3 Eßl. kaltgeschlagenes Distelöl, 1 Teel. Leinöl, 2–3 Eßl. Obstessig, 3 Eßl. Bioghurt, ½ gestr. Teel. Brechts Salatgewürz.

Rapunzel verlesen, waschen und auf einem Sieb gut abtropfen lassen. Paprikaschoten waschen, entkernen und in feine Streifen schneiden.
Öl, Essig, Bioghurt und Salatgewürz verquirlen.
Kurz vor dem Servieren über den Salat gießen und behutsam vermengen.

Möhren-Sellerie-Frischkost

300 g (netto) Möhren, 200 g (netto) Sellerie, Kopfsalatblätter, 1–2 Kiwifrüchte, 8 halbierte Walnüsse.

Marinade

2–3 Eßl. Zitronensaft, 3 Eßl. kaltgeschlagenes Distelöl, 1 Teel. Honig, 1 Eßl. ger. Meerrettich, 2 Eßl. Kräuter: Dill, Petersilie, Schnittlauch.

Möhren putzen – nur wenn unbedingt nötig, hauchdünn schaben. Sellerie schälen, die holzigen Teile entfernen und beides fein raffeln.
Aus den gegebenen Zutaten eine Marinade zubereiten, fein abschmecken, mit dem Salat vermengen und 30–40 Minuten abgedeckt durchziehen lassen.
Die Kopfsalatblätter kurz waschen, abtropfen lassen, auf eine tiefe Platte legen und den Salat darauf anrichten. Mit halbierten Kiwischeiben und den Walnüssen garnieren.

Rettichsalat

500 g (netto) oder 4 mittelgroße Rettiche.

Sauce

1 Teel. Apfelessig, ⅓ Teel. Vollmeersalz, 2 Eßl. Bioghurt, 2 Eßl. frische Sahne, ½ Eßl. Petersilie, ½ Eßl. Schnittlauch.

Die Rettiche putzen, waschen und unter fließendem, kaltem Wasser gründlich bürsten. Wenn nötig, leicht schaben.
Hauchdünne Scheiben hobeln, mit dem Apfelessig leicht beträufeln und das Salz aufstreuen. Die Schüssel mit beiden Händen fassen und kräftig umschütteln. Bioghurt und Sahne gut verrühren und zusammen mit den feingeschnittenen Kräutern über die Rettiche geben, vermischen und sofort servieren.

Rettich-Frischkost

500 g (netto) rote und weiße Rettiche, 1 Bund Radieschen.

Sauce

3 Eßl. Sauerrahm, 2 Eßl. Dickmilch, 2 Eßl. kaltgeschlagenes Sonnenblumenöl, ½ Eßl. Zitronensaft, ¼ Teel. Selleriesalz, 1 gestr. Eßl. Petersilie.

Die Rettiche säubern, aber möglichst nicht schälen, und mittelgrob raffeln. Die Radieschen waschen und fein schei-

beln. Vor dem Raffeln des Gemüses sollte die Sauce zubereitet werden.
Sauerrahm und Dickmilch, Öl und Zitronensaft cremig rühren. Mit den Gewürzen pikant abschmecken. Die Rettiche in die Sauce raffeln, vermengen und die feingewiegte Petersilie unterziehen. Mit Folie abdecken und ca. 30 Minuten ziehen lassen.

Rettiche und Radieschen sind saftige Wurzeln. Rettiche gibt es in vielen Varianten als weißer Riesenrettich, schwarzer Winterrettich, rothäutiger Ostergrußrettich und als Eiszapfen. Rote, knollenförmige und sehr zarte Radieschen gibt es vom Frühjahr bis zum Herbst. Alle Arten werden roh verzehrt als Brotbelag oder als Salat, dünn aufgeschnitten oder grob geraffelt. Rettiche haben eine harntreibende Wirkung. Ungesalzen wirken sie als Heilmittel zur Anregung der Leber- und Gallenfunktion. Magenempfindliche aber sollen scharfe Rettiche und Radieschen meiden.

Rosenkohl-Blumenkohl-Salat

250 g (netto) Rosenkohl, 250 g (netto) Blumenkohl.

Sauce

1 Becher Sano- oder Bioghurt, 100 g Bavaria-Blue-Käse oder der sehr viel schärfere Gorgonzola, 2 Eßl. Obstessig, 2–3 Eßl. Walnußöl, ¼ Teel. Dijon-Senf, ½ Msp. Delifrut, frisch gemahlener Pfeffer, 1 Spur Muskat.

Den Rosenkohl sorgfältig vorbereiten, die Köpfchen je nach Größe halbieren oder vierteln. Den Blumenkohl in kleinste Röschen zerteilen, waschen und abtropfen lassen.
Den weichen Käse mit dem Sano- oder Bioghurt cremig rühren. Dann löffelweise den Essig und das Öl beigeben. Mit Senf, Delifrut, Pfeffer und Muskat abschmecken.
Vor dem Servieren durchziehen lassen.

Hinweis

Dieser etwas eigenwillige Salat wird sicher seine Liebhaber finden.

Stipp-Staudensellerie

2–3 Bund (netto 500 g) Staudensellerie, 250 g Crème fraîche oder 200 g Roquefort- oder ähnlichen Käse.

Die Knollen, Stengel und Blätter wegschneiden (siehe Hinweis). Die Selleriestengel einzeln kalt abspülen und auf einem Küchenpapiertuch abtrocknen lassen.
Wenn nötig, hauchdünn schälen oder schaben, harte Teile wegschneiden. Das hängt von der Qualität ab. Die Selleriestengel in ca. 10 cm lange Stükke schneiden.
Zum Stippen 250 g Crème fraîche – sehr fein ist auch die Gercrème von Gervais – in Schälchen füllen.
Liebhabern von Edelschimmelkäse wird die Roquefortcreme willkommener sein. Den Roquefortkäse 1–2 Tage im warmen Raum weich werden lassen. In Stückchen schneiden und im Mixer mit Milch nach Bedarf eine dickliche Creme herstellen. Mit Vollkorntoast kann dieser Stipp auch als Abendmahlzeit serviert werden.

Variante

Anstelle von Staudensellerie oder als Ergänzung: Chicorée-Blätter und Fenchel. Den zarten Teil der Knolle in Streifen aufschneiden.

Hinweis

Die Sellerieblätter fein schneiden und unter einen grünen Salat mischen oder zusammen mit den Knollen und Selleriestangenresten für eine Gemüsebrühe verwenden.

Spinatsalat mit Apfel

300 g (netto) Spinat, 6 Cornichons.

Marinade

6 Eßl. kaltgeschlagenes Sonnenblumenöl, 2–3 Eßl. Zitronensaft, 1 Msp. Frugola, 1 Msp. Delifrut, Dill, 1 Apfel.

Den Spinat verlesen, mehrmals kalt waschen und sehr gut abtropfen lassen. Eventuell in Küchenkreppapier ganz leicht ausdrücken.
Dann so fein wie z. B. Endivie schneiden, die Cornichons fein würfeln.
Aus Öl, Zitronensaft und den Gewürzen eine Marinade rühren und den Apfel hineinreiben. Die Cornichons beigeben. Den Spinat mit dem grobgeschnittenen Dill unter die Sauce heben und sofort servieren.

Stangenselleriesalat Bristol

500 g (netto) Stangensellerie, 40 g helle, unbehandelte, kalifornische Rosinen, 60 g Haselnüsse.

Sauce

1 Becher Bio- oder Sanoghurt, 1 geh. Eßl. Gervais-Gercrème, Danga-Vollmeersalz, weißer Pfeffer, 1 Teel. sp. Brechts Delifrut, Zitronensaft.

Die Rosinen mit heißem Wasser überbrühen und auf einem Sieb abtropfen lassen. Eventuell etwas kleinschneiden.
Inzwischen die Haselnüsse in der trockenen Pfanne leicht anrösten, auf ein Tuch geben und die Schalen damit abreiben. Dann die Nüsse ganz grob hacken.
Den Sellerie putzen, alle harten Teile wegnehmen, waschen und fein aufschneiden. Vorhandenes, noch frisches Grün mitverwenden.
Bio-Sanoghurt und Gervaiscrème verrühren, mit den Gewürzen fein abschmecken und die Sauce über das Gemisch von Sellerie, Rosinen und Nüssen gießen und alles miteinander vermischen.

Rote-Bete-Salat

500 g rote Bete, 200 g säuerliche Äpfel.

Sauce

4 Eßl. Sauerrahm, 3–4 Eßl. Zitronensaft, 1–2 Eßl. frisch geriebene Kokosnuß oder Cashewnüsse.

Die rote Bete gründlich waschen und unter fließendem, kaltem Wasser tüchtig bürsten. Blatt und Wurzelende wegschneiden.
Mit der Rohkostmaschine die Bete und Äpfel mit Schale und Kerngehäuse mittelgrob raffeln. Sauerrahm oder Bioghurt mit dem Zitronensaft verrühren und einmengen. Mit Nüssen bestreuen.

Rote Bete, die Unscheinbare, ist auch als rote Rübe, Rahne und Randig bekannt. Ihr gesundheitlicher Wert ist hoch zu schätzen. Es ist vor allem der rote Farbstoff, der unter anderem Anthosyan enthält und die Atmung der Körperzellen aktiviert. Aufgrund von reichlich Kalium, Natrium, Magnesium und Calcium zählt die rote Bete zu den basenüberschüssigen Gemüsen und wirkt so ausgleichend beim Verzehr von säurehaltigen Lebensmitteln. Die saftige Wurzel besitzt auch hochwertige Eiweißbausteine, und noch nicht genug, übt sie harntreibende, blutreinigende und blutbildende Funktionen aus. Außerdem werden die Organe des Verdauungsapparates stimuliert.

Sauerkraut – orientalisch

500 g hausgemachtes oder Eden-Frischkost-Sauerkraut, 3 Fleischtomaten, 10–12 schwarze Oliven, 1½ Eßl. gehackte grüne Peperoni, 1 Gläschen Kapern.

Sauce

200 g Sano- oder Bioghurt, weißer Pfeffer, Kräutersalz, 1–2 Teel. Honig, 1 Eßl. Kapernsaft.

Das Kraut fein schneiden. Die Tomaten achteln, die Oliven entsteinen. Die Peperoni fein hacken, die Kapern (ohne Saft) beigeben. Alles gut vermengen und in eine Schüssel füllen.
Sano- oder Bioghurt, Pfeffer, Kräutersalz, Honig und Kapernsaft verquirlen und fein abschmecken.
In einem Kännchen, zusammen mit dem Salat, servieren.

Schlesischer Sauerkrautsalat

400 g Reform-Sauerkraut, besser ein hausgemachtes, 2 mittelgr. Äpfel, 2 mittelgr. Zwiebeln, 8 mittelgr. Radieschen, 4 kl. Cornichons oder 1 mittelgr. saure Gurke, 1 gestr. Teel. ganzer Kümmel, 8–10 Kapern, 4 mittelgr. Tomaten, 3 Eßl. Öl, 3–4 Eßl. Zitronensaft.

Das Sauerkraut zerpflücken und in eine große Schüssel geben.
Die Äpfel mit Schale und Kerngehäuse grob raffeln.
Zwiebeln und Radieschen halbieren und fein scheibeln. Die Gurken fein aufschneiden und alles zusammen mit dem Sauerkraut vermengen.
Kümmel und Kapern aufstreuen und die Schüssel abdecken.
Die Tomaten pürieren, Öl und Zitronensaft beigeben und in den Sauerkrautsalat einmengen. Nach Belieben 1–2 gestrichene Teelöffel Honig in die Marinade einrühren.
Zugedeckt in einem kühlen Raum 2–24 Stunden ziehen lassen.

Hinweis

In meinem neu überarbeiteten Buch „Gesunde Küchenkunst", Seite 114–116, finden Sie das Rezept für Sauerkraut – hausgemacht.

Sellerie-Apfel-Möhren-Frischkost

600 g (netto) Sellerie, Möhren, Äpfel zu gleichen Teilen.

Sauce

4 Eßl. saure Sahne, 3 Eßl. kaltgeschlagenes Sonnenblumenöl oder Walnußöl, 4 Eßl. Zitronensaft, 1 gestr. Teel. Honig, 1 große Msp. Delifrut, 1 Eßl. feingehackte Nüsse.

Sellerie und Möhren vorbereiten. Von der Sellerieknolle nur den zarten Teil verwenden.
Die Äpfel halbieren und entkernen.
Aus den Zutaten eine süß-säuerliche Sauce zubereiten.
Das Gemüse und die Äpfel fein hineinraffeln und zusammen mit den Nüssen vermengen.
Zugedeckt 10 Minuten durchziehen lassen.

Weißkohl – württembergisch

250 g (netto) Weißkohl, 150 g (netto) Möhren, 100 g (netto) Sellerie.

Sauce

4 Eßl. saure Sahne, 3 Eßl. kaltgeschlagenes Sonnenblumenöl, 2 Eßl. Zitronensaft, 1 Eßl. geriebener Meerrettich, 1 Msp. Selleriesalz, Paprikapulver.

Die Deckblätter von dem Weißkohl entfernen, den Kohl vierteln und mit dem Gurkenhobel fein hobeln. Die geputzten Möhren und den sorgfältig geschälten Sellerie fein raffeln.
Für die Sauce alle Zutaten gut verrühren, abschmecken und über das Gemüse geben.
Alles gut vermischen und durchziehen lassen. Vor dem Anrichten leicht mit Paprika überstreuen.

Tunesischer Weißkohlsalat

500 g (netto) Weißkohl.

Marinade

5 Eßl. Olivenöl, 1–2 Eßl. Obstessig, 1 Knoblauchzehe, ½ gestr. Teel. Kräutersalz, 1 Teel. Kumin (Türkenkümmel), 1 Spur frisch gemahlener schwarzer Pfeffer, 20 g fein zerdrückter Tofu (s. Seite 13).

Den vorbereiteten Weißkohl vierteln und sehr fein schneiden. In einen Steintopf geben und mit einem Holzstößel kräftig stampfen. Zugedeckt 20 Minuten ruhen lassen.
Inzwischen die Marinade zubereiten. Öl, Essig, ausgepreßter Knoblauch, Kräutersalz, Kümmel, Pfeffer und den Tofu verrühren, pikant abschmecken und mit dem Weißkohl vermengen.
Bis zum Servieren 1–2 Stunden durchziehen lassen.

Mittagsmahlzeiten

Die Mengenangaben gelten für 4 Personen

Apfelklöße

50 g Butter, 2 gestr. Eßl. Honig, 3 Eier, 1½ gestr. Teel. Salz, 1½ gestr. Teel. Zimt, ⅛ l Milch, 325 g Weizenvollkornmehl, 400 g säuerliche, mürbe Äpfel, 1 großer, flacher Topf.

Sauce

100 g Butter, 1 geh. Eßl. Honig oder statt Honig, 1–2 Eßl. Ahornsirup, 1 gestr. Teel. Zimt, 1 großer Apfel, Zitronensaft.

Butter und Honig mit einer Gabel fein verrühren.
Eier, Salz und Zimt mit der Milch gut verquirlen und dazugeben. Das etwas grob gemahlene Mehl einrühren und 15 Minuten quellen lassen. Inzwischen die Äpfel, je nach Sorte mit oder ohne Schale, recht klein würfeln und in den Teig einarbeiten.
In den Topf reichlich Wasser einfüllen, kräftig salzen und zum Kochen bringen. Mit einem Eßlöffel mittelgroße Klöße abstechen und in dem leicht kochenden Wasser 15 Minuten ziehen lassen. Wenn sie hochkommen und sich wenden, sind sie gar. Zur Probe einen Kloß durchschneiden. Mit einem Schaumlöffel die Klöße auf eine erwärmte Platte legen, mit der inzwischen zubereiteten heißen Sauce übergießen und die Apfelwürfel rundum auflegen.
Sauce: Butter, Honig und Zimt erhitzen. Den Apfel fein würfeln, mit Zitrone beträufeln und alles miteinander vermischen.

Variante

Statt den Äpfeln geschnittene Zwetschgen – frisch oder aus der Tiefkühltruhe – verwenden.

Apfelpfannkuchen

250 g Weizen, 1 Teel. Vollmeersalz, 3 Eigelb, ¼ l Milch, ¼ l Wasser, 3 Äpfel (etwa 300 g), 3 Eiweiß, Butter zum Backen.

Den feingemahlenen Weizen mit dem Salz, den Eigelben, Milch und Wasser mit dem Schneebesen verrühren. Die mit der Schale grob geraspelten Äpfel und den steifen Eischnee unterheben.
In eine Stielpfanne ein wenig Butter geben, leicht erhitzen und mit einer kleinen Kelle Teig aufgeben.
Mit einem Löffel auseinanderstreichen, so daß die Kuchen recht flach sind. Bei Mittelhitze goldbraun backen, wenig Butterflöckchen auflegen, die Kuchen wenden und backen. Eventuell wiederholt wenden, bis die Äpfel durchgebacken sind. Fortlaufend auf 1–2 Tellern ablegen, mit Folie abdekken und in den gut warmen Backofen stellen.
Stückzahl: 12–14.

Hinweis

Diese Pfannkuchen schmekken warm sehr fein. Sie können aber auch kalt gut gegessen werden.

Auberginen, gebacken

4 Auberginen (ca. 500 g).

Marinade

5 Eßl. Olivenöl, 1 große Zehe Knoblauch, ½ gestr. Teel. weißer Pfeffer, 2 gr. Msp. Frugola oder Cenovis.

Pfannkuchenteig

150 g Weizen, frisch gemahlen, 2 Eier, ⅛ l Wasser, 7–8 Eßl. Milch, 1–2 gestr. Teel. Kräutersalz.

Die Auberginen waschen, an den Längsseiten die Wölbungen leicht wegschneiden und der Länge nach in 1 cm dicke Scheiben aufschneiden. Mit der Marinade, aus Öl und den Gewürzen verquirlt, auf beiden Seiten bestreichen. 15–20 Minuten einziehen lassen. Inzwischen den Teig zubereiten, die Scheiben nacheinander hineingeben und in Öl bei Mittelhitze in der Pfanne backen.
Dazu passen alle pikanten Blattsalate. Reste von gebackenen Auberginen schmecken auch kalt sehr gut.

Auberginen, die länglichen, violett glänzenden Früchte, kommen von Juni bis Oktober meist aus Italien und den Niederlanden, in den anderen Monaten von den Kanarischen Inseln, Spanien und Nordafrika zu uns. Auberginen werden geschält und auch mit der Schale zubereitet. Legt man sie 1–2 Minuten in heißes Wasser, läßt sich die Haut leicht abziehen.

Bayerische Reibedatschi

800 g (netto) Kartoffeln, 250–300 g Wasser, 1 leicht geh. Teel. Meersalz, 1 ganzes Ei, 1 Eßl. Sojamehl, 1 mittelgr. Zwiebel, 4 mitteldicke Scheiben Emmentaler, Sonnenblumenöl oder Diäsan.

Neue Kartoffeln mit der Schale reiben. Je nach Stärkegehalt

zunächst nur 250 g Wasser einrühren. Salz, Ei, die Hälfte der gehackten Zwiebel und Sojamehl einmengen. Der Teig soll so beschaffen sein, daß er sich in der Pfanne gut verstreichen läßt. Wenn nötig, das Restwasser beigeben.
In wenig Öl oder Diäsan ziemlich dünne, handtellergroße Kuchen goldbraun ausbacken und auf ein ungefettetes Backblech geben. Je eine Käsescheibe auflegen und mit einem Datschi abdecken. Nach Belieben die Restzwiebeln auf die Oberfläche verteilen. Die Masse ergibt 8 Stück.
In den auf 220° C vorgeheizten Ofen auf der obersten Leiste einschieben und 3–4 Minuten überbacken.
Heiß zu beliebigen Salaten servieren. Dazu passen sehr fein Tomaten- oder Gurkensalate, wobei der größte Teil davon vorweg gegessen werden sollte.

Béchamelkartoffeln-Auflauf

1 kg festkochende, kleinere Kartoffeln, 2 Eßl. Butter, 40 g Weizen, 1 Cenovis-Brühwürfel in ¼ l heißem Wasser aufgelöst, ¼ l Milch, 1 Eigelb, weißer Pfeffer, 100 g geriebener Gouda- oder Raclette-Käse, Butter zum Fetten.

Die Kartoffeln pellen – neue Kartoffeln mit der Schale verwenden – und in Scheibchen schneiden. Die Butter erwärmen, das Vollkornmehl beigeben, mit etwas Cenovisbrühe verrühren und kurz kochen lassen. Mit dem Schneebesen die restliche Brühe, Milch, Eigelb, Pfeffer nach Geschmack und ⅔ des geriebenen Käses einrühren.
Die Kartoffeln behutsam mit einem Holzlöffel einmengen und die Masse in eine gefettete, feuerfeste Form füllen und den Käserest aufstreuen. Die Form in den leicht vorgeheizten Ofen auf die 2. Schiene von unten einschieben. Bei 200° C 15–20 Minuten backen.

Buchweizennudeln

200 g Buchweizen, 200 g Weizen, 1 geh. Teel. Vollmeersalz, 2 Eier zu 50 g, 200 g Wasser, Streumehl.

Das frisch- und feingemahlene Mehl in die Rührschüssel der Küchenmaschine geben. Das Salz, die Eier und das Wasser verquirlen und mit dem Mehl vermengen. Mit den Knethaken den Teig 5–7 Minuten kneten. Zugedeckt 30 Minuten ruhen lassen. Auf dem bemehlten Backbrett kurz durchkneten, dann mit den Handflächen hin- und herschlagen, bis er glatt ist und nicht mehr klebt. Nun den Teig in 4 Stücke schneiden, vier glatte Küchentücher mit Mehl bestäuben, die Teigstücke auf den Tüchern etwas plattdrükken und sehr dünn ausrollen. Sie werden staunen, wie mühelos das geht. Nach etwa 20 Minuten nochmals so dünn wie möglich nachwellen. Innerhalb von 2 Stunden die Teigplatten wenden. Dann den Teig leicht mit Mehl bestreuen, zusammenrollen, in der Länge einmal durchschneiden und mit einem sehr scharfen Messer beliebig breite Nudeln schneiden.
Für größere Mengen empfiehlt sich eine Nudelmaschine (s. Seite 19).
Die Nudeln in reichlich kochendes Wasser geben, etwas Cenoviswürze und 1 Eßl. Sonnenblumenöl zufügen, damit sie nicht zusammenkleben. Leicht sprudelnd 10–12 Minuten kochen. Hin und wieder umrühren. Nach dem Garen auf einem Sieb abtropfen lassen.
Im Topf die Nudeln mit 80 g heißer Butter übergießen, 150 g zerbröckelten Käse und 200 g frische Sahne einmengen. Mit Kräutersalz und Pfeffer abschmecken.

Weitere Variationen

Die Nudeln mit einer pikanten Tomatensauce servieren (s. Seite 87).
Die Nudeln, in wenig Butter goldgelb gebraten, sind ein Hochgenuß.

Werden die Nudeln auf Vorrat geschnitten, müssen diese, auf dem Brett sorgfältig auseinandergestreut, viele Stunden, am besten über Nacht, auf den Tüchern trocknen.
In Pergamenttüten verpackt, halten sie sich fast unbegrenzt.

Variante

400 g Weizen, 2 Eier zu 50 g, 1 geh. Teel. Vollmeersalz, 200 g Wasser.

Variante

400 g Weizen, 4 Eier zu 50 g, 1 geh. Teel. Vollmeersalz, 100 g Wasser.

Die Zubereitung der Varianten ist die gleiche wie in dem vorstehenden Rezept.

Hinweis

Kleinere Teigmengen können mit dem Handrührgerät (Knethaken) verarbeitet werden.
Bei größeren Eiern muß die Wassermenge entsprechend verringert werden.

Buchweizengrütze

125 g Buchweizen, 350 g Wasser, 1 gestr. Teel. Vollmeersalz, 100 g frische Sahne.

Guß

50 g Butter, 2 gestr. Eßl. Honig, ½ gestr. Teel. Zimtpulver.

Den Buchweizen in ein Haarsieb geben, mit heißem Wasser überspülen und gut abtropfen lassen. Dadurch verliert er den etwas bitteren Geschmack.
Dann den Buchweizen in das gesalzene Wasser einstreuen, zum Kochen bringen und abgeschaltet 15–20 Minuten quellen lassen.
Nach dem Abkühlen die Sahne einrühren und in eine flache Schüssel füllen. Die Butter erhitzen, Honig und Zimtpulver einrühren und über die Buchweizenmasse gießen.

Der Buchweizen ist ein Knöterichgewächs. Seine ursprüngliche Heimat ist China und Nepal. Heute wird er auch in nördlichen Zonen angebaut, z. B. auch in Norddeutschland. Er wächst auf anspruchslosem Boden und benötigt keine Düngemittel.
Außer Eiweiß (10%) enthält er die Vitamine B^1 und B^2 und viele Mineralstoffe. Obwohl er einen kräftigen Eigengeschmack hat, verträgt er sich mit vielen anderen Gewürzen. Das Überspülen ist ausschließlich für Süßspeisen zu empfehlen.

Buchweizenplinsen

250 g Buchweizen, 20 g Hefe, 2 Eßl. Wasser, ½ l Milch, 30 g Honig, 1 Ei, 1 Eßl. Sojamehl, 1 geh. Teel. Vollmeersalz, ¼ Zitrone, 30 g Butter, Diäsan oder Sonnenblumenöl.

Den feingemahlenen Buchweizen in eine Schüssel geben, eine Vertiefung machen und darin die Hefe mit dem Wasser und etwas Mehl verrühren. Zugedeckt 15–20 Minuten gehen lassen.
Dann die Milch, Honig, das ganze Ei, Sojamehl, Salz, das Abgeriebene der Zitrone und die weiche Butter einrühren. 30–50 Minuten zugedeckt gehen lassen. Danach den Teig verrühren und in wenig Diäsan oder Öl kleine, dünne Plinsen goldgelb backen.
Vor dem Wenden ein wenig Fett aufgeben. Dazu schmecken zerdrückte Beeren mit ein wenig Ahornsirup beträufelt, entsteinte Kirschen oder, sehr fein, Grapefruit, halbiert und in den Schalen mundgerecht aufgeschnitten.

Variante

Zur Holunderzeit von den Dolden die kleinen, weißen Blüten mit der Schere abschneiden, in den Teig einmischen, mit ¼ Teel. Zimt würzen.

Champignon-Salat

400 g (netto) kleine Champignons, 1 Zitrone, 1 Eßl. Olivenöl, 1 Teel. Curry.

Sauce

1 Eßl. Mayonnaise (s. Seite 91), 1½ Eßl. Crème fraîche, 1 Spritzer Essig, Frugola, Pfeffer, 1 Eßl. Sahne, Schnittlauch.

Die Pilze putzen, waschen, vierteln, mit Zitronensaft und Öl beträufeln. Mit Curry überstreuen und zugedeckt 10 Minuten dünsten. Hin und wieder wenden. Für die Sauce alle Zutaten der Reihe nach verquirlen und pikant abschmecken. Die Sauce soll so dick sein, daß noch ein Teil der Pilzbrühe daruntergemischt werden kann. Danach nochmals abschmecken, die Sahne einrühren und die Pilze unterheben. Mit Schnittlauch bestreuen.

Pilze sind eine willkommene Bereicherung unserer Mahlzeiten. Sie wollen keineswegs als Fleischersatz verstanden werden. Pilze enthalten durchschnittlich 3–5% Eiweiß. Ihre reichhaltigen Mineralstoffe, vor allem Kaliumsalze und Phosphate, sind von hoher Bedeutung.
Kaliummangel kann bei starker, körperlicher Belastung zu Leistungsabfall führen.
Pilze sind eine kalorienarme und verhältnismäßig eiweißreiche Nahrung.
Stets nur frische, gesunde Pilze verwenden und niemals in Kunststofftüten aufbewahren. Sie dürfen in Metallgefäßen weder zubereitet noch aufgehoben werden. Ausgenommen sind Töpfe und Schüsseln aus Edelstahl. Bereits Spuren von Metall können die Eiweißzersetzung fördern.

Dillkartoffeln

1 kg kleinere Kartoffeln, 120 g Butter, 2 gehäufte Eßl. Dill, – frisch oder tiefgekühlt, 1 Knoblauchzehe, ausgepreßt, 1 Teel. Zitronensaft, ½ Teel. Frugola.

Die Kartoffeln waschen, dämpfen und schälen.
Die Butter erhitzen, den feingewiegten Dill und die Gewürze einrühren, die Kartoffeln darin gründlich schwenken und auf eine heiße Platte geben. Mit dem Saucenrest übergießen. Zu beliebigen Salaten servieren.

Engadiner Spätzle

200 g Weizen, 1 gestr. Teel. Vollmeersalz, 2 Eier zu 50 g, 180 g Wasser, 150 g rohe Kartoffeln, 1 Cenovis-Brühwürfel.

In einer Schüssel den frisch gemahlenen Weizen mit dem Salz

vermischen, die Eier und das Wasser hinzugeben, mit einem Holzlöffel vermengen und kurz abschlagen. Die feingeriebenen Kartoffeln dazugeben. Den Teig zugedeckt 1 Stunde ruhen lassen. Weiter verarbeiten wie nach dem Rezept „Grüne Vollkorn-Spätzle" (s. Seite 44), Absatz 3.

Eier in Kräutersauce

6 frische Eier, 50 g Brunnenkresse, 2 kleine Sellerieblätter, 10 g Petersilie (kleines Bund), 4 gestr. Eßl. Mayonnaise (s. Seite 91), 1 Bio- oder Sanoghurt, 1 Teel. Dijon-Senf, 1 gr. Prise Kräutersalz, 1 Spur weißer Pfeffer, 3 Eßl. Schlagsahne, 4 kleine Tomaten, Kresse.

Die Eier 7 Minuten kochen, kalt abschrecken und schälen. Auf einer Längsseite etwas abflachen und auf eine weiße Platte setzen.
Die Kräuter grob hacken und zusammen mit der Mayonnaise, Bioghurt, Senf, Kräutersalz und Pfeffer in den Mixer geben und fein pürieren. Die Schlagsahne unterheben.
Die Eier mit der sämigen Sauce übergießen und mit den Tomaten und etwas Petersilie oder Kresse garnieren.

Gnocchi-Auflauf

Maisbrei nach Grundrezept (s. Seite 44), zusätzlich 1 ganzes Ei, Butter zum Ausstreichen, 80 g zerlassene Butter, 100 g frischgeriebener Parmesan, 2 Eßl. Kräuter: Schnittlauch, Estragon, Thymian, Oregano, fein geschnitten.

Den fertig gegarten Maisbrei etwas abkühlen lassen und das gut verquirlte Ei einrühren. Den Brei auf ein Brett, mit kaltem Wasser überspült, dünn aufstreichen unter Zuhilfenahme eines Teigschabers, der hin und wieder mit Wasser befeuchtet wird.
Nach dem vollständigen Erkalten beliebig runde, ovale oder viereckige Plätzchen ausstechen und in die Form nach Ihrer Phantasie einschichten. Butter, Parmesan und Kräuter auf die einzelnen Schichten verteilen. Für die letzte Schicht bleiben die Kräuter weg. Im vorgeheizten Ofen bei 220° C auf der Mittelschiene ca. 10–15 Minuten goldgelb backen. Mit einem Rest der Kräuter servieren.

Gnocchipolenta

Maisbrei nach Grundrezept (s. Seite 44), Butter oder kaltgeschlagenes Sonnenblumenöl zum Backen.

Den fertig gegarten Maisbrei auf ein mit kaltem Wasser überspültes Holzbrett geben und mit einem großen, breiten Messer oder einem Teigschaber, der hin und wieder mit kaltem Wasser benetzt wird, 1 cm dick aufstreichen und ganz erkalten lassen. Mit einem Förmchen oder einem Glasschälchen von 8–10 cm ∅ Scheiben ausstechen, in wenig Butter oder Öl beidseitig goldgelb backen. Heiß, zu Gemüsefrischkost, auf den Tisch bringen.

Varianten

Tartex, 1 größere Frühlingszwiebel oder entsprechend weiße Speisezwiebel in feine Ringe geschnitten, Emmentaler Käse, in Scheiben geschnitten, Petersilie, Paprikapulver.

Scheiben, wie vorher angegeben, ausstechen und backen. Mit Tartex leicht bestreichen, die in wenig Butter leicht gegilbten Zwiebelringe auflegen und mit einer Käsescheibe abdecken.
Kurz grillen oder im vorgeheizten Ofen bei 220° C auf der Mittelschiene 10 Minuten überbacken.
Mit Petersilie und Paprikapulver garnieren, auf einer vorgewärmten Platte servieren.

Variante

Butter, Emmentaler- oder Goudakäse, Schnittlauch, Parmesankäse, 1 kleine rote Paprikaschote, Petersilie.

Maisgrießscheiben in wenig Öl oder Butter beidseitig backen. Mit einem Flöckchen Butter, mit 2–3 Flöckchen Käse und gewiegtem Schnittlauch belegen und mit Parmesan bestreuen. Kurz grillen oder im vorgeheizten Ofen bei 220° C auf der Mittelschiene 10 Minuten backen.
Mit roten Paprikastreifchen und geschnittener Petersilie oder Petersiliensträußchen anrichten. Auf einer vorgewärmten Platte servieren.

Hinweis

*Probieren Sie einmal, für die Gnocchi den Mais gegen mittelgrob geschroteten Vollreis auszutauschen.
Sie werden überrascht sein.*

Ein guter Tip

Ein Salatteller vorweg, zu den „Gnocchi" ein guter, trockkener Wein, wird auch passionierte Fleischesser begeistern.

Crêpes

die feinen Schwestern der Omeletten.

50 g Weizen, ¼ Teel. Vollmeersalz, 50 g Wasser, 50 g Milch, 2 mittelgroße Eier, 40 g Butter, Butter oder Sonnenblumenöl, zum Backen kleine Pfanne.

In einer kleineren Schüssel das feingemahlene Mehl mit dem

Salz vermischen. Die Hälfte der Flüssigkeit mit den Eiern sorgfältig verquirlen und darunterrühren. Dann die restliche Flüssigkeit und die Butter beigeben. Mit dem Schneebesen einen dünnen, glatten Teig rühren und 1 Stunde kühlstellen.
Nun in die Pfanne ein wenig Fett geben. Eine mittelgroße Kelle zur Hälfte mit flüssigem Teig füllen. Von der Stielseite der Pfanne her hineingeben und nach allen Seiten verlaufen lassen. Bei guter Hitze beidseitig je 1 Minute backen.

Hinweis

Werden größere Teigmengen benötigt, nimmt man 2 Pfannen zum Backen. Crêpes und Omeletten, mit Alufolie bedeckt, können ohne weiteres im leicht vorgeheizten Ofen bei ca. 50–60° C warm gehalten werden.

Füllungen für Crêpes und Omeletten

Süße Füllungen

Äpfel, Zitronensaft, Zimt und Honig. Beerenobst im Winter aus dem Tiefkühlgerät, Ahornsirup oder Honig. Preiselbeerkompott oder Hagebuttenmus (s. Seite 134). Konfitüren aus dem Reformhaus oder Bioladen

Die Äpfel fein reiben, laufend mit Zitronensaft beträufeln und mit Zimt und Honig abschmecken.
Mit einer Gabel die Beeren fein zerdrücken und mit Ahornsirup oder Honig abschmecken.
Die Crêpes oder Omeletten kurz vor dem Servieren mit einer beliebigen oben angeführten Kompott- oder Konfitürenfüllung bestreichen und zusammenrollen oder nur einmal überklappen. Als Variante die Füllung in Schälchen servieren.

Pikante Füllungen

Frische Champignons, Blattspinat, Cenovis-Brühe, Pilz-Soja-Sauce, Pfeffer. Stangenspargel, Frühlingszwiebeln, Butter. Raclette-Käse.

Die Champignons und den Blattspinat fein schneiden, in wenig Cenovis-Brühe bißfest dämpfen. Mit den Gewürzen abschmecken. Die Crêpes bzw. Omeletten damit bestreichen und zusammenrollen.
Den Spargel weichkochen, heiß auf die Crêpeshälften legen, mit feingescheibelten Zwiebeln und heißer Butter übergießen und die zweiten Hälften darüberklappen.
Den Käse in feine Scheiben schneiden, die Crêpes bzw. Omeletten damit belegen und im heißen Ofen 10 Minuten überbacken.

Grüne Vollkorn-Spätzle

300 g Weizen,1 gestr. Teel. Vollmeersalz, 1 geh. Eßl. Sojamehl, 3 Eier zu 50 g, 150 g Wasser, 2 Eßl. feingewiegter Spinat, 1 Cenovis-Brühwürfel.

Den Weizen frisch und fein gemahlen in eine Schüssel geben und mit dem Salz, dem Sojamehl, den Eiern und dem Wasser zu einem glatten Teig verarbeiten. Den Spinat untermischen und 30–40 Minuten ruhen lassen.
Danach den Cenovis-Brühwürfel in reichlich kochendem Wasser auflösen.
Einen kleinen Teil des Teiges auf ein mit Wasser benetztes Holzbrett geben, mit einem Messer zum vorderen Rand hin dünn ausstreichen und laufend in das kochende Cenovis-Wasser schaben. Wenn die Spätzle hochsteigen, eine Minute kochen lassen. Dann mit einem Schaumlöffel, größere Mengen mit einem Suppensieb, herausnehmen, abtropfen lassen und auf eine vorgewärmte Platte geben.
Bis zum Servieren mit Folie abgedeckt im Backofen bei kleiner Hitze warmhalten.
Es ist müheloser, den Teig mit einem Spätzledrücker oder mit einem Spätzleschieber in das kochende Wasser zu geben. Aber Kenner behaupten, daß die „Handgeschabten" sehr viel besser schmecken.
Servieren mit einer pikanten Sauce (s. Seite 84).

Grundrezept – Maisbrei

1 l Wasser oder Gemüsebrühe, je nach Verwendung (s. Seite 80), 1½ Cenovis-Brühwürfel, 250 g Maisgrieß frisch gemahlen oder aus dem Bioladen bzw. Reformhaus.

Das Wasser erhitzen, den Brühwürfel darin auflösen und den Maisgrieß unter ständigem Rühren mit dem Schneebesen langsam einstreuen und 1–2 Minuten leicht kochen. Dabei immer wieder umrühren. Ohne Strom etwa 20 Minuten quellen lassen. Damit der Brei nicht ansetzt, mit einem Holzlöffel ab und zu wenden.

Haferbratlinge

100 g grobgeschroteter Hafer, 1 geh. Eßl. Sojamehl, 6 Eßl. Milch, 2 Eßl. Wasser, 1 voller Eßl. Sonnenblumenöl, ½ Teel. Frugola, 1 Eßl. Hefeflocken, 50 g Käse (30–40%), 2 Eßl. beliebige Kräuter, Sonnenblumenöl zum Backen.

Den Hafer in eine Schüssel fül-

Omeletten Seite 61 ▶

len und mit Milch, Wasser, Öl, Hefeflocken, Frugola, dem frischgeriebenen Käse und den feingehackten Kräutern vermengen. Nach Belieben noch etwas Salz beigeben. Zehn Minuten ruhen lassen.
Vier bis sechs 1 cm hohe Bratlinge formen und in wenig, aber heißem Öl goldgelb und knusprig backen. Heiß zu Salaten servieren.

Variante

Die Bratlinge mit stark verdünntem Eigelb leicht bestreichen. Auf ein gefettetes Backblech geben und auf der Mittelschiene im vorgeheizten Ofen bei 180–200° C goldgelb backen. Eventuell das Blech für ein paar Minuten eine Leiste höher stellen.

Variante

Den Hafer gegen feingemahlenen Buchweizen auswechseln.

Grünkernauflauf

130 g Grünkern, 1/2 l Wasser, 1/4 Zitrone (unbehandelt), 30 g Butter, 50 g Honig, 2 Eigelb, 1/4 Teel. Delifrut, 3 mittelgroße Äpfel (300 g netto), 1 Eßl. Zitronensaft, 40 g dunkle Sultaninen (unbehandelt), 50 g grob gemahlene Nüsse, 3 Eischnee, 1 Auflaufform, Butter zum Fetten.

Belag

2 geh. Teel. Vollkornbrösel, 1 geh. Teel. feste Butter.

Den Grünkern mittelfein schroten. Zusammen mit dem Abgeriebenen der Zitrone mit einem Schneebesen unter ständigem Rühren in das heiße Wasser einmengen und zum Kochen bringen. Dann ohne Stromzufuhr quellen lassen. Inzwischen die Butter, Honig, Eigelb und Delifrut cremigrühren. Die Äpfel halbieren, entkernen, wenn möglich mit der Schale fein raffeln und laufend mit Zitronensaft beträufeln. Die Apfelmasse zusammen mit den Sultaninen und Nüssen in die Creme einmengen. Zuletzt den Eischnee unterheben.
Den Boden der Form gut fetten, den Rand nur bis zur Hälfte. Die Masse einfüllen, mit Bröseln und Butterflöckchen bestreuen.
Im vorgeheizten Ofen auf der untersten Leiste bei 200° C 35–40 Minuten backen.
Eventuell nach 25–30 Minuten mit Folie abdecken, damit die Oberfläche nicht zu braun wird.

Variante

Dieser Auflauf schmeckt auch sehr gut mit ganzer Hirse. Menge und Zutaten bleiben die gleichen.

Hirseklöße

250 g Hirse, Wasser zum Überbrühen, 500 g Kochwasser, 1 geh. Teel. Vollmeersalz oder 1 1/2 Cenovis-Brühwürfel, 60 g Butter, 1 mittelgr. Zwiebel, 90 g Weizenvollkornmehl oder Weizenvollkorngrieß, 2 Eier, je 1 Eßl. Petersilie, Schnittlauch, 1 Teel. Estragon, Vollkornmehl zum Wenden.

Die Hirse mit kochendem Wasser überbrühen, um den Bittergeschmack zu mildern. Nach 5 Minuten das Wasser durch ein Sieb gut ablaufen lassen.
Das Kochwasser erhitzen, Salz und Brühwürfel darin auflösen, die Hirse hineingeben und 5 Minuten ganz leicht zugedeckt kochen lassen. Dann den Strom ausschalten und auf der heißen Platte 10–15 Minuten quellen lassen, bis die Hirse flokkig ist.
Die Butter erhitzen, darin die Zwiebeln leicht gilben. Die Hirse, danach das Vollkornmehl oder den Grieß dazugeben. Auf der ausgeschalteten, aber heißen Platte die Hirsemasse zum Kloß abbrennen. Dann den Topf von der Platte abziehen, ein Ei und etwas später das 2. Ei einarbeiten. Danach die feingeschnittenen Kräuter einmengen und 10 Minuten ruhen lassen.
Inzwischen das Wasser erhitzen, mit einem Eßlöffel gleichgroße Klöße abstechen, in Vollkornmehl wenden und in ganz leicht kochendem Wasser 10–15 Minuten ziehen lassen, bis sie hochsteigen und sich wenden.
Mit einem Schaumlöffel herausnehmen und zugedeckt bis zum Servieren im leicht erhitzten Backofen warm stellen.
Dazu schmeckt eine gebundene Zwiebelsauce besonders gut (s. Seite 88).

Hinweis

Reste von Klößen 2- bis 3mal aufschneiden und in der Pfanne in wenig Butter goldgelb backen.
Ein Frischkostsalat dazu ergibt eine weitere Mahlzeit.

Himbeeren-Savarin

200 g Weizen, 20 g Hefe, 50 g Milch, 40 g Honig, 2 Eier (mittelgroß), 1 Eigelb, 1/4 Teel. gem. Vanille, 1/4 gestr. Teel. Vollmeersalz, 100 g weiche Butter, Butter zum Fetten, Vollkornmehl zum Ausstreuen, 1 Ringform.

Zutaten zum Tränken

1/8 l Weißwein, 2 Eßl. Rum, 5 Eßl. Wasser, 75 g flüssiger Honig.

Füllung

400–500 g Himbeeren, 200 g Sahne, 1 leicht geh. Eßl. Honig.

Der Savarin kann sowohl als Mittagsmahlzeit, nach einer

reichhaltigen Frischkostplatte, als auch zum Tee serviert werden.
Das frisch- und feingemahlene Mehl in die Rührschüssel geben, die Hefe in der Milch restlos auflösen und mit dem Mehl vermengen. Mit dem Rührgerät alle Zutaten nacheinander einarbeiten und so lange kneten, bis sich der Teig vom Schüsselrand löst, ca. 8–10 Minuten. Den Teig zudecken und gehen lassen, bis sein Volumen sich fast um das Doppelte vergrößert hat. Dann nochmals kurz durchkneten. Die Form sorgfältig einfetten und ausstreuen. Den ziemlich weichen Teig einfüllen, zugedeckt an einem warmen Ort nochmals gehen lassen, bis er die Form ausfüllt. Den Ofen auf 200° C aufheizen. Die Form auf der untersten Leiste einschieben und bei 200° C etwa 35 Minuten backen.
Nun Wein, Rum und Wasser erwärmen und darin den Honig auflösen.
Den Savarin auf ein Kuchengitter stellen, etwas abkühlen lassen und vorsichtig auf eine Platte stürzen. Mit einem Hölzchen mehrmals einstechen, umgekehrt in die Flüssigkeit stellen, bis sie restlos aufgesogen ist. Dann den Savarin auf eine Platte geben. Die Sahne steif schlagen. Honig und Himbeeren behutsam unterheben und den Savarin füllen.

Variante

Anstelle von Himbeeren feingewürfelte Birnen oder sehr reife Aprikosen oder süße Kirschen.

Das liebliche Aroma der Himbeere, ihr hoher Gehalt an Fruchtsäure und Fruchtzukker, Vitaminen und Mineralsalzen und der geringe Anteil an Kohlehydraten tragen zur Steigerung des Wohlbefindens bei und beugen Stoffwechselerkrankungen vor. Der hohe Basenüberschuß trägt zur Entsäuerung des Gewebes bei.
Die Himbeere zählt zu den widerstandsfähigsten Früchten der Erde. Nach Meinung von Fachleuten kann sie sogar in Alaska angebaut werden. In Deutschland wurde der Himbeerstrauch im Mittelalter durch die Klöster kultiviert. Rohe Himbeeren sind nicht lagerfähig. Sie schimmeln leicht und müssen deshalb schnell verbraucht werden.

Hirsebrei mit Dörrobstsauce

150 g Hirse, ½ l Wasser, 1 gr. Prise Vollmeersalz, 40 g Butter, 2 gestr. Eßl. Honig oder 3 Eßl. Ahornsirup, 1 Eigelb, 1 Zitrone, 4–5 Eßl. Sahne, 1 Eischnee.

Die Hirse unter Rühren in das kochende Wasser streuen. Zugedeckt 10 Minuten leicht kochen und ohne Strom weitere 10–15 Minuten quellen lassen. Inzwischen die Butter, den Honig oder Ahornsirup, das Eigelb und das Abgeriebene der Zitrone cremigrühren und die Sahne dazugeben. Den fast erkalteten Hirsebrei nach und nach einmischen. Zuletzt den Eischnee unterheben.
Dazu schmeckt eine Dörrobstsauce sehr gut (s. Seite 90). Natürlich vorher die große Salatplatte nicht vergessen.

Hirserand mit Champignons

1⅛ l Wasser oder Gemüsebrühe, 2 Cenovis-Brühwürfel, 380 g Hirse, 80 g Butter, 2 mittelgroße Zwiebeln, 2 große Msp. frischgeriebene Muskatnuß, je 1 gestr. Eßl. Schnittlauch, Estragon, Thymian (im Sommer frische, im Winter getrocknete oder tiefgekühlte Kräuter; getrocknete Kräuter etwas sparsamer verwenden).

1 Ringform 20 cm ∅, Butter zum Einfetten.

Zum Garnieren

rote Paprikaschote, zarte Möhren, Petersilie.

Füllung

600 g (netto) Champignons, 1 gestr. Teel. Kräutersalz, 2 gr. Msp. weißer Pfeffer, 3 Eßl. Zitronensaft, 60 g Butter, 40 g Weizen, 200 g Wasser, Vitam-R oder Pilz-Soja-Würze, 2 Eßl. frische Sahne.

Das Wasser mit den Cenovis-Brühwürfeln erhitzen, die Hirse hineingeben und zugedeckt 8–10 Minuten leicht kochen lassen. Ab und zu umrühren. Auf der abgeschalteten Platte 20–30 Minuten ausquellen lassen. Die Masse muß recht fest sein.
Inzwischen in der heißen Butter die feingehackten Zwiebeln leicht gilben und zusammen mit dem Muskat und mit den feingeschnittenen Kräutern in die heiße Hirse einmengen. Die Masse mit einem Löffel in die sorgfältig ausgefettete Form einfüllen; dabei immer wieder fest einpressen. Den Löffel ab und zu mit kaltem Wasser benetzen.
Die Form sofort auf eine runde Platte stürzen und abheben. Wenn nötig bis zum Servieren im leicht beheizten Ofen mit Folie abgedeckt warm halten.
Dann mit Petersilie, roten Paprikastreifchen oder mit rohen Möhrenscheibchen – mit einem Buntmesser fein aufgeschnitten – garnieren. Die inzwischen zubereitete Pilzmasse einfüllen und sofort servieren.
Hirse-Überbleibsel als kleine Mahlzeit für den nächsten Tag: Hirse im Wasserbad erhitzen, mit einer Zwiebel- oder Käse-

sauce servieren (Saucen siehe Seiten 86, 88).

Die geputzten und gewaschenen Pilze fein scheibeln und zugedeckt im eigenen Saft bei sehr kleiner Hitze 10 Minuten dämpfen. Dabei hin und wieder wenden. Salz, Pfeffer und Zitronensaft beigeben, ohne Stromzufuhr 5 Minuten ziehen lassen. Die zerlassene Butter, den frisch- und feingemahlenen Weizen und das Wasser einrühren. Kurz durchkochen, mit Vitam-R oder Pilz-Soja-Würze abschmecken und die Sahne beigeben.

Variante

Statt Hirse grobgeschroteten Grünkern oder Langkornreis verwenden. Bei Reis Muskat gegen Curry austauschen.

Zur Abwechslung statt Champignons Pfifferlinge oder Steinpilze verwenden.

Hinweis

Ist die Füllung zu dünn geraten – das hängt von dem Wassergehalt der Pilze ab –, einen Teil der flüssigen Sauce abgießen und in einer heiß ausgespülten Sauciere servieren. Andernfalls könnte beim Anschneiden des Hirserandes die Füllung davonlaufen. Überflüssige Füllung ebenfalls extra servieren.

Buchweizenwaffeln

200 g Buchweizen, 150 g Weizen, 20 g Hefe, 350 g Milch (Raumtemperatur), 120 g Wasser (Raumtemperatur), 50 g Honig, ½ gestr. Teel. Vollmeersalz, 2 Eier, Butter zum Bestreichen.

Die Hefe zerbröckeln und in wenig Milch, von der Gesamtmenge abgenommen, verrühren. Die Restmilch, Wasser, Honig, Salz und Eier gut verquirlen und in das frisch- und feingemahlene Mehl einmengen. Den Teig abdecken und in einem warmen Raum kurz gehenlassen. Danach soll er leicht zähflüssig sein.

Das Waffeleisen erhitzen, leicht fetten, mit einem Eßlöffel den Teig einfüllen, glattstreichen und die Form schließen.

Bei Mittelhitze 5–6 Minuten backen.

Stückzahl: 8–10.

Waffeln schmecken frisch am besten. Fertiggebackene Waffeln sofort nebeneinander auf einen Backrost legen und im leicht erhitzten Backofen bis zum Servieren warmhalten.

Mit Folie abdecken.

Dazu reicht man jede Art von Melonen, in Achteln geschnitten und von der Schale gelöst, oder einen Obstsalat.

Hinweis

Waffeln für die Tiefkühltruhe: Zwischen die Waffeln ein Stück Alufolie legen und alle zusammen in Alufolie einwickeln. Zum Auftauen einzeln auf den Backrost legen, in den kalten Ofen schieben und bei 220° C 15 Minuten backen.

Ihre Majestät, die Birnen-Apfel-Wähe

220 g Weizen, 1 geh. Teel. Zimt, 1½ gestr. Teel. Vollmeersalz, 50 g kalte Butter, 15 g Hefe, 150 g Milch, 2 gestr. Teel. Honig.

Belag:

150 g Haselnüsse, 160 g Sultaninen, 2 Eßl. Rum, 300 g feine, mittelreife Birnen, 1 Eßl. Zitronensaft, 300 g feine, mürbe Äpfel, Mandelblättchen.

1 Wähen- oder Springform 28–30 cm ∅, Butter zum Bestreichen.

Aufguß:

1 Ei, 1 Eßl. Honig, das Abgerie-

bene ½ Zitrone oder ½ Teel. Vanillepulver, 100 g frische Sahne miteinander verquirlen.

Alle Zutaten müssen Raumtemperatur haben. Den frisch- und feingemahlenen Weizen mit dem Zimt und dem Salz gut vermischen, die Butter in Stückchen darübergeben und alles zusammen sorgfältig verkrümeln. Die Hefe in einem Teil der Milch auflösen, den Honig mit der Restmilch verquirlen, beides zu der Krümelmasse geben, mit einem Holzlöffel zu einem glatten Teig verarbeiten und kühl stellen.

Inzwischen den Belag vorbereiten. Die Nüsse fein hacken (Moulinex o. a.). Die Sultaninen waschen, in Rum einweichen und zudecken.

Die Birnen schälen, halbieren und großzügig entkernen. Die Äpfel halbieren, das Kerngehäuse entfernen.

Nun den Teig in die leicht gefettete Form geben, mit der Handfläche einen gleichmäßig dikken Boden ausdrücken, einen 2–3 cm hohen Rand hochziehen. Die Nüsse mit den getränkten Sultaninen vermischen und aufstreuen. Die etwa 1 cm dick gescheibelten Birnen auflegen und mit Zitronensaft beträufeln. Die Äpfel in nicht zu dicke Schnitze schneiden und auf den Birnen hübsch anordnen. Mit wenig Mandelblättchen bestreuen.

Im vorgeheizten Backofen auf der 2. Schiene von unten bei 200° C 15 Minuten backen, den Guß darübergeben und weitere 15–20 Minuten backen. Danach die Wähe auf ein Gitter heben und abkühlen lassen. Sie kann als Mittagsmahlzeit, mit einem reichen Salatteller zuvor, und ebenso zum Nachmittagstee serviert werden. Frisch schmeckt sie besonders gut. Reste, in Folie verpackt, bei 200° C 10 Minuten aufgebakken, schmecken wie frisch.

Variante

Nach Belieben kann für diese Wähe auch ein feiner Mürbeteig verwendetwerden (s. Seite 114).

Hotzenwälder Schrotküchle

350 g Weizen, 350 g kaltes Wasser, ½ Teel. Vollmeersalz, 1 gr. Msp. Pfeffer, ½ Teel. Pilz-Soja-Sauce o. ä., nach Belieben das Ausgepreßte einer Knoblauchzehe, 2 kleine Eier oder 1 Ei, 1 gestr. Eßl. Sojamehl, 1 kleine Zwiebel, 1 geh. Eßl. Petersilie, reichlich Oliven- oder Sonnenblumenöl.
Die Küchle müssen bequem schwimmen.

Den mittelgrob gemahlenen Weizen mit dem Wasser verrühren und zugedeckt 4 Stunden quellen lassen. Danach das Salz und die Gewürze, die Eier, die feingeschnittene Zwiebel, nach Belieben Knoblauch, Petersilie und Schnittlauch einrühren und recht würzig abschmecken.

Nun das Öl erhitzen; mit einem Eßlöffel, gestrichen voll, den ziemlich dünnen Teig in das Öl gleiten lassen, dabei den Löffel leicht nach rechts abziehen.

Je nach Hitzegrad des Öls die Küchle in ca. 1–2 Minuten rundum knusprig braun backen. Die Küchle sollen recht flach sein und dürfen ganz verschiedene Formen annehmen. In einem Sieb abtropfen lassen.

Hinweis: Der Teig muß spielend vom Löffel gleiten. Andernfalls mit ein wenig Wasser bzw. Vollkornmehl ausgleichen.

Diese Küchle schmecken warm – als auch kalt – ganz vorzüglich zu Salaten als Mittags- und Abendmahlzeiten.

Kartoffeln in Alufolie

6–8 große, längliche, mehligkochende Kartoffeln, 150 g Schichtkäse, 100 g Frischkäse, z. B. Gervais-, Gerocrème o. ä., 1/8 l Sauerrahm, 1 mittelgroße, zarte Zwiebel, 1 mittelgroßer Apfel, Cenovis- oder Vitam-R-Würze, Schnittlauch, Alufolie.

Die Kartoffeln gründlich waschen und bürsten, an einem Ende eine kleine Scheibe abschneiden, damit sie einen Stand haben. In Alufolie locker einhüllen.
Den Ofen auf 150° C vorheizen. Die Kartoffeln auf ein Blech stellen, auf der Mittelleiste einschieben. Bis 250° C aufheizen und insgesamt 50–60 Minuten backen.
Inzwischen den Schichtkäse mit dem Frischkäse und dem Sauerrahm cremigrühren. Nach Belieben etwas Milch beigeben. Die Zwiebel und den geschälten Apfel fein würfeln und unterheben. Je nach Geschmack mit Cenovis oder Vitam-R leicht würzen.
Die Kartoffeln aus der Folie nehmen, auf eine vorgewärmte Platte setzen und die Käsecreme darübergießen. Mit den feingewiegten Kräutern überstreuen. Dazu passen Tomaten-, Rettich- oder Selleriesalate.

Kartoffelgratin

1 kg mehlige Kartoffeln, 40 g weiche Butter, 2 Eigelb, 2 Eßl. Milch, 1 Eßl. Sahne, 1 gr. Msp. frischgeriebener Muskat, 1 gestr. Teel. Vollmeersalz, 100 g Emmentaler Käse, 2 Eiweiß, ein paar Butterflöckchen zum Aufstreuen.

1 Auflaufform, Butter zum Ausstreichen.

Die Kartoffeln gut weichkochen, pellen, zerstampfen und durch eine Presse drücken. Die Butter mit den Eigelben, der Milch und der Sahne fein verrühren. Mit Muskat und Vollmeersalz abschmecken. Dabei den Salzgehalt des Käses berücksichtigen. Den frischgeriebenen Emmentaler dazugeben und vermengen. Zuletzt die steifgeschlagenen Eiweiße unterheben und alles mit der Kartoffelmasse sorgfältig vermischen. Sofort in die gut ausgestrichene Form füllen und die Butterflöckchen darüber verteilen.
Im vorgeheizten Ofen, auf der 2. Leiste von unten, bei 200° C ca. 20 Minuten backen.
Mit einem Holzstäbchen die Garprobe machen. Bleibt es trocken, ist der Auflauf durchgebacken.

Kartoffel-Pilze-Auflauf

800 g Pellkartoffeln (vom Vortag), 40 g Butter, 1 mittelgroße Zwiebel, 350 g Champignons, 15 g Weizenvollkornmehl, 1/4 l Wasser, besser Gemüsewasser, darin 1 Cenovis-Brühwürfel auflösen, Pilz-Soja-Sauce, Pfeffer, Paprika, 1 Eßl. frische Petersilie.

Aufguß

1 Ei, etwas Vollmeersalz, 1/8 l (knapp) saure Sahne oder Buttermilch.

Belag

100 g geriebener Gouda o. ä. Käse, 1–2 gestr. Eßl. Brösel von Vollkornbrötchen, 20 g Butterflöckchen.

Die Kartoffeln vierteln und scheibeln. In der Butter die feingehackte Zwiebel andünsten, die feingeschnittenen Pilze beigeben und den Topf zudecken. Nach 5 Minuten die Pilze mit dem Mehl überstäuben und mit der Cenovisbrühe ablöschen. Mit den Gewürzen kräftig abschmecken und die feingewiegte Petersilie einmengen. Eine Auflaufform gut fetten. Kartoffeln, dann Pilze und wieder Kartoffeln einfüllen.
Das Ei, die Sahne oder Buttermilch und Salz gut verquirlen und über die Kartoffeln gießen.
Den Belag aufstreuen und die Form auf der Mittelschiene in den auf 200° C vorgeheizten Ofen schieben. Backzeit: 20–25 Minuten.

Kichererbsengratin – pikant

150 g Kichererbsen, 130 g Vollreis, 1 geh. Teel. Butter, 1 mittelgr. Zwiebel, 2 Knoblauchzehen, 1 kleine Peperoni, 1 l Wasser (knapp gemessen), 1½ Cenovis-Brühwürfel, 180 g Schmelzkäse, z. B. Emmentaler oder Raclette, 150 g Tofu (s. Seite 13), 100 g Schichtkäse, 4–5 Eßl. Milch, 50 g geriebener Käse.

1 Gratin- oder Auflaufform, Butter zum Fetten.

Die Kichererbsen über Nacht, den Vollreis 1 Stunde einweichen. In der heißen Butter die feingeschnittenen Zwiebeln, Knoblauchzehen und Peperoni kurz dämpfen. Kichererbsen und Vollreis abgetropft beigeben. Mit dem heißen Wasser und den darin aufgelösten Cenoviswürfeln ablöschen. In 25–30 Minuten fast weichkochen, dann das Wasser durch ein Sieb abgießen.
Den Käse fein würfeln. Den Tofu mit einer Gabel fein zerdrükken und zusammen mit der Milch und dem Schichtkäse verrühren.
Die Kichererbsen-Reismasse lagenweise mit den Käsewürfeln und dem Käse-Tofu-Milchgemisch in die gut gefettete Gratinform füllen. Mit dem geriebenen Käse bestreuen.
In dem auf 250° C vorgeheizten

Ofen auf der Mittelschiene ca. 15 Minuten backen. Mit beliebigen Kräutern servieren.

Königsberger Klopse

3 Vollkornsemmeln (150 g), $^1/_8$ l Wasser (knapp gemessen), 185 g Wasser, 120 g Grünkern, 1 mittelgr. Zwiebel, 80 g Tartex o. ä. pflanzl. Paste, 1 Ei, $^1/_2$ Teel. Vollmeersalz, 1 kl. Msp. weißer Pfeffer, 2–3 Spritzer Pilz-Soja-Sauce.
$1^1/_2$ l Wasser, 2 Cenovis-Brühwürfel, 4 geh. Eßl. frischgemahlenen Weizen, 1 Eigelb, $1^1/_2$ Eßl. Zitronensaft, 20 g Butter, 20 g Kapern, $1^1/_2$ Eßl. frische Sahne, 800 g mehlig kochende Kartoffeln.

Die Semmeln kleinschneiden und in dem knapp $^1/_8$ l heißen Wasser einweichen.
185 g Wasser erwärmen, den mittelgrob gemahlenen Grünkern einrühren und kurz kochen. Zugedeckt bei abgeschaltetem Strom quellen lassen.
Danach die grobgewiegte Zwiebel, die mit einer Gabel fein zerdrückte Semmelmasse, die Paste, das Ei und die Gewürze einrühren, kräftig abschmecken und kurz erhitzen. Dann wieder abschalten und das Ganze zu einem Kloß abbrennen. Den Topf beiseite schieben, etwas abkühlen lassen, mit den Gewürzen kräftig abschmecken und vollständig erkalten lassen. Danach etwa 15 Klöße formen (40 g) und ein paar Minuten ruhen lassen.
In einen größeren Suppentopf $1^1/_2$ l Wasser einfüllen, zum Kochen bringen, die Cenovis-Würfel darin auflösen und die Klopse hineingeben. Bei schwacher Hitze 15 Minuten im offenen Topf leicht ziehen lassen.
Inzwischen 3–4 gehäufte Eßlöffel Weizenvollkornmehl und Wasser dünnflüssig anrühren. Wenn die Klopse locker schwimmen, mit einem Schaumlöffel behutsam herausnehmen, auf eine vorgewärmte Platte legen. Wenn nötig, die Brühe auf $1^1/_2$ Liter auffüllen.
Das angerührte Mehl mit dem Schneebesen einrühren und 1 Minute kochen lassen. Die Suppe bzw. Sauce, es ist so ein Zwischending, wird mit Löffeln gegessen und soll flüssig bis cremig und sehr reichlich sein. Nun das Eigelb, den Zitronensaft, die Butter, die Kapern und die Sahne verrühren, fein abschmecken und die Klopse hineingeben. Den Topf zudecken und auf kleiner Stufe (bitte nicht kochen) 10 Minuten durchziehen lassen.
In Suppentellern mit Eßlöffeln servieren.
Dazu gehören mehlig gekochte Pellkartoffeln.

Hinweis

Königsberger Klopse sind ein Nationalgericht meiner ostpreußischen Heimat. Um sie nicht entbehren zu müssen, tauschte ich das dazugehörige Hackfleisch gegen Grünkernschrot aus. Alle anderen Zutaten blieben die gleichen. Ich war überrascht von dem großartigen Erfolg. Versuchen auch Sie einmal dieses Rezept. Ich bin überzeugt, daß es Ihnen genauso ergehen wird.

Kräuter-Kartoffelklöße

600 g (netto) Kartoffeln, 90 g Sojamehl, 50 g frischgemahlener Weizen, 1 ganzes Ei, 1–2 mittelgroße Zwiebeln, 1 gestr. Teel. Vollmeersalz, 2 gestr. Teel. Kräutersalz, 1 gestr. Teel. Muskat, 1 Msp. weißer Pfeffer, 6–7 Eßl. Kräuter, sehr fein geschnitten: Schnittlauch, Petersilie, Dill, Basilikum, Thymian, 2 Cenovis-Würfel, Vollkornmehl zum Wenden.

Am Vortag die Kartoffeln nicht ganz weich kochen. Erst vor der Verarbeitung pellen und fein reiben. Sojamehl, Vollkornmehl und das ganze Ei dazugeben. Die feingehackten Zwiebeln in der Butter goldgelb dünsten. Zusammen mit den Gewürzen und den frischen oder getrockneten Kräutern in die Kartoffelmasse einmengen. Alles gut verkneten und 8–10 gleichgroße Klöße formen. In einem größeren flachen Topf ca. $1^1/_2$ l Wasser zum Kochen bringen. Die Cenovis-Brühwürfel darin auflösen und die in Vollkornmehl gewendeten Klöße einlegen. Nach dem Aufkochen im offenen Topf 10–15 Minuten ganz leicht ziehen lassen.
Dazu paßt eine Zwiebelsauce, Tomaten-, Meerrettich- oder Champignonsauce (s. Seite 87).

Hinweis

Die Cenovis-Kartoffelbrühe für eine Suppe oder Sauce verwenden.

Maisbrei mit Gemüse

1 l Wasser oder Gemüsebrühe (s. Seite 80), $1^1/_2$ Cenovis-Brühwürfel, 250 g Maisgrieß, 300–400 g Gemüse, wie es gerade anfällt: Sellerieknolle und -blätter, Lauch, Möhren, Blumenkohl, Zwiebeln, Kräutersalz, Delikata (Brecht), Thymian, weißer Pfeffer, Majoran, 1 geh. Teel. Butter, 1 Eßl. Crème fraîche.

Das Wasser erhitzen, den Brühwürfel darin auflösen und den Maisgrieß unter ständigem Rühren mit dem Schneebesen langsam einstreuen und kurz

kochen. Ohne Strom ca. 20 Minuten quellen lassen, dabei mit einem Holzlöffel hin und wieder umrühren, damit er nicht ansetzt.
Das Gemüse vorbereiten, in kleine Stückchen bzw. Scheibchen schneiden und mit den Gewürzen in nur wenig Wasser bißfest garen.
Zusammen mit der Butter und der Crème fraîche in den heißen Maisbrei einrühren. Mit Petersilie oder Schnittlauch servieren.
Nach Belieben einen Teil der vorhergehenden Frischkost dazuessen.

Käsetörtchen

4 Eigelb, 4 Eiweiß, 1½ Eßl. Weinbrand, 1 gr. Msp. Dijon- oder Reformsenf, 1 gr. Msp. frischgeriebener Muskat, 1 gr. Msp. schwarzer Pfeffer, 1 gr. Msp. Kräutersalz, 70 g frischger. Emmentaler, 70 g frischger. alter Gouda oder italienischer Pecorino, 50 g Greyerzer oder Parmesan.

4 feuerfeste Förmchen, Höhe ca. 5 cm, ∅ 8–10 cm, wenig Butter zum Fetten.

Die Eigelbe in eine Schüssel geben. Die Eiweiße steifschlagen, ein Drittel davon zu den Eigelben geben und mit dem Schneebesen cremigrühren. Den Ofen auf 220° C vorheizen. Den Weinbrand (Arrak) – als Triebmittel – und alle Gewürze mit der Creme vermischen und recht kräftig abschmecken. Dann den Käse einrühren und den restlichen Eischnee unterheben.
Die Käsemasse in die leicht gefetteten Förmchen füllen und auf die unterste Leiste des Ofens einschieben. Bei 220° C 15 Minuten und bei 200° C noch 5 Minuten backen. Das Gebäck muß hoch aufgehen und eine goldbraune Farbe haben.
Die Käsetörtchen werden in den Förmchen, oder auf eine Platte gestürzt, heiß serviert. Dazu gibt man verschiedene Salate. Die Törtchen schmekken auch kalt sehr gut. Ich esse dazu gern Weintrauben, Grapefruits oder frische Ananas.

Für diese Törtchen können Sie auch Käsereste, die sich zum Reiben eignen, verwenden.
Es ist die Eigenart dieses Gebäcks, nach dem Backen etwas zusammenzufallen.

Oberpfälzer Schneckenhäusle

750 g Pellkartoffeln vom Vortag, 260 g Weizen, 2 mittelgroße Eier, ½ Teel. Vollmeersalz, 1 gestr. Eßl. Kräuter: Petersilie, Thymian, 1 Msp. Delikata (Brecht).

1 Auflauf- oder Springform 24–26 cm ∅, Butter zum Ausfetten.

Guß

3 Eier, 4 Eßl. saure Sahne, 80 g geriebener Käse, Muskat, frisch gerieben, Pfeffer, frisch gemahlen.

Mit dem Handrührgerät auf höchster Stufe die Eier cremigschlagen, Sahne und Käse einrühren. Mit den Gewürzen gut abschmecken.
Die Kartoffeln schälen, reiben und mit dem frisch- und feingemahlenen Weizen vermengen. Eier, Gewürze und Kräuter einarbeiten und den Teig 20 Minuten kühl ruhen lassen.
Auf einem leicht bemehlten Backbrett so dünn wie möglich (ca. ½ cm) zu einem langen, 15 cm breiten Rechteck ausrollen und in 4 cm breite Streifen aufschneiden. Wenn nötig, mit einem Messer aufnehmen und den Teigstreifen ganz locker um den linken Zeigefinger zu einer Schnecke drehen.
Mit der Öffnung nach oben in die leicht gefettete Form stellen. Mit den anderen Teigstreifen genauso verfahren. In der Form kleine Zwischenräume lassen. Den Ofen kurz vorheizen, die Form auf der untersten Leiste einschieben und bei 200° C 30 Minuten backen.
Dann den Guß aufgeben und auf der Mittelleiste 20 Minuten bei gleicher Temperatur weiter backen.
Dazu reicht man einen beliebigen Blattsalat.

Pilze-Ragoût fin

600 g Pfifferlinge, 1 geh. Eßl. Butter, 1 mittelgroße Zwiebel, 60 g Tartex, nach Belieben: ½ ausgepreßte Knoblauchzehe, Kräutersalz, Pilz-Soja-Sauce, frisch gem. Pfeffer, Paprikapulver, ⅛ l heißes Wasser, ¼ Cenovis-Brühwürfel, Weizenvollkornmehl nach Bedarf.
5–6 Eßl. frische Sahne, feingehackte Petersilie und Schnittlauch.

Die Pilze putzen, kurz waschen, abtropfen lassen und sehr klein schneiden.
Die Butter erhitzen, die gewürfelte Zwiebel darin gilben, die Pilze dazugeben und zugedeckt 10 Minuten garziehen lassen.
Dann das Tartex einrühren und mit den Gewürzen kräftig abschmecken. Je nach Wassergehalt der Pilze Cenovisbrühe dazugeben, mit Vollkornmehl leicht andicken und kurz kochen lassen. Danach die Sahne einrühren und mit den Kräutern anrichten. Dazu schmecken Pellkartoffeln sehr gut.

Variante

Pfifferlinge austauschen gegen Maronen, Birkenpilze oder Au-

sternseitlinge. Dabei ist zu beachten, daß der Wassergehalt dieser Pilze höher ist. Dadurch muß die Beigabe von Cenovisbrühe und Mehl entsprechend berücksichtigt werden, unter Umständen die Pilzbrühe nach Bedarf verdampfen lassen.

Quiche d'Alsace

250 g Weizen, 3 Eßl. Wasser, ½ Teel. Vollmeersalz, 1 Ei, 100 g kalte Butter.

Belag

50 g Butter, 1 mittelgroße Zwiebel, 300 g Steinchampignons, 20 g getrocknete Steinpilze in wenig Wasser 20–30 Minuten einweichen, 250 g Edamer, frisch gerieben.

1 Springform 26–28 cm ∅.

Sauce

2 Eier, ⅛ l Milch, 7 Eßl. saure Sahne (knapp ⅛ l), 1 Teel. Oregano, 1 Msp. Chinagewürz, 1 gr. Msp. frisch geriebener Muskat, 2 Msp. weißer Pfeffer, ½ Teel. Selleriesalz, Pilz-Soja-Sauce.

In einer Schüssel den frisch- und feingemahlenen Weizen mit dem Wasser, Salz, Ei und der kleingeschnittenen Butter zu einem glatten Teig verarbeiten und 40 Minuten kühl ruhen lassen. Die Form damit auslegen, einen 2 cm hohen Rand hochdrücken. In den Boden Löcher einstechen.

Den Teig im vorgeheizten Ofen bei 200° C ca. 12–15 Minuten vorbacken.

Die Butter erhitzen, die gehackte Zwiebel, die frischen, gescheibelten und die gut ausgedrückten getrockneten Pilze beigeben und 10 Minuten dünsten. Dann abkühlen lassen und den Käse unterheben. Die Masse auf den vorgebackenen Teig streichen und mit nachstehender Sauce begießen.

Die Eier gut verquirlen, Milch und Sahne dazugeben. Mit den Gewürzen sehr kräftig abschmecken. Den Ofen auf 200° C vorheizen, auf der 2. Leiste von unten 45–50 Minuten backen.

Mit Petersilie bestreuen.

Quiche Royal

250 g Weizen, 150 g kalte Butter, 1 Ei, 1 Eßl. Wasser, 1 Eßl. Sahne, 1 Teel. Vollmeersalz.

Springform 26–28 cm ∅.

Gemüsebelag

500 g Zucchini, 1 große Aubergine, 2 mittelgroße, rote Paprikaschoten, 1 Teel. Majoran, 1 Teel. Thymian.

Guß

1 mittelgroße Zwiebel, 1 Eßl. kaltgeschl. Olivenöl, 3 Eßl. Petersilie, Schnittlauch und Dill, 1–2 Zehen Knoblauch, 200 g ger. Emmentaler o. ä. Käse, ⅛ l Milch, ⅛ l frische Sahne, 3 Eier, 1 Prise Vollmeersalz, Pfeffer, Paprika, Muskatnuß.

Den frisch- und feingemahlenen Weizen mit der in Stücke geschnittenen Butter, dem Ei, dem Wasser, der Sahne und dem Salz zu einem Mürbeteig verarbeiten. Danach 30 Minuten kalt stellen.

In der Zwischenzeit das Gemüse für den Belag in mittelgroße Würfel schneiden.

Den Teig nochmals kurz durchkneten, etwas flachdrücken und in die gut gefettete Form geben. Mit den Händen einen Rand herausdrücken und das gut vermischte Gemüse hineingeben. Majoran und Thymian vermischen und darüberstreuen.

Die Form mit einem Tuch abdecken und den Guß zubereiten.

Die Zwiebel mittelgrob hacken und in Öl golden dünsten. Den Knoblauch durch die Presse drücken, die Kräuter fein wiegen und mit der Zwiebelmasse vermengen.

Käse, Milch, Sahne, die ganzen Eier und die Gewürze hinzugeben, gut vermischen und abschmecken. Den Guß, recht kräftig gewürzt, über das Gemüse gießen.

Die Quiche im vorgeheizten Ofen bei 200° C 35–40 Minuten auf der 2. Leiste von unten backen.

Pizza mit Artischocken und Oliven

200 g Weizen, 1 Teel. Vollmeersalz, 10 g Hefe, 110 g Wasser, 20 g weiche Butter.

1 Pizza- oder Springform 28–30 cm ∅.

Zutaten für den Belag

100 g Gouda-Käse, 1 Teel. Oregano, 1 Teel. Majoran, 300 g feste Tomaten, 1 geh. Teel. Pizzagewürz, weißer Pfeffer, 1 Dose (250 g) Artischocken, 60 g schwarze Oliven, Petersilie, 2–3 Eßl. Olivenöl.

Den frisch- und feingemahlenen Weizen in eine Schüssel geben und mit dem Salz vermengen. Eine Vertiefung machen, darin die zerbröckelte Hefe mit ein wenig Wasser, von der Gesamtmenge abgenommen, und etwas Mehl verrühren. Zugedeckt ca. 10 Minuten gehen lassen. Dann das restliche Wasser und die Butter einmengen. Auf dem Backbrett den Teig kneten, bis er schön glatt ist. In die leicht gefettete Form geben, einen 1 cm hohen Rand herausdrücken und kurz gehen lassen, etwa so lange, bis der Belag zubereitet ist. Den grobgeriebenen Käse und die Kräuter auf den Teigboden streuen, die gewürfelten Tomaten, Pizzagewürz und Pfeffer

darübergeben. Die gut abgetropften Artischocken 2–3mal durchschneiden und auflegen. Mit den entkernten Oliven und der Petersilie bestreuen und mit dem Öl beträufeln.
Die Pizza auf der 2. Schiene von unten in den vorgeheizten Backofen schieben und bei 230° C 15–20 Minuten backen.

Artischocken sind ein Gemüse für Feinschmecker. Die mehrjährigen Pflanzen bilden einen kräftigen Wurzelstock und werden bis zu zwei Meter hoch. Die Blütenköpfe bestehen aus fleischigen Böden, die als wertvollste Teile gelten. Die Blütenblätter sind am unteren Ende fleischig und werden ebenfalls gegessen. Beim Einkauf sollte man rundköpfige Formen bevorzugen, weil ihr Boden größer ist als der Boden der spitzen Formen. Die Böden kann man nach Beseitigung des Flaumes füllen und überbakken oder würfeln und mit einer pikanten Salatsauce vermischen.

Pizza Provence

150 g Weizen, 25 g Olivenöl, 1 gestr. Teel. Vollmeersalz, 1 gestr. Teel. Kräuter der Provence, 75 g Roggen, 10 g Hefe, 125 g Wasser, 1 gestr. Teel. Bioghurt.

1 Pizza- oder Springform 28–30 cm ∅.

Belag

150 g Mozzarella- oder Greyerzer Käse, 1 Eßl. frische oder getrocknete Kräuter: Oregano, ein wenig Rosmarin, Thymian, 100 g Zwiebeln, 250 g feste Tomaten, schwarzer Pfeffer, Kräutersalz, 2–3 rote Peperoni, 1 kleine gelbe Paprikaschote, 1 kleine grüne Paprikaschote, 2–3 Eßl. Olivenöl.

Das Öl mit dem Salz und den Kräutern verrühren und durchziehen lassen. Alle Zutaten müssen Raumtemperatur haben. Die Körner fein mahlen, in eine Schüssel geben, eine Vertiefung machen, darin die zerbröckelte Hefe mit ein wenig Wasser und Mehl, von der Gesamtmenge abgenommen, verrühren. Etwa 10 Minuten gehen lassen. Dann das Öl, Kräutergemisch, das restliche Wasser, Bioghurt und das Mehl mit den Knethaken eines Handrührgerätes auf Stufe 2 einarbeiten, dann auf Stufe 3 etwa 8–10 Minuten kneten, bis der Teig sich vom Schüsselrand löst. Danach kurz gehen lassen.
Inzwischen den Belag vorbereiten. Den in Scheiben geschnittenen Käse in kleine Vierecke schneiden. Frische Kräuter sehr fein wiegen. Die Zwiebeln schälen und fein würfeln. Die Tomaten recht dick aufschneiden. Die Peperoni der Länge nach vierteln, die Paprikaschoten in feine Streifen schneiden. Nun den Teig mit bemehlten Händen in die Form legen und zu einem randlosen, gleichmäßig hohen Boden auseinanderdrücken.
Den Käse, die Kräuter und die Zwiebeln aufstreuen, die Tomatenscheiben in kleineren Abständen auflegen und mit Pfeffer und Kräutersalz würzen. Mit Peperoni und Paprikaschoten geschmackvoll garnieren und die Pizza mit Öl kräftig beträufeln.
Die Pizza auf der 2. Schiene von unten in den vorgeheizten Backofen schieben und bei 230° C 15–20 Minuten backen.

Hinweis

Die doppelte Menge Teig und Belag reicht für ein Backblech.

Pizza Venezia

250 g Weizen, 1 Teel. Koriander, 1/2 flacher Eßl. Kümmel, 1 gestr. Teel. Vollmeersalz, 20 g Hefe, 125 g Wasser, 25 g Olivenöl.

1 Pizza- oder Springform 28–30 cm ∅, Butter zum Bestreichen.

Zutaten für den Belag

1 geh. Eßl. Paprika- oder Tomatenmark, 1 Eßl. Olivenöl, 1 gr. Knoblauchzehe, 1 geh. Teel. Pizzagewürz, 2 Eßl. feingewiegte frische oder tiefgekühlte Kräuter: Oregano, Thymian, Basilikum, 80 g Emmentaler Käse, 80 g Zwiebeln, 100 g Steinchampignons, 1 gestr. Teel. Kräutersalz, 2 Msp. weißer Pfeffer, 250 g feste Tomaten, 80 g Tartex neutral, 8–10 grüne Oliven, entsteint, Schnittlauch, Pfeffer, Olivenöl zum Beträufeln.

Alle Zutaten müssen Raumtemperatur haben. Den Weizen mit den Gewürzen fein mahlen, mit dem Salz vermengen und in die Rührschüssel geben. Eine Vertiefung hineindrücken, darin die zerbröckelte Hefe mit ein wenig Wasser, von der Gesamtmenge abgenommen, und etwas Mehl verrühren. Etwa 8–10 Minuten gehen lassen. Dann das Öl und das restliche Wasser zum Vorteig geben und zusammen mit dem Mehl auf höchster Stufe 8–10 Minuten kneten, bis der Teig sich vom Schüsselrand löst. Inzwischen den Käse grob raspeln, die halbierten Zwiebeln fein aufschneiden und die Champignons dünn scheibeln.
Nun den Teig mit bemehlten Händen in die gut gefettete Form geben und zu einem randlosen, gleichmäßig hohen Boden auseinanderdrücken.
Tomatenmark, Olivenöl, das ausgepreßte Knoblauchmark, das Pizzagewürz und die feingewiegten Kräuter miteinander verrühren und auf den Teig-

Pizza Venezia

boden streichen. Den Käse, die Zwiebeln und die Champignons nacheinander aufstreuen. Mit Kräutersalz und Pfeffer würzen.
Die dickgescheibelten Tomaten auflegen, die Zwischenräume mit Tartexflocken ausfüllen, darauf je 1 halbierte grüne Olive geben.
Mit Schnittlauch und schwarzem Pfeffer bestreuen und mit Olivenöl beträufeln. In dem auf 230° C vorgeheizten Backofen auf der Mittelschiene 15–20 Minuten backen.

Oliven – ein Hauch fremdländischer Gaumenlust – kommen zu uns aus Frankreich, Italien, Spanien, Griechenland, Marokko und Tunesien. Sie sind vielseitig verwendbar: Zum Aperitif oder zum Glas Wein, aber auch zu vielen Salaten und vor allem für die Pizza. Man kann sie geschmacklich verändern, indem sie 12–24 Stunden vor dem Verzehr in Olivenöl, gewürzt mit Zitronensaft oder Knoblauch oder auch mit Kräutern der Provence, eingelegt werden.

Polenta-pikant

250 g zarter Lauch, 1 mittelgr. Speisezwiebel, 2 Eßl. Olivenöl, 150 g Maisgrieß, 625 g handwarmes Wasser oder besser Gemüsebrühe (s. Seite 80), 1½ Cenovis-Brühwürfel, 1 Zehe Knoblauch, Kräutersalz, Oregano, 1 Msp. Brechts Delikata.

Den Lauch fein aufgeschnitten und die Zwiebel kleingehackt, in Öl und wenig Wasser, von der Gesamtmenge weggenommen, kurz dünsten. Dann das warme Wasser mit dem darin aufgelösten Cenovis-Brühwürfel und den Maisgrieß, mit dem Schneebesen sorgfältig eingerührt, dazugeben. 5–6 Minuten leicht kochen lassen. Mit dem ausgedrückten Mark der Knoblauchzehe und den Gewürzen pikant abschmecken.
Zugedeckt auf der warmen Kochplatte 20 Minuten quellen lassen. In eine heiß ausgespülte Schüssel füllen, mit frischen Kräutern bestreuen.
Dazu reicht man beliebige Salate oder eine heiße Tomaten- oder Pilzsoße (s. Seite 88).

Reisauflauf mit Obst

250 g Vollreis, ⅜ l Wasser, ½ Stange Zimt, 80 g Butter, 80 g Honig, 2 Eier, ⅛ l Sahne. Obst nach Belieben, 500 g entsteinte Kirschen oder entsteinte Zwetschgen, Stachelbeeren. Sultaninen, sehr reife Aprikosen oder Apfelscheiben in wenig Wein und Honig gedämpft.

Den Reis waschen, in dem Wasser zusammen mit der Zimtstange 40 Minuten garen, 10 Minuten quellen lassen.
Inzwischen die Butter mit dem Honig und den Eigelben cremigrühren. Nach dem Quellen den Reis abkühlen lassen, die Zimtstange entfernen, die Creme und die Sahne in den Reis einmengen und den Eischnee unterziehen.
Das Obst waschen, abtropfen lassen und mit der Reismasse vermischen.
In eine mit Butter gut gefettete Auflaufform füllen. Im vorgeheizten Ofen auf der untersten Schiene bei 200° C 35–40 Minuten backen.

Hinweis

Dieser Reisauflauf schmeckt auch ohne Obstfüllung sehr gut, z. B. mit einer süßen Sauce (s. Seite 90).

Schwarzwälder Kirschenplotzer

4 Weizenvollkorn-Brötchen, ⅜ l warme Milch, 100 g weiche Butter, 130 g Honig, 2 Eier, 1 Zitrone, 2 Eßl. Kirschwasser, 1 gestr. Teel. Zimt, 100 g Weizenvollkorn-Brösel incl. der abgeriebenen Brösel, 50 g Mandelsplitter, 1 kg ganze oder 750 g entsteinte, süße Kirschen.

1 Jenaer Glasform 24 cm ∅,

Höhe 6 cm, oder:
1 Tortenform 24 cm ∅, Butter zum Fetten, Brösel, von der oben angeführten Menge wegnehmen.

Die zwei Tage alten Brötchen abreiben, in dünne Scheiben schneiden und mit der Milch begießen. 20 Minuten durchziehen lassen.
Inzwischen die Butter schaumig rühren und nacheinander Honig, Eidotter, das Abgeriebene der Zitrone, Kirschwasser und Zimt beigeben. Die gut ausgedrückte Brötchenmasse, Brösel und nach Belieben die Mandeln einmengen.
Zuletzt die Kirschen und den Eischnee unterheben und den Teig in die Form füllen. Auf der Mittelschiene in den kurz vorgeheizten Ofen schieben.
Backzeit: 30 Minuten bei 180° C, 20 Minuten bei 200° C, 10 Minuten Nachwärme.
In der Form erkalten lassen. Ein großer Salatteller vorweg versteht sich von selbst.

Schwarzwurzeln in holländischer Sauce

1 kg (brutto) Schwarzwurzeln, Wasser nach Bedarf.

Sauce

30 g Butter, 30 g sehr fein gemahlener Weizen, ½ l Wasser, 1 Cenovis-Brühwürfel, ⅛ l süße Sahne, Zitronensaft, 1 Eigelb, Petersilie.

Die möglichst dicken Wurzeln unter fließendem, lauwarmem Wasser bürsten und in gleichmäßig lange Stücke schneiden. In einen Topf legen und so viel Wasser aufgießen, daß die Wurzeln gut bedeckt sind. 20–25 Minuten leicht kochen lassen. Danach läßt sich die Schale spielend lösen. Dann die Wurzeln in 3–4 cm dicke Scheiben schneiden und in der Sauce anrichten. Während die Schwarzwurzeln garen, wird die Sauce zubereitet. Die Butter schmelzen, das Mehl einrühren und ganz kurz erhitzen. Unter Rühren das Wasser beigeben, den Cenovis-Würfel darin auflösen und kurz durchkochen lassen. Dann den Topf beiseite stellen, die Sahne einrühren und mit Zitronensaft abschmecken. Die Schwarzwurzeln einlegen und den Topf wieder auf die gut warme Platte stellen. Das Eigelb mit wenig Wasser verrühren und in die Sauce einquirlen.
In einer erwärmten Schüssel, mit Petersilie bestreut, servieren.
Dazu ißt man gern „Badische Kratzete" (s. Seite 59).

Variante

Die Schwarzwurzeln vorbereiten, wie oben angegeben, aber nach dem Garen nicht in Scheiben schneiden; auf eine vorgewärmte Platte legen und die Sauce in einer heiß ausgespülten Sauciere servieren.

Schwarzwurzeln, auch als Medizin geschätzt, werden überwiegend in Holland und Belgien angebaut. Sie werden auch als Winterspargel bezeichnet, da sie in Form und Geschmack dem Spargel ähneln und auch so zubereitet werden können. Um den Arbeitsaufwand zu verringern, sollte man möglichst kräftige Wurzeln kaufen.
100 g Schwarzwurzeln enthalten nur neun Gramm Kohlenhydrate, die in einer Vorstufe des Fruchtzuckers, nämlich Insulin, vorhanden sind. Sie sind für Diabetiker bestens geeignet; aber auch bei Magen- und Darmerkrankungen wirken sie wohltuend. Durch den Gehalt an Allantoin bleibt die Körper- und Gesichtshaut glatt und zart. Im alten Rom waren Schwarzwurzeln gegen Vipernbisse und in Afrika, bei den Medizinmännern, als Zauberwurzel geschätzt.

Schwarzwurzelpudding

1 kg (netto) Schwarzwurzeln, ⅛ l Wasser, 50 g Butter, 3 Eigelb, 2 Eßl. geriebener Parmesan, 40 g frischgemahlener Weizen, Vollmeersalz, Rosenpaprika, schwarzer, frischgemahlener Pfeffer, Pilz-Soja-Sauce, einige Tropfen Zitronensaft, 4 Eßl. Schwarzwurzelwasser, 4 Eßl. Milch, 3 Eischnee.

1 Spezial-Puddingform mit Deckel, Butter, Bröseln.

Die Schwarzwurzeln waschen, bürsten, schaben und in Essigwasser legen, daß sie weiß bleiben. In gleichmäßige kleinere Stücke schneiden, dicke Stangen halbieren. In ⅛ l Wasser auf kleiner Stufe in wenigen Minuten garen.
In einen für die Form passenden Topf so viel Wasser füllen, daß es ca. 2 cm unter dem Verschluß der Form steht. Die Form und den Deckel gut fetten und bröseln, ganz besonders an dem Zapfen.
Nun die Butter cremigrühren, Eigelb, Käse und Mehl dazugeben, mit Salz, Paprika, Pfeffer, Pilz-Soja-Sauce und Zitronensaft abschmecken. Schwarzwurzelwasser und Milch einrühren.
Die Schwarzwurzeln und zuletzt den Eischnee unterheben.
Nun das Kochwasser erhitzen.
Mit der cremigen Schwarzwurzelmasse die Form nur zu ¾ füllen, fest schließen und in das kochende Wasser geben.
Auf Stufe 1 45 Minuten und 15

Minuten ohne Strom in dem Wasserbad belassen.
Dann die Form herausheben, vorsichtig öffnen, mit einem Messer den Rand des Puddings lockern und auf eine runde Platte stürzen.
Mit Petersilien- oder Basilikumblättchen, Möhrenscheibchen oder Tomaten ringsum verzieren.
Dazu leicht gebräunte Butter oder eine pikante Sauce (s. Seite 84).

Variante

Schwarzwurzeln gegen Spargel austauschen.

Schwenkkartoffeln

1 kg festkochende, kleine Kartoffeln, 100 g Butter, 1½ gehäufte Eßl. Petersilie, 1½ gehäufte Eßl. Schnittlauch, 1 Teel. Basilikum, 1 Msp. Cenoviswürze, 1 Msp. Vollmeersalz, 1 Msp. weißer Pfeffer.

Die Kartoffeln garen, schälen und warm stellen.
Die Butter in einem Topf schmelzen, Cenoviswürze, Salz und Pfeffer beigeben und die sehr fein gewiegten Kräuter einrühren.
Die Kartoffeln dazugeben und tüchtig schwenken.
Dazu passen beliebige Blattsalate.

Sesam-Weizenvollkornwaffeln „Toni"

Stückzahl: 8

250 g Weizen, 50 g Sesamkörner, ½ P. Trockenhefe oder 20 g Frischhefe, 1 gr. Prise Vollmeersalz, 330 g Milch, 125 g Butter, 2 Eier, 90 g flüssiger Honig, ½ Zitrone (natur), frische Hefe in etwas Milch, von der Gesamtmenge weggenommen, auflösen. Waffeleisen, Butter, 50 g Sesamkörner zum Bestreuen.

Den frisch- und feingemahlenen Weizen mit dem Sesam, der Hefe, dem Salz und dem Abgeriebenen der Zitrone gut vermischen. Die Milch leicht erwärmen, darin die flüssige Butter, die Eier und den Honig verrühren und mit dem Mehlgemisch vermengen. Der Teig soll dickflüssig sein. 15–20 Minuten ruhen lassen.
Das Waffeleisen vorheizen und nur bei der ersten Füllung leicht fetten. Sesam vor jeder Füllung aufstreuen.
Den Teig mit einem Eßlöffel einfüllen und glattstreichen.
Das Eisen schließen und bei Mittelhitze 5–6 Minuten backen.
Nach Belieben zu den Waffeln ein Gemisch von gescheibelten Bananen, Kiwis, Birnen und Zitrusfrüchten, mit Zitronensaft und Ahornsirup beträufelt, servieren.

Variante

Statt Sesamkörner 2–3 gestr. Teel. Zimt in das Mehl einrühren.

Spargel mit Hollandaise und Badischer „Kratzete"

1,5 kg (brutto) Spargel.

Hollandaise

1 Eßl. kaltes Wasser, 2 Eßl. Zitronensaft, 1 gr. Prise Vollmeersalz, 1 Msp. Pfeffer, 1 Msp. Honig, 4 Eigelb, 125 g Butter.

Den frischen Spargel vorbereiten und garen, wie in dem nachstehenden Rezept „Spargel mit Käseomelette" angegeben.
Wenn kein spezieller Wasserbadtopf vorhanden ist, nimmt man einen kleinen Topf, der in einen größeren eingehängt werden kann, oder eine passende Schüssel.
Den größeren Topf zu einem Drittel mit Wasser füllen, erhitzen, aber niemals kochen lassen. In den kleineren Topf außer Eigelb und Butter alle Zutaten hineingeben und in den größeren Topf einhängen. Unter ständigem Schlagen mit dem Schneebesen nach und nach die Eigelbe, dann die gewürfelte Butter zugeben und so lange schlagen, bis eine cremige Sauce entsteht. Nach Bedarf noch mit Zitronensaft und Gewürzen abschmecken und in eine Sauciere füllen.

Der Spargel gibt leider nur ein kurzes Gastspiel von etwa sieben Wochen. Aber es gibt wenig anderes Gemüse, das man so vielseitig verwenden kann. Jahrhundertelang war der Spargel den Königen und Fürsten vorbehalten. Heute ist er ein Gemüse für jedermann, wenngleich er nicht gerade billig ist. Es gibt Spargelstangen mit weißen, violetten oder grünen Köpfen. Die weißköpfigen werden zwar bevorzugt, jedoch hat die Farbe keinen Einfluß auf die Qualität. Die violetten sind geschmacklich kräftiger als die weißen Spargel. Sie kommen meist aus Frankreich und Griechenland, die schmalen grünköpfigen aus Italien. Die Frische erkennt man an den festen Schnittflächen, den geschlossenen Köpfen und an der Festigkeit der rillenlosen Stangen. Spargel ist sehr kalorienarm, er schwemmt Wasser aus und regt die Darmfunktion an.

Badische „Kratzete"

6 Eigelb, 350 g Milch, ½ gestr. Teel. Vollmeersalz, 160 g Weizen, 6 Eischnee, 60–70 g Butaris.

Eigelb, Milch und Salz mit dem feingemahlenen Weizen verrühren. Den steifen Eischnee unterziehen. In zwei Pfannen (Innenmaß 20 cm ∅) das Fett erhitzen, den Teig einfüllen und bei ganz schwacher Hitze ca. 8–10 Minuten stocken lassen, bis die Oberseite leicht trocken zu sein scheint. Wenn nötig, ein wenig Fett aufgeben, wenden und die andere Seite ebenfalls 8–10 Minuten backen.
Mit einem oder auch zwei Pfannenhebern den Pfannkuchen zunächst in große, dann in kleinere Stücke kratzen. Den Strom abschalten, die Pfannen zudecken und noch ganz kurz abbacken lassen.
Nach Möglichkeit sofort servieren.

Spargel mit Käseomeletten

1,5 kg (brutto) Spargel, Wasser nach Bedarf, ½ gestr. Teel. Vollmeersalz, 1 gestr. Teel. Honig, 1 Eßl. Sonnenblumenöl, 80 g Butter zum Übergießen.

Den frischen Spargel sorgfältig schälen, die unteren, meist etwas holzigen Teile wegschneiden. Den Spargel in einen breiten Topf schichten und so viel Wasser, mit dem Salz, Öl und dem Honig verrührt, beigeben, daß der Spargel bedeckt ist. Bei schwacher Hitze 25–30 Minuten garen.
Auf vorgewärmter Platte anrichten und mit der heißen Butter begießen.
Während der Spargel gart, die Käseomeletten zubereiten.

Käseomelette

3 Eier, 3 Eßl. kaltes Wasser, 1½ Eßl. frischgemahlener Weizen, ¼ Teel. Backpulver, 150 g Käse zum Reiben, Vollmeersalz nach Bedarf, Butter oder Vitagen zum Ausbacken.

Eigelb, Wasser, Vollkornmehl, Backpulver und den frischgeriebenen Käse verrühren. Den Eischnee unterheben und die Masse in einer kleinen Pfanne in wenig Fett goldgelb backen. Auf vorgewärmten Tellern zusammen mit dem Spargel servieren.

Spargel mit neuen Kartoffeln

1,5 kg (brutto) Spargel, 800 g neue Kartoffeln.

Creme

150 g feiner Schmelzkäse, 6 Eßl. frische Sahne, 1 Orange (natur), 100 g Butter.

Den frischen Spargel vorbereiten und garen, wie im vorstehenden Rezept ,,Spargel mit Käseomeletten" angegeben.
Den Spargel gut abtropfen lassen, auf eine vorgewärmte Platte geben und mit nachstehender Creme und flüssiger Butter servieren.
Den Käse in Alufolie wickeln und kurz in heißes Wasser legen, damit er weich wird. Dann mit der halbsteifgeschlagenen Sahne, dem Saft und dem Abgeriebenen der Orange cremigrühren und in eine Schüssel füllen. Bei Tisch zusammen mit der erhitzten Butter über den Spargel geben.
Als Beilage: neue Kartoffeln.

Spinatquiche

250 g Weizen, ½ Teel. Koriander, 3 Eßl. Wasser, ½ Teel. Vollmeersalz, 1 Ei, 100 g kalte Butter.

1 Pizzaform oder 1 Springform 26 cm ∅, Butter zum Fetten.

Füllung

500 g (netto) Spinat- oder Mangoldblätter, 50 g Zwiebeln, 50 g zarter Lauch, 2 volle Eßl. Gartenkräuter, 1 geh. Eßl. Butter, 1 geh. Teel. Weizenvollkornmehl, ½ Tasse Cenovisbrühe, frischgeriebene Muskatnuß, frischgemahlener Pfeffer.

Sauce

2 Eier, 4 Eßl. frische Sahne, Kräutersalz, Chinagewürz, 100 g alter Gouda – oder ein ähnlicher würziger Käse, in kleine Würfel geschnitten.

In einer Schüssel den mit dem Koriander frisch- und feingemahlenen Weizen mit dem Wasser, dem Salz, dem Ei und der in kleine Stücke geschnittenen Butter zu einem glatten Teig verarbeiten und 40–60 Minuten kühl ruhen lassen. Danach die Form mit gut ⅔ des Teiges belegen, einen 2–3 cm hohen Rand hochdrücken, und in den Teigboden mit einer Gabel Löcher einstechen.
Im vorgeheizten Ofen bei 200° C ca. 15 Minuten vorbacken.
Inzwischen die Füllung vorbereiten.
Die Spinat- oder Mangoldblätter putzen, wenn nötig kurz waschen und fein aufschneiden. Die geschälten Zwiebeln kleinhacken, den Lauch in feine Streifen schneiden. Zusammen mit den gewiegten Kräutern mit dem Spinat vermischen.
Die Butter schmelzen und das Mehl einrühren. Mit der Cenovisbrühe ablöschen, gut durchkochen lassen, mit Muskat und Pfeffer kräftig abschmecken und unter das Blattgemüse mischen.
Die Eier verquirlen, eine kleine Menge zum Bestreichen zurückbehalten. Die Sahne und die Gewürze unterrühren.
Das Gemüse auf dem vorge-

backenen Boden verteilen, mit den Käsewürfeln bestreuen und mit der Sauce übergießen. Den Teigrest ausrollen, kleine Halbmonde oder runde Plätzchen ausstechen, die Quiche damit verzieren und mit Ei bestreichen. Auf der 2. Leiste von unten im vorgeheizten Ofen bei 200° C ca. 25–30 Minuten backen.
Dazu reicht man gern einen Sauerkrautsalat (s. Seite 38) oder einen Tomatensalat.

Spinat und Mangold sollen saftig grün sein; so eignen sie sich auch vorzüglich für die Tiefkühlkonservierung. Beide Gemüsearten sind sehr eisenreich und enthalten beachtliche Mengen an Provitamin A und Mineralstoffen, vor allem Kalium.

Steinpilze in Öl gebacken

500 g kleine Steinpilze, 2 Eier, Kräutersalz, Pfeffer, Paprikapulver, Vollkornmehl, Brösel, Sonnenblumenöl zum Ausbacken.

Die Pilze putzen, unter fließendem, kaltem Wasser waschen und abtropfen lassen.
Die Eier verquirlen und mit den Gewürzen kräftig abschmekken. Die Pilze in Vollkornmehl, dann in den Eiern und zum Schluß in Bröseln wenden.
Im heißen Öl rundum goldbraun ausbacken. Dann auf einem Schaumlöffel abtropfen lassen und auf eine heiße Platte geben. Mit dicken Zitronenscheiben anrichten, mit beliebigen Salaten servieren.

Variante

Steinpilze auswechseln gegen kleine Champignons, Maronenpilze oder Birkenpilze.

Hinweis

Bei größeren, aber doch noch tadellosen Pilzen werden Haut und Futter vorsichtig entfernt und die Hüte in dicke Scheiben geschnitten. Die Stiele kleinschneiden und für Suppen oder Saucen verwenden.

Topinambur mit Steinchampignons

1 kg Topinambur, ½ l warmes Wasser, 1 Cenovis-Brühwürfel, 200 g Steinchampignons, 2 gestr. Eßl. sehr fein gemahlenes Vollkornmehl.

Sauce

4–5 Eßl. Sauerrahm, Kräutersalz, weißer Pfeffer, 1 Msp. Delicata (Brecht), Zitronensaft, 1 geh. Teel. weiche Butter, 100 g frischgeriebener Gouda.

Die Topinambur schälen, in 2 cm dicke Scheiben schneiden und in einen Topf geben. Das Wasser mit dem darin aufgelösten Cenovis-Brühwürfel darübergießen und 10–12 Minuten dämpfen.
Inzwischen die Pilze putzen, rasch überspülen, dünn scheibeln, in den Topf füllen und weitere 5–8 Minuten dämpfen.
Das Gemüse etwas auf die Seite schieben, das in wenig Wasser verquirlte Mehl einrühren und kurz kochen lassen. Die Zutaten für die Sauce verquirlen, in die Topinambur-Masse einmengen, aber nicht mehr kochen lassen. In einer vorgewärmten Schüssel heiß servieren und den Käse aufstreuen.

Variante

500 g gedämpfte Topinambur, s. vorstehendes Rezept, 1. Absatz, 100 g rote Paprikaschoten, 80 g Gewürzgurken, 8 grüne Oliven, 8 eingelegte Perlzwiebeln.

Alle rohen Zutaten kleinschneiden, vermischen und in eine Schüssel füllen. Die gedämpften Topinambur darübergeben und abdecken. Mit Remoulade mischen.

Remoulade

2 Eßl. Mayonnaise (s. Seite 91), 2 Teel. Zitronensaft, 4 Eßl. saure Sahne, ½ Teel. Dijon-Senf, 1 Msp. weißer Pfeffer.

Mayonnaise, Zitronensaft, saure Sahne, Senf und Pfeffer gut verrühren und abschmecken. Das Gemüse sorgfältig darin einmengen, ohne die Topinambur zu zerdrücken.
Mit einem leichten Blattsalat servieren.

Hinweis

Nach Belieben können die Topinambur mit der Schale verwendet werden. In dem Fall müssen sie gründlich gewaschen und gebürstet werden. Topinambur gibt es vom Herbst bis zum Frühjahr auch in Bioläden.

Topinambur, auch Roßkartoffeln oder Jerusalemer Artischocke genannt, ist mit der Sonnenblume verwandt. Der Same der kleinen, gelben Strahlenblüten reift aber bei uns nicht aus, daher wird sie gezüchtet durch Vermehrung ihrer birnenförmigen hell- oder rotschaligen Knollen. Sie sind winterhart und können bis zum Frühjahr im Boden bleiben. Sie werden als Gemüse und, wegen ihres Gehalts an Insulin, besonders von Zuckerkranken immer mehr geschätzt. Ihre ursprüngliche Heimat ist Südamerika und Kalifornien.

Vollkornknöpfle

300 g Weizen, 1 leichtgeh. Teel. Vollmeersalz oder Cenovisgewürz, 1½ Eßl. Sojamehl, 3 Eier zu 50 g, 150 g Wasser, 2 l kochendes Wasser, Vollmeersalz.

Den frisch- und sehr feingemahlenen Weizen mit dem Salz, dem Sojamehl, den Eiern und dem Wasser vermischen und den Teig schlagen, bis er glatt und glänzend ist. 1 Stunde ruhen lassen. Dann den Teig fortlaufend in kleinen Mengen durch ein spezielles Knöpflesieb streichen. Man kann auch ein großgelochtes Passiersieb verwenden. In beiden Fällen sollen die Teigtropfen direkt in das leicht kochende Salzwasser fallen. Wenn sie hochsteigen, eine Minute kochen lassen. Die Knöpfle mit einem Sieblöffel herausheben, abtropfen lassen, in einem großen Sieb ganz kurz mit kaltem Wasser abbrausen und auf eine Platte geben.

Vollkorn-Knöpflesalat

250 g Knöpfle (s. vorstehendes Rezept), 2 Eßl. kaltgeschlagenes Distelöl, 2–3 Eßl. Obstessig, 1 Teel. Dijon-Senf, 1 gr. Prise Paprikapulver, 60 g Tartex-Paste, neutral, 80 g Emmentaler Käse, 1 Gewürzgurke, 1 kleine, rote Paprikaschote, ½ kleine, grüne Peperoni, ½ Döschen Kapern.

Öl, Obstessig, Senf, Paprikapulver und Tartex-Paste gut verquirlen.
Käse und Gewürzgurke würfeln, Paprika in feine Streifen, die Peperoni in sehr feine Würfel schneiden und mit den Kapern unter die Knöpfle mischen. Gut durchziehen lassen. Vor dem Servieren frischgehackte Petersilie aufstreuen.

Vollkornspätzle

Sie werden genauso zubereitet und gegart wie die Knöpfle, lediglich durch einen Spätzleschwab in das kochende Wasser gedrückt oder vom Brett mit einem Messer hineingeschabt.

Hinweis

Vollkornknöpfle und -spätzle in Butter gebraten schmekken ausgezeichnet. Zusammen mit Salaten machen sie eine vollständige Mahlzeit aus.

Vollkorn-omeletten

200 g Weizen, 2 Eßl. frisches Sojamehl, ½ gestr. Teel. Vollmeersalz, ½ l Wasser, 2 Eier, 1 Teel. Öl, Sonnenblumenöl oder Diäsan zum Backen.

In einer Schüssel das frisch- und feingemahlene Mehl, das Sojamehl und das Salz vermengen. Dann einen Teil des Wassers und die Eier einrühren. Das restliche Wasser und das Öl dazugeben, daß ein glatter, dünner Teig entsteht. Durch die Beigabe von Öl läßt der Teig sich leichter backen. In einem kühlen Raum 1–1½ Stunden ruhen lassen.
Eine kleine Pfanne erhitzen, wenig Öl hineingeben und heiß werden lassen. Mit einer kleinen Kelle den Teig vom Stiel her in die Pfanne fließen lassen und unter Drehen den Boden mit dem Teig recht dünn überziehen.
Wenn nötig, mit etwas Wasser den Teig in der Schüssel verdünnen.
Die Omeletten goldgelb ausbacken. Vor dem Wenden immer ein wenig Öl daraufgeben. Nach dem Backen auf einen flachen Teller gleiten lassen. Mit Folie abdecken und im vorgeheizten Backofen bei 50° C warm halten.

Variante

Statt 200 g Weizen 150 g Weizen und 50 g Buchweizen verwenden.

Varianten

2 Eßl. Kräuter, fein gehackt, oder 2 Eßl. Zwiebeln, fein aufgeschnitten, oder 2 Eßl. Käse, fein gewürfelt, in den Teig einrühren.

Vollkorn-omeletten, 2. Art

200 g frischgemahlener Weizen, ½ gestr. Teel. Vollmeersalz, Wasser, 4 Eigelb, 1 Teel. Öl.

Alle Zutaten zu einem recht dünnen Teig verrühren, den Eischnee dazugeben und in einem kühlen Raum 1–1½ Stunden ruhen lassen. Danach weiter verarbeiten, wie in dem vorstehenden Rezept Abschnitt 2 angegeben.
Füllung: Die Omeletten mit heißem Stangenspargel belegen, zusammenrollen und mit einer Hollandaise (s. Seite 86) übergießen.
Ein Eßvergnügen, das kaum zu überbieten ist.

Weizenkörner-Auflauf

250 g Weizenkörner, ½ l Wasser, 60 g Butter, 75 g Honig, 2 Eier, 1 Eßl. Sojamehl, 1 Msp. Nelken, 1 Msp. Ingwer, ½ Teel. Frugola, 2 Eßl. frische Sahne, 750 g säuerliche, mürbe Äpfel, 125 g kalifornische Sultaninen, 75 g gewiegte Mandeln, 1 geh. Teel. Zimt, 30 g Butter, Butter zum Fetten.

Den 24 Stunden vorgeweichten Weizen mit dem Einweichwasser 30 Minuten leicht kochen. Inzwischen Butter, Honig und Eidotter schaumigrühren. Gemahlene Nelken, Ingwer, Frugola und Sahne hinzufügen und den erkalteten Weizen einmengen. Den steifgeschlagenen Eischnee unterziehen und die Hälfte der Masse in eine gefettete Auflaufform füllen. Die Äpfel achteln, scheibeln und zusammen mit den Sultaninen und den gewiegten Mandeln auflegen, mit Zimt bestreuen und mit der restlichen Auflaufmasse bedecken. Obenauf Butterflöckchen legen und 50–60 Minuten bei Mittelhitze backen. Dazu gibt man eine Vanillesauce (s. Seite 90).

Zwetschgenklöße

350 g Weizen, 750 g entsteinte Zwetschgen, 30 g Butter, 2 Eier, 60 g Honig, 1 gr. Prise Vollmeersalz, das Abgeriebene einer Zitrone, 1 gestr. Teel. Zimt, $^{1}/_{8}$ l Milch.

Guß

60 g Butter, 80 g Honig.

Den frisch- und feingemahlenen Weizen in eine Schüssel füllen. Mit dem Schneebesen die Butter cremigrühren. Alle anderen Zutaten nach und nach beigeben und mit dem Mehl und den kleingeschnittenen Zwetschgen zu einem geschmeidigen Teig verarbeiten. 20 Minuten ruhen lassen.
Reichlich leicht gesalzenes Wasser zum Kochen bringen, einen Probekloß hineingeben, der nicht zerfallen darf. Andernfalls in den Teig noch ein wenig Mehl einarbeiten.
Mit einem Löffel Klöße abstechen, nach dem Aufkochen ohne Stromzufuhr ziehenlassen.

Für den Guß die Butter erhitzen und den Honig einrühren.

Zwetschgen-Nudelauflauf

250 g Vollkorn-Band-Nudeln*, $^{1}/_{2}$ Teel. Vollmeersalz, 25 g Butter, 70 g Honig, 1 gestr. Teel. Zimt, 500 g Zwetschgen.

Guß

1 Eigelb, $^{1}/_{4}$ Teel. Vollmeersalz, das Abgeriebene einer halben Zitrone (natur), 80 g Milch, 70 g Sahne, 20–30 g Butterflocken, 1 geh. Eßl. Mandelstifte.

1 Auflaufform, Butter zum Fetten, Brösel zum Ausstreuen.

Die Vollkorn-Nudeln, hausgemachte oder vom Schnitzer-Bäcker, in reichlich leicht gesalzenem Wasser ca. 10 Minuten leicht kochen. Danach in einem großen Sieb abtropfen lassen.
Die Butter schmelzen, mit Honig und Zimt gut verrühren und mit den Nudeln vermischen. Die Hälfte der Nudelmasse in die Form füllen, die entsteinten, geviertelten Zwetschgen auflegen und mit den Restnudeln abdecken.
Das Eigelb mit dem Salz, Zitrone, Milch und Sahne gut verquirlen, über den Auflauf gießen und die Butterflocken auflegen.
Im vorgeheizten Ofen bei 200° C auf der untersten Leiste 25–30 Minuten backen.
Inzwischen die Mandelstifte in der trockenen Pfanne goldgelb rösten und über den gebackenen Auflauf streuen.

Variante

Zwetschgen auswechseln mit der gleichen Menge entsteinter, süßer Kirschen.

* Es können auch fertige Teigwaren verwendet werden. Vollkorn-Nudeln mit und ohne Ei bietet die Firma Schnitzer in vielfältigen Ausformungen an. Oder fragen Sie Ihren Schnitzer-Vollkornbäcker.

Zwiebelauflauf

750 g weiße Speisezwiebeln, 100 g Butter, $^{1}/_{8}$ l Weißwein oder Wasser.

Sauce

50 g Butter, 50 g feingemahlener Weizen, $^{3}/_{8}$ l Wasser, $^{1}/_{2}$ Cenovis-Brühwürfel, Chinagewürz, Muskat, Paprikapulver, $^{1}/_{8}$ l Sahne, 3 Eßl. Parmesan-Käse, 120 g Greyerzer Käse.

Die Zwiebeln schälen, halbieren, feinscheibeln und einmal mit einem Messer durchschneiden. In einem größeren flachen Topf die Butter und die Zwiebeln bei schwacher Hitze 5 Minuten dämpfen. Dann Wein oder Wasser zugießen und im offenen Topf etwas einkochen lassen.
In einem kleineren Topf die Butter schmelzen, das Mehl dazugeben, mit einem Schneebesen das Cenovis-Wasser kräftig einrühren. Bei schwacher Hitze kurz kochen lassen, mit den Gewürzen fein abschmecken. Zum Schluß die Sahne einrühren. Die Sauce mit der Zwiebelmasse und dem Parmesan vermischen und in eine gut gefettete flache Form einfüllen. Den Greyerzer darüber verteilen.
Im vorgeheizten Ofen, auf der Mittelschiene bei 220° C 15–20 Minuten backen.

Hinweis

Zum Scheibeln der Zwiebeln ist eine Brotmaschine ideal. Die Maschine ganz fein einstellen. Die Zwiebel gegen das Messer drücken und mit der Schiebeleiste nachhelfen.

Zwiebel-Kräuter-Wähe

250 g Weizen, 1 gestr. Teel. Vollmeersalz, 20 g Hefe, 160 g Milch (Raumtemperatur), 1 Teel. Bioghurt, 1 mittelgroßes Ei, 70 g Butter, 2 Eßl. Olivenöl, 2 Eßl. gehackte Petersilie, 2 Eßl. gehackte Zwiebeln.

Belag

200 g kleine Champignons, 400 g Zwiebeln, 400 g zarter Lauch, 2 Eßl. Olivenöl, 1 Eßl. Wasser.

1 Wähe-Form oder 1 Springform, Butter zum Bestreichen.

Guß

200 g Sauerrahm 20% Fettgehalt, 2 mittelgroße Eier, 120 g frische Sahne 30% Fettgehalt, 1/2 gestr. Teel. Kräutersalz, 1/2 gestr. Teel. weißer Pfeffer, 50 g Parmesan.

Wähen sind in der Schweiz zu Hause, als eine Art von Blechkuchen mit süßem oder pikantem Belag. Man bäckt sie dort in speziellen Wähenblechen mit halbhohem Rand und losem Bodendeckel. Wähen werden ofenfrisch serviert.

Den feingemahlenen Weizen mit dem Salz vermischen. Die Hefe in der Milch auflösen, Joghurt, das Ei und die flüssige Butter dazugeben, gut verquirlen, mit dem Mehl vermengen und alles kurz zusammenkneten. Das Öl erhitzen, Petersilie und Zwiebeln beigeben. Bei schwacher Hitze kurz dämpfen, abkühlen lassen und die Masse in den Teig einkneten. Zugedeckt gehen lassen, bis das Volumen sich um das Doppelte vergrößert hat, etwa 40–50 Minuten.

Inzwischen die Champignons putzen, waschen und fein scheibeln. Die Zwiebeln schälen, halbieren und in Ringe schneiden. Dabei tut die Brotmaschine gute Dienste (siehe auch Hinweis „Zwiebelauflauf", Seite 62). Die Zwiebel in das Messer drücken und mit der Schiebeleiste nachhelfen. Die Maschine ganz fein einstellen.

Den Lauch sorgfältig waschen und in 1 cm breite Ringe aufschneiden. In Öl und Wasser das Gemüse dämpfen, bis es glasig ist.

Nun den Teig kurz durchkneten, auswellen, die mit Butter bestrichene Form damit belegen und 10 Minuten gehen lassen.

Inzwischen den Aufguß zubereiten: Alle Zutaten miteinander verquirlen, mit den Zutaten des Belags gut vermischen und auf den Teig verteilen. Die Wähe nochmals 10 Minuten gehen lassen. Auf der 2. Leiste von unten in den auf 200° C vorgeheizten Ofen schieben und 30 Minuten backen. Mit Schnittlauch bestreuen und heiß servieren.

Köstliche Desserts

Die Mengenangaben gelten für 4 Personen.

Apfelmus roh

700 g feste, aromatische Äpfel, 1 Eßl. Zitronensaft, 1½ Eßl. heller Honig, 1 gestr. Teel. Zimtpulver, ½ Eßl. Zitronensaft.

Die Äpfel halbieren, entkernen, musig reiben, laufend mit dem Zitronensaft beträufeln und vermengen. Honig und Zimt vermischen, in das Mus sorgfältig einrühren.
Mit dem Zitronensaft benetzen, mit Folie abdecken und bis zum Servieren in den Kühlschrank geben. Meistens wird die Oberfläche etwas dunkel, und es ist ratsam, das Kompott am Tisch nochmals zu vermengen.

Aprikosen-Ingwer-Sahne

400 g reife, feste Aprikosen, 1 gestr. Eßl. flüssiger, feiner Honig, ½ gestr. Teel. Ingwer, 180 g frische Sahne, im Rührbecher in den Kühlschrank stellen.

Die Aprikosen kalt abspülen und mit Küchenkreppapier trokkenreiben. Die Früchte halbieren, entsteinen und mit der Innenfläche nach oben auf einem Brett in kleinere Würfel schneiden. Den Honig mit dem frischgemahlenen Ingwer verrühren und in die sehr steif geschlagene Sahne unterheben. Die Aprikosen sorgfältig einmengen.
In Schälchen füllen und bis zum Servieren ca. 10–15 Minuten kalt stellen.

Hinweis

Nach Belieben ein wenig Schlagsahne zurückbehalten und aufspritzen.

Apfel-Birnenmus roh

350 g feste, aromatische Äpfel, 350 g mittelweiche, feine Birnen, 2 Eßl. Zitronensaft, 1 Eßl. flüssiger Honig oder 1 Eßl. Ahornsirup, 1 gestr. Teel. Zimtpulver, ½ Eßl. Zitronensaft.

Die Äpfel halbieren, entkernen, die Birnen schälen, halbieren, sorgfältig entkernen und musig reiben. Laufend mit Zitronensaft vermischen. Den Honig oder Ahornsirup mit Zimt und Zitronensaft verrühren und in die Fruchtmasse unterheben. Weiter verfahren wie bei Apfelmus roh, 2. Abschnitt.
Beide Arten von Apfelmus passen fein zu Pfannkuchen, süßem Auflauf und zu Nudelgerichten.

Aprikosen-Sahne-Dessert

1 kg sehr reife Aprikosen, ⅛ l Sahne, Pistazien.

Die Aprikosen waschen und mit Küchenkreppapier abtrocknen. Die Früchte halbieren, entsteinen und auf kleine, bunte Teller flach auflegen. In die Mitte jeder Aprikose eine dicke Sahnerosette spritzen und mit frischgemahlenen Pistazien bestreuen.

Hinweis

Die Pistazien lassen sich in einer kleinen, elektrischen Schlagmessermühle gut und rasch mahlen.

Bananen-Mandel-Dessert

4 mittelgr. reife Bananen, 4 Teel. Zitronensaft, 3 Teel. Honig, 40 g mit der Schale gescheibelte Mandeln oder Haselnüsse, 100 g Sahne.

Bananen schälen und fein aufschneiden. Zitronensaft und Honig verrühren und zusammen mit den Mandeln über die Bananen geben, locker mit zwei Gabeln einmengen.
In Schälchen füllen und die Sahne aufspritzen.

Variante

Für heiße Sommertage die Bananenmasse, abwechselnd mit Eiskrem, in Glasteller füllen und die Sahne aufspritzen.

Beerenschmaus

500 g reife Himbeeren, 200 g Sahne.

Die Himbeeren mit einer Gabel fein zerdrücken, die halbsteif geschlagene Sahne unterheben und bis zum Servieren kalt stellen.
Durch das leichte Zerdrücken der Beeren wird ihr feines Aroma noch stärker entwickelt, und

◀ Beerenvollkorncreme, Creme Niagara, Festtagsdessert Seite 66

es bedarf keiner weiteren Geschmackszugabe.
Nach Belieben können Sie die Sahne mit 1 Eßlöffel Honig süßen. Dadurch aber wird der Eigengeschmack der Beeren überdeckt.

Statt der Himbeeren nach der Jahreszeit Erdbeeren, Blaubeeren, Brombeeren oder Johannisbeeren verwenden.

Beeren-vollkorncreme

50 g Weizen, ¼ l Wasser, 1 gestr. Teel. Aniskörner, ½ Zitrone (natur), 90 g Honig, 3 Eßl. frische Sahne, 1 gestr. Eßl. Cashewnüsse o. ä., 300 g beliebige Beeren (frisch oder angetaut: Himbeeren, rote und schwarze Johannisbeeren, Brombeeren, Heidelbeeren), 4–5 Eßl. Sahne zum Schlagen.

Das Wasser erwärmen, den mit dem Anis frisch- und sehr feingemahlenen Weizen und das Abgeriebene der Zitrone mit dem Schneebesen kräftig einmengen. 2 Minuten unter ständigem Rühren kochen und im Wasserbad abkühlen lassen.
Den Honig, die Sahne und die grobgehackten Nüsse beigeben. Die Beeren, wenn nötig gewaschen und gut abgetrocknet, unterheben. In Glasschälchen füllen und im Kühlschrank einige Stunden durchziehen lassen. Vor dem Servieren die geschlagene Sahne aufspritzen.
Diese Creme schmeckt auch am nächsten Tag noch wunderbar.

Carob-Konfekt

100 g gemahlene Nüsse, 120 g Sojamehl, 60 g Carobpulver, 100 g Honig, 110 g feste Butter, 2 gestr. Teel. Vanille, Nüsse oder Kokosflocken für das Backbrett.

Alle Zutaten miteinander gut vermischen und 3–4 Rollen formen. Auf das Backbrett gemahlene Nüsse oder Kokosnüsse streuen und die Teigmasse 1–2 cm dick ausrollen. Im Kühlschrank, am besten auf 1 oder 2 Brettchen, fest werden lassen.
Dann in beliebig geformte Stükke schneiden.

Hinweis

Die trockenen und länglichen Früchte des Johannisbrotbaumes enthalten Kerne und süßes Fruchtfleisch, das zu Carob gemahlen wird. Es hat im Gegensatz zu Kakao eigene Süße, keine stimulierenden Stoffe und wesentlich mehr Nährstoffe, z. B. Vitamin A, Riboflavin und Mineralien, z. B. Kalzium, Phosphor, Eisen u. a. und einen hohen Pektingehalt. Verwendung: Zum Backen, Leckerle und als Getränk. In Naturkostläden erhältlich.

Creme Niagara

175 g frische Sahne, 100 g Schichtkäse, 3–4 Eßl. Ahornsirup.

Die Sahne 10 Minuten tiefkühlen und sehr steif schlagen. Auf kleiner Stufe den Schichtkäse nach und nach einrühren. Ahornsirup teelöffelweise dazugeben. In Schälchen aufteilen, nach Belieben mit ein wenig Sirup beträufeln oder mit Mandelblättchen bestreuen. Bis zum Servieren kühl stellen.

Duftendes Festtagsdessert

2 mittelgr. Eigelb, 90 g feiner Honig, 200 g Schichtkäse, ¼ gestr. Teel. Delifrut, 250 g Brombeeren, 50 g Sahne, Beeren zum Verzieren.

Im Rührgerät, auf kleiner Stufe, die Eigelbe gut verrühren, dann auf höchste Stufe schalten.
Den flüssigen Honig langsam hineingeben und cremigschlagen. Delifrut und nach und nach den Schichtkäse dazugeben. Die Masse soll dickcremig sein.
Wenn notwendig, die Beeren auf einem Sieb rasch überspülen, abtropfen und auf doppeltem Küchenkreppapier trocknen lassen.
Mit einer Gabel recht fein zerdrücken und abwechselnd mit der steifgeschlagenen Sahne unter die Creme heben. In Schälchen füllen, mit Beeren verzieren und bis zum Servieren kühl stellen.

Variante

Für dieses Dessert können Sie, der Jahreszeit entsprechend, auch sehr gut Himbeeren, Erdbeeren oder Heidelbeeren, frisch oder tiefgekühlt, verwenden.

Hinweis

Die feine Creme eignet sich auch vorzüglich zum Füllen von Torteletts (s. Seite 114).

Eiscreme-Dessert

¼ l Sahne, 80 g heller Honig, 2 Eigelb, ½ Teel. gem. Vanille, 2 Eiweiß.

Die kalte Sahne sehr steif schlagen, nacheinander den weichen Honig, die Eidotter und die Vanille auf Stufe 2 einrühren.
Den steifgeschlagenen Eischnee dazugeben. Die Creme in das Tiefkühlfach oder in die Tiefkühltruhe geben. Vor dem Servieren die Eismasse 10 Minuten in den Kühlschrank stellen. Dann das Eis nach Bedarf aufschneiden und nach Belieben mit zerdrückten Himbeeren, Heidelbeeren oder Erdbeeren servieren. Eventuell mit

ein wenig Ahornsirup beträufeln.

Variante 1

Statt Vanille zwei gehäufte Eßlöffel dunklen Kakao oder 4 geh. Eßlöffel gemahlene Haselnüsse in die Creme einrühren.

Variante 2

Statt 1/4 l Sahne können Sie 1/8 l Sahne und 125 g Schichtkäse verwenden. Dabei den Schichtkäse glattrühren und die steife Sahne einmengen.

Erfrischende Beerencreme

120 g (100 g netto) Johannisbeeren, 150 g Sahne, 400 g Schichtkäse, 80 g weicher Honig, 1/2 gestr. Teel. Zimtpulver.

Die Beeren in kaltem Wasser kurz waschen, abtropfen und auf Küchenkreppapier trocknen lassen.
Dann die Beeren entstielen, kurz mixen und durch ein Haarsieb pressen, so daß nur noch die Kerne zurückbleiben. Die kalte Sahne sehr steifschlagen. Mit dem Schneebesen den Schichtkäse, den Honig und das Zimtpulver cremigrühren. Von der Schlagsahne 3 Eßlöffel abnehmen und untermischen.
Mit dem Rührgerät auf Stufe 2 die Beerenmasse ganz langsam einarbeiten. Einen kleinen Teil der Sahne in die Tortenspritze füllen und kalt stellen.
Die Creme in Schälchen füllen, Sahnetupfer aufspritzen und mit ein paar Beeren garnieren.
Bis zum Servieren abgedeckt in den Kühlschrank stellen.

Variante

Zur Abwechslung statt der Johannisbeeren Himbeeren oder Brombeeren verwenden.
Nach Belieben kann die Schlagsahne um die Hälfte verringert oder bis auf die 3 Löffel für den Schichtkäse ganz weggelassen werden.

Früchtesahne mit Bröseln

Frische oder tiefgekühlte Beeren.

500 g Erdbeeren (oder Himbeeren, Johannisbeeren, Heidelbeeren), Kirschen, 3–4 Eßl. Ahornsirup, 8 Mürbeteig-Plätzchen, 200 g frische Sahne, Früchte zum Verzieren.

Wenn erforderlich, die Beeren ganz rasch waschen, die Erdbeeren kleinschneiden, die Kirschen entsteinen und halbieren. Die Früchte mit Ahornsirup beträufeln, behutsam vermengen und mit Folie abdecken.
Inzwischen das Gebäck grob zerbröseln, die Sahne steifschlagen, 2 Eßlöffel in die Tortenspritze füllen und in den Kühlschrank geben. Den Rest der Sahne abwechselnd mit den Beeren und dem Gebäck in eine Glasschüssel füllen oder in breite Gläser aufteilen.
Sahnetupfer aufspritzen und mit Früchten verzieren.
Bis zum Servieren kalt stellen.

Hinweis

In der kalten Jahreszeit statt der frischen Beeren und Kirschen tiefgekühlte, leicht angetaute, verwenden.

Herbstliches Dessert

2 große, reife Bananen, 2 große, reife Birnen, 2–3 Eßl. Zitronensaft, 150 g blaue Trauben, 150 g Schlagsahne, 1/4 Teel. Zimt oder Anis.

Die Bananen schälen, die Birnen halbieren, schälen und sorgfältig entkernen.
Die Früchte mit einer Gabel fein zerdrücken und mit dem Zitronensaft beträufeln.
Die gewaschenen, halbierten und entkernten Trauben abwechselnd mit der sehr steifgeschlagenen Sahne unterheben.
Nach Belieben können Sie die Sahne mit Zimtpulver oder gemahlenem Anis würzen.

Hirsecreme mit Apfel

75 g Hirse, 1/4 l Wasser, 80 g Magerquark, 2 gestr. Eßl. Honig oder honiggesüßter Sanddorn, 1/2 gestr. Teel. Zimt oder 1/4 gestr. Teel. Ingwer, 1 mittelgr. säuerlicher Apfel, 1/8 l Sahne, 1 Eßl. Mandelblättchen in einer kleinen Pfanne trocken goldgelb geröstet.

Die Hirse unter Rühren in das kochende Wasser streuen. Zugedeckt 10 Minuten leicht kochen und weitere 10–15 Minuten ohne Strom ausquellen lassen.
Quark, Honig, Zimt, Ingwer und den feingeriebenen Apfel miteinander verquirlen und in die Hirsemasse einrühren. Mit der steifgeschlagenen Sahne bestreichen oder aufspritzen. Mit den gerösteten Mandelblättchen bestreuen.

Himbeerschleckerle

300 g frische oder tiefgefrorene Himbeeren, 200 g Kaffeesahne (10%), 1 geh. Eßl. Honig, 1 Eßl. Zitronensaft.

Die möglichst nicht gewaschenen Beeren zusammen mit der Sahne und dem Honig kurz mixen. Den Zitronensaft beigeben und weiter mixen, bis die Masse dickcremig ist. In flache Gläser füllen und mit beliebigen Vollkornplätzchen servieren. Versuchen Sie diese Schlekkerle auch einmal mit Heidelbeeren. Sie werden begeistert sein.

Die Heidelbeere ist eine besonders geschätzte Wildbeere. Sie enthält Apfel- und Zitronensäure, Fruchtzucker und Pektin. In getrocknetem Zustand haben die Beeren einen wohltuenden Einfluß auf Schleimhäute und Blutgefäße.

Maronendessert

1 kg Maronen, 1 l Wasser zum Weichkochen, 200 g Wasser, 100 g Honig, 1 Vanillestange, ¼ l steifgeschlagene Sahne.

Die Maronen waschen, auf der gewölbten Seite kreuzweise einschneiden und in kleineren Portionen (ca. 250 g) 5–6 Minuten in Wasser blanchieren. Noch heiß schälen, auch die innere Haut entfernen, und in dem Liter Wasser 25–30 Minuten weichkochen. Danach durchpassieren oder durch den Wolf drehen. Inzwischen die 200 g Wasser mit dem Honig und der Vanillestange ziemlich stark kochen lassen, hin und wieder umrühren, bis das Wasser stark verdampft ist. Diesen Sirup noch heiß mit der Maronenmasse vermischen, einen kleinen Teil der Sahne unterheben. Auf einer hübschen Platte in der Mitte die Maronencreme auftürmen, nach Belieben mit einer Gabel ein Muster ziehen, und mit Sahnetupfer garnieren.

Maronen und Kastanien sind Verwandte der Baumnüsse. Maronen kommen aus den Mittelmeerländern und aus dem Tessin zu uns. Bei uns wachsen die Edelkastanien – sie sind aber kleiner und weniger haltbar als die Maronen. Diese haben eine mittelbraune Schale mit dunklen Streifen und ein kleines rechteckiges Auge. Beide Arten entfalten ihre Bekömmlichkeit erst, wenn sie gekocht und dann geröstet werden. Weil sie aber sehr nahrhaft sind, sollten sie nur in kleinen Mengen verzehrt werden. Wertvoll sind die Mineralien: Natrium, Kalium, Magnesium, Calcium, Eisen, Kupfer, Vitamine und pflanzliches Eiweiß. Glaciert oder als Püree kann man die Früchte als eine vollwertige Mahlzeit servieren. Eine reichliche Frischkost vorher versteht sich von selber.

Rhabarberschaum

Ein erfrischendes Dessert für heiße Tage.

300 g junger Rhabarber, 1 große, reife Banane, 50 g Rosinen (unbehandelt), 1 Orange (Saft), 5 Eßl. Sahne, 1–2 Eßl. Honig, ½ gestr. Teel. Zimt oder Anis.

Den zarten Rhabarber möglichst nicht schälen. Der Länge nach ein- bis zweimal durchschneiden und würfeln. Zusammen mit der grobgescheibelten Banane, den Rosinen und dem Orangensaft gut mixen. Dann die halbsteifgeschlagene Sahne, Honig und Zimt einrühren. Kalt servieren.

Rhabarberdessert

500 g (netto) roter Rhabarber, 4 Eßl. frische Sahne, 1 Eßl. Birnendicksaft, 2 Eßl. Mineralwasser, ½ Zitrone (Saft), 250 g weiche, saftige Birnen.

Möglichst roten Rhabarber verwenden, weil er milder als der grüne ist.
Die Stengel sorgfältig schälen und der Länge nach 2–3mal durchschneiden. Dadurch läßt sich der faserreiche Rhabarber besser würfeln.
Für die Sauce Sahne und Birnendicksaft mit dem Schneebesen gut verrühren. Mineralwasser und Zitronensaft beigeben. Die Birnen schälen – Birnenschalen sind sehr schwer verdaulich –, den größten Teil mit einer Gabel sehr fein zerdrükken, den Rest würfeln und zusammen mit dem kleingeschnittenen Rhabarber vermengen. Vor dem Servieren eine Stunde zugedeckt ziehen lassen.

Der Rhabarber zählt wegen seiner Staudenform zum Gemüse. Bereits vor 5000 Jahren schätzten ihn die Chinesen als Heilpflanze. Die rot- oder grünstieligen Stengel enthalten Zitronen- und Apfelsäure, die im Frühjahr dem Organismus zur Generalreinigung dienen. Außerdem enthält der Rhabarber Stärke, Pektin, Fruchtzucker, Gerbstoffe und Mineralien, die auf das Gallen-Leber-System einwirken. Der rote, auch Himbeer-Rhabarber genannt, schmeckt milder als der grünstielige und wird deshalb bevorzugt.

Rhabarberdessert, 2. Art

500 g (netto) Rhabarber, 2 große, reife Bananen,1 leicht geh. Eßl. Honig, ¼ gestr. Teel. Delifrut, 2 Eßl. Mineralwasser, nach Belieben ⅛ l Schlagsahne.

Vorbereitung nach dem vorstehenden Rezept, 1. Abschnitt. Bananen und Honig mixen. Delifrut und Mineralwasser einrühren und den feingewürfelten Rhabarber einmengen. 1 Stunde zugedeckt ziehen lassen. Vor dem Servieren nach Belieben Schlagsahne, leicht mit Honig gesüßt, aufspritzen.

Sanddorn-Milchtrunk

³/₄ l Milch, 2 große, gestr. Eßl. Sanddorn, 1 große, reife Banane, 2 Eigelb.

Die Banane mit einer Gabel sehr fein zerdrücken. Sanddorn und Eigelb in der Milch verquirlen und die Bananenmasse einrühren. In Gläser füllen und gut gekühlt servieren.

Orangen-Milchtrunk

100 g Schichtkäse, ³/₈ l Milch, 3 Orangen (Saft), ¹/₂ Zitrone (Saft), 1 Eßl. Honig.

Den Schichtkäse mit der Milch verrühren oder mixen, Honig, Orangen- und Zitronensaft dazugeben. Nach Belieben etwas mehr Milch einrühren.
In Gläser füllen und kalt stellen.

Salzburger Nockerln

2 Eiweiß, 20 g Honig, 2 Eigelb, 20 g sehr feingemahlener Weizen.

4 feuerfeste Förmchen ca. 10 cm ∅ oder 1 Gratinform 18 cm ∅.

Die gekühlten Eiweiße sehr steif schlagen, den Honig und kurz danach die Eigelbe hinzugeben und weiterschlagen. Zuletzt das Mehl beigeben und ganz kurz einrühren.
Sofort in die mit Butter leicht gefetteten Förmchen oder in die Form füllen, mit einer Gabel die Schaummasse etwas hochziehen, um ein Muster zu erzielen.
In den auf 130° C vorgeheizten Ofen auf der Mittelschiene einschieben.
10 Minuten bei 130° C und 5 Minuten bei 150° C hellgelb backen.
Ofenfrisch servieren.

Wiener Eisdessert

(für 6–10 Personen)

130 g Weizen, 4 große Eier (60 g), 2 Eßl. lauwarmes Wasser, 130 g heller Honig, 1 Zitrone (natur), ¹/₂ gestr. Teel. Weinstein-Backpulver.

1 Backblech, Backpapier zum Belegen, Butter zum Fetten, Alufolie, mehrfach gefaltet, als Rand für die offene Blechseite.

Füllung

500 g Himbeeren, 70 g flüssiger Honig, ³/₈ l Sahne (20 Minuten tiefgekühlt).

Das Backblech mit Pergament- oder Backtrennpapier belegen und sehr gut fetten. Dann die Eigelbe, das Wasser und den Honig mit den Schneebesen der Küchenmaschine bei höchster Geschwindigkeit sehr cremigrühren. Das Abgeriebene der Zitrone beigeben.
Nun den Backofen auf 240° C vorheizen. Die Eiweiße sehr steif schlagen. Das frisch- und feingemahlene Korn mit dem Backpulver sorgfältig vermischen und abwechselnd mit dem Eischnee unter die Crememasse heben.
Dann den Teig sofort gleichmäßig auf das Blech streichen und in dem aufgeheizten Ofen auf der Mittelschiene 10–12 Minuten backen. Die hohe Temperatur und die kurze Backzeit sind notwendig, damit das flache Gebäck elastisch bleibt.
Das Backbrett mit einem Pergamentpapier oder Küchentuch belegen, wenn nötig, das Biskuit mit einem Messer an den Rändern lösen und darauf stürzen. Das Bodenpapier mit kaltem Wasser bepinseln, rasch abziehen und das Gebäck mit dem Papier bzw. Tuch fest zusammenrollen und abkühlen lassen. Inzwischen die Füllung für die Rolle und den Guß zubereiten.

Die Beeren mit dem Honig begießen, vorsichtig verrühren und unter die sehr steifgeschlagene Sahne ziehen. Das Biskuit aufrollen, mit der Füllung bestreichen und mittels Papier oder Tuch zusammenrollen. Auf eine Platte geben und sehr kalt stellen.

Himbeercremeguß für Wiener Eisdessert

¼ l Sahne, 60 g heller, flüssiger Honig, 2 Eidotter, 500 g Himbeeren, 2 Eiweiße.

1 Auflauf-Form oder Schüssel 16–18 cm Ø.

In die sehr steifgeschlagene Sahne den Honig und die Eidotter einrühren. Die mit einer Gabel fein zerdrückten Beeren und das gekühlte und steifgeschlagene Eiweiß abwechselnd unterheben und in den Kühlschrank stellen.

Nun die Biskuitrolle mit einem scharfen Messer in 1,5 cm breite Scheiben schneiden und eine runde, flache Auflaufform oder Schüssel damit belegen. Am Rand der Form die Scheiben hochstellen. Restliche Scheiben in den Kühlschrank geben.

Die Creme in die Form gießen, wenn nötig glattstreichen und die übrigen Scheiben auflegen. Mit Folie abdecken und ca. 24 Stunden in die Tiefkühltruhe geben.

1–2 Stunden vor dem Servieren im Kühlschrank antauen lassen, bis die Biskuitscheiben sich etwas weich anfühlen. Auf eine Platte stürzen und mit einem scharfen, in heißes Wasser getauchten Messer das Dessert aufschneiden.

Variante

Für dieses Dessert eignen sich auch Heidelbeeren oder kleingeschnittene Erdbeeren.

Dessert – gut vorzubereiten

Abendmahlzeiten

Die Mengenangaben gelten für 4 Personen.

Beilagen

Baguette Seite 94
Hotzenwälder Schrotküchle Seite 49
Käsestängele Seite 102
Knäckebrot Seite 97
Knusperfladen Seite 98
Knusprige Salzstangen Seite 102
Oberbayerische Laugenstangen Seite 102
Pikantes Käsegebäck Seite 103
Zwieback 107

Fladen, Käsestängele, Knäckebrot, Knusprige Salzstangen, Käsestangen und Zwieback können Sie in einer Dose aufheben. Vor Verwendung mit wenig kaltem Wasser bestreichen, im 160° C heißen Ofen kurz aufgebacken, schmecken sie wie frisch.

Avocado-Orangen-Grapefruitsalat

2 Grapefruits, 3 Orangen (mittelgr.), 1 große Fleischtomate, 200 g (netto) Avocados, 200 g körniger Frischkäse.

Marinade

3 Eßl. kaltgeschlagenes Distelöl, 1 Eßl. Essig, 2 Eßl. Zitronensaft, 1 gestr. Teel. Reformsenf, 1 gestr. Teel. Tomatenketchup, 1 geh. Teel. Honig oder Ahornsirup, 1 Prise Kräutersalz, 1 kl. Msp. weißer Pfeffer, 2 geh. Eßl. frischgeriebener Parmesan oder Gouda.

Grapefruit und Orangen schälen, die weißen Häute mit einem kleinen, spitzen Küchenmesser fein säuberlich abziehen, die Früchte in Scheiben zerlegen und diese halbieren. Die reifen, aber nicht weichen Avocados schälen, entsteinen und mit einem Buntmesser in Würfel schneiden. Die Tomate waschen und achteln. Den Frischkäse mit zwei Gabeln in den Salat locker einmengen.

Die Zutaten für die Marinade mit einem Schneebesen gut verrühren, sehr pikant abschmecken und behutsam zu dem Salat geben. In einer Glasschale oder – sehr dekorativ – auf Salatblätter anrichten und mit dem geriebenen Käse bestreuen. Dazu reicht man gern einseitig gerösteten Vollkorntoast, bestrichen mit einem Gemisch von Olivenöl, Kräutersalz und Knoblauchsaft. Ganz leicht übergrillen. Oder man gibt ganz einfach Knäckebrot dazu (s. Seite 97).

Avocados, die birnenförmig-länglichen oder auch fast kugeligen, tiefgrünen Früchte, kommen vorwiegend aus Israel. Sie werden erntereif gepflückt, müssen aber zu Hause meistens in einem warmen Raum nachreifen, sofern sie noch hart sind. Wenn sie auf Daumendruck nachgeben, sind sie weich und genießbar. Avocados enthalten auf 100 g 24 % leicht verdauliches Fett, bis 1,9 % Eiweiß, Carotin, Vitamin C und die Nervenvitamine B[1] und B[2], außerdem viele Mineralstoffe.

Avocado-Käseaufstrich

2 mittelgroße, weiche Avocados, 150 g Gervais o. ä. Käse, Kräutersalz, weißer Pfeffer, das Ausgepreßte einer Knoblauchzehe.

Die Avocados waschen, halbieren und den Kern entfernen. Das Fruchtfleisch mit einem kleinen Löffel herausschaben und mit einer Gabel fein zerdrücken. Gervais einrühren und mit den Gewürzen pikant abschmecken. Bis zum Servieren in den Kühlschrank stellen.

Avocado-Tartexaufstrich

2 mittelgroße, weiche Avocados, 100 g Tartex-Champignon-Pastete, 1 kleine Zwiebel, 1 Teel. geriebener Meerrettich, Kräutersalz, Paprikapulver.

Die Avocados waschen, halbieren, entkernen, das Fruchtfleisch herauslöffeln und mit einer Gabel zerdrücken.
Die Tartex-Champignon-Pastete (Reformhaus und Bioläden) einmengen, die sehr fein gehackte Zwiebel und den frischgeriebenen Meerrettich beigeben.
Mit Kräutersalz gut abschmekken. In den Kühlschrank stellen, mit Paprika bestreuen und servieren.

Brotaufstrich

40 g Butter, 100 g Schichtkäse, 2 hartgekochte Eier, Kräutersalz, 1 Knoblauchzehe, 2 Teel. grüner Pfeffer, 50 g geriebener Emmentaler, Dill, Schnittlauch, Petersilie.

Butter, Schichtkäse und die durch ein Sieb gedrückten Eigelbe gut verrühren. Kräutersalz, den ausgepreßten Knoblauch, den leicht zerdrückten Pfeffer, Käse und die Kräuter untermengen. In Schälchen oder auf einer Platte anrichten. Mit Vollkornbrot servieren.

Hinweis

Dieser pikante Aufstrich schmeckt auch sehr fein zu frischen Brötchen und Baguettes. Ein Gemüse- oder Fruchtsalat sind eine gute Ergänzung.

Champignons, gebacken

400 g kleine Champignons, 2 Eier, 1 gestr. Teel. Kräutersalz, 1 gestr. Eßl. Weizenvollkornmehl, 2 Eßl. Weizenschrot, Vollmeersalz, Pfeffer, Zitronensaft.

1 großer, flacher Topf. Sonnenblumenöl, daß die Pilze darin schwimmen können.

Die ganz frischen Pilze putzen, rasch waschen, mit einem Papiertuch abtupfen, Stiele kürzen. Eier und Kräutersalz gut verquirlen, mit etwas Weizenvollkornmehl leicht binden. Die Pilze hineingeben, dann auf einem flachen Teller in Weizenschrot wenden.
In das inzwischen erhitzte Öl geben, ca. 1 Minute backen. Sie sollen goldbraun sein. Mit einem Schaumlöffel herausnehmen und mit ein wenig Salz und Pfeffer bestreuen, mit Zitronensaft leicht beträufeln.
Heiß zu beliebigen Salaten servieren.

Exotische Abendmahlzeit

2 Mangofrüchte (etwa 800 g brutto), 1 Limone, Vollkornbrot, Camembert oder ähnlicher Weichkäse, nach Belieben etwas Butter.

Die Mangofrüchte schälen. Der Stein läßt sich nicht gut lösen. Deshalb muß man das Fruchtfleisch in Schnitze schneiden. Auf einer Platte oder in Portionen anrichten, mit Limonensaft beträufeln. Dieses Eßvergnügen sollten Sie sich hin und wieder gönnen.

Hinweis

Von der Mangofrucht ist hier die Rede. Die Urheimat dieser nieren-birnen-förmigen, etwas platten Frucht ist Indien. Heute ist sie in fast allen tropischen Ländern zu Hause. Ihre normale Größe ist die eines Gänseeis; sie kann aber auch bedeutend größer werden.
Wenn die Schale auf leichten Fingerdruck nachgibt und sie zu duften beginnt, ist die Frucht mundreif. Der Geschmack ist süßlich bis herb. Unter allen Früchten ist sie die stärkste Vitamin-A-Quelle. An Mineralien enthält sie: Kalium, Kalzium, Phosphor, Magnesium und Kupfer. Mangos sind nahrhaft und blutbildend. Für ältere Menschen mit schwacher Konstitution sind sie besonders wertvoll. Nach dem Genuß sollte man aber ca. 2 Stunden nichts trinken, es könnten sich sonst leichte Beschwerden einstellen.

Griechische Kaltschale

für heiße Sommertage

3 Becher Bio- oder Sanoghurt, 50 g Schichtkäse, 5 Eßl. frische Sahne, 1 gr. Knoblauchzehe, 1 gestr. Teel. Honig, 2 Eßl. kaltgeschlagenes Olivenöl, 4 Eßl. Apfelessig, Vollmeersalz, weißer Pfeffer, 1 Teel. sehr fein geschnittene Petersilie, 1 mittelgroße Gurke, Dill.

Bio- oder Sanoghurt, Schichtkäse und Sahne cremigrühren. Den ausgepreßten Knoblauchsaft, den Honig, Öl und Essig einrühren. Mit Salz und frischgemahlenem weißen Pfeffer kräftig abschmecken und die Petersilie beigeben. Die Creme in Suppenteller oder in breite Gläser füllen und kühl stellen.
Kurz vor dem Servieren die geschälte, entkernte und grobgeraspelte Gurke und den feingeschnittenen Dill darübergeben. Dazu mundet Vollkornbrot, eventuell mit etwas Butter bestrichen, ganz vorzüglich.

Ahorn-Backapfel

4 große Äpfel, 3 Eßl. Butter, 4 Eßl. Ahorn-Creme, Rosinen, Zimt.

Die Äpfel sorgfältig aushöhlen, Butter und Ahorn-Creme verrühren, mit Zimt abschmecken und mit einigen Rosinen vermischen. Die Äpfel damit füllen. Im vorgeheizten Ofen bei 220° C 10 Minuten backen. Heiß servieren.

Grünkernsalat

350 g Grünkern, 600 g kaltes Wasser, 1 Cenovis-Brühwürfel, 100 g Lauchstange, 100 g Sellerieknolle, 1 Teel. Oregano, 1 Teel. Thymian gerebelt. 3 mittelgroße rote, feste Tomaten.

Sauce

3 gestr. Eßl. saure Sahne, 1 Eßl. Obstessig, ½ Eßl. Walnuß- oder kaltgeschlagenes Olivenöl, ⅛ Banane, ½ gestr. Teel. Dijon-Senf, 1 Spur schwarzer Pfeffer.

Den Grünkern über Nacht in dem Wasser einweichen. Dann den Cenovis-Würfel, Lauch, den Sellerie mit Schale und die Kräuter beigeben. Zugedeckt 35–40 Minuten leicht kochen lassen. Garprobe machen, die Körner sollen weich, aber doch noch kernig sein. 10–15 Minuten nachquellen lassen.
Inzwischen die Sauce zubereiten und kühl stellen.
Die saure Sahne, den Essig, das Öl, die feinzerdrückte Banane, Senf und Pfeffer mit dem Schneebesen gut verrühren und pikant, aber fein abschmekken und kühl stellen.
Nach dem Abkühlen der Körnermasse das Gemüse entfernen und die Sauce mit den Körnern vermischen. Mindestens 2–3 Stunden durchziehen lassen.
Vor dem Servieren die grob gewürfelten Tomaten, die dem Salat mehr oder weniger Farbe geben sollen, einmengen.

Hinweis

Zu Körnersalaten ißt man gern Fladenbrot (s. Seite 98).

Variante

1 Eßl. Obstessig, 1 Knoblauchzehe, 1 Eßl. kaltgeschlagenes Olivenöl, 1 Spur schwarzer Pfeffer, nach Belieben: 50 g feingewürfelten Tofu untermischen.

Grünkern wie links beschrieben garen. Nach dem Garen das Gemüse entfernen, Essig, ausgepreßten Knoblauch, Öl und Pfeffer verquirlen, in die Körnermasse einrühren und heiß zu beliebigen Salaten servieren.
Diese Art gibt eine ausreichende Mittagsmahlzeit.

Avocados für dich und mich

für 2 Personen

2 Avocados, 2 gekochte Eier (8–10 Minuten).

Marinade

2 Eßl. Distelöl, 2 Eßl. Zitronensaft, 1 Teel. Reformsenf, 1 Msp. weißer Pfeffer, 1 Spur Kräutersalz, gewiegter Schnittlauch.

Die Avocados halbieren, den Kern entfernen und das Fruchtfleisch mit einem Teelöffel herauslösen, dabei die Schale

nicht beschädigen. Die Eier grob hacken und mit dem Fruchtfleisch vermischen. Mit der Sauce übergießen und den Salat in den Avocadoschalen anrichten.
Mit Schnittlauch bestreuen. Auf einer Platte mit Chicorée- und Spinatblättern oder Feldsalatröschen servieren. Dazu Toastbrot (s. Seite 95).
Danach ein Gläschen Wein, und ein netter Abend steht ins Haus.

Kartoffel-Sellerie-Apfelsalat

650 g (netto) Salatkartoffeln, 130 g (netto) zarter Sellerie, 180 g (netto) säuerliche Äpfel, Zitrone z. Beträufeln.

Sauce

3 Eßl. Mayonnaise (s. Seite 91), 4 Eßl. Sauerrahm, 1 gestr. Teel. Vollmeersalz, 1 leicht geh. Teel. Honig, ½ gestr. Teel. weißer Pfeffer, 1 Eßl. Zitronensaft, 2 Teel. Apfelessig, ⅛ l heißes Wasser, ½ Cenovis-Brühwürfel, feingehackte Petersilie, nach Belieben 2 hartgekochte Eier.

Die Kartoffeln am Tag zuvor garen und kühl stellen. Am Morgen die Sauce zubereiten. Die Mayonnaise, den Sauerrahm, Salz, Honig, frischgemahlenen Pfeffer, Zitrone und Essig gut verrühren und recht pikant abschmecken.
Die Kartoffeln vierteln oder achteln und fein scheibeln. Den Sellerie sorgfältig schälen, in eine größere Schüssel raffeln und mit Zitronensaft beträufeln. Die Äpfel entkernen, je nach Sorte mit oder ohne Schale mehrmals teilen und auf den Sellerie scheibeln. Die Kartoffeln darübergeben, mit der Cenovisbrühe begießen und zugedeckt 10 Minuten durchziehen lassen.
Danach mit der Sauce gut vermischen und mindestens 2 Stunden kühl stellen. Mit Petersilie bestreuen, nach Belieben mit Eischeiben belegen und servieren.

Variante

Je nach Wunsch können Mayonnaise und Essig in der gleichen Menge mit Sauerrahm bzw. Zitronensaft ausgetauscht werden.

Kerniger Reissalat

300 g Vollreis (Langkorn), 900 g Wasser, 1 Cenovis-Brühwürfel, 120 g feste Tomaten, 60 g rote Paprikaschoten, 60 g gelbe oder grüne Paprikaschoten, 100 g frische Steinchampignons oder feste, weiße Champignons, 3 Eßl. Cornichons, 4 Teel. Kapern, 4 Teel. Kapern-Sud, 40 g Tofu (s. Seite 13).

Sauce

2 Eßl. Mayonnaise (s. Seite 91), 3 Eßl. frische Sahne, 150 g Sauerrahm, 1 Cenovis-Brühwürfel, 4 Eßl. heißes Wasser, 1 Msp. gemahlener Pfeffer, 1 Msp. Delikata, 2 Msp. Kräutersalz, 1 gestr. Teel. Curry, ½ Teel. Rosenpaprika, nach Belieben das Ausgepreßte einer Knoblauchzehe.

Das Wasser mit den Brühwürfeln erhitzen, den Reis einrühren, zugedeckt bei schwacher Hitze 40 Minuten garen.
Nach dem Abkühlen die in größere Würfel geschnittenen Tomaten, Paprikaschoten, Pilze, Cornichons, die Kapern mit dem Sud und den grobzerdrückten Tofu einmengen. Die Zutaten für die Sauce mit einem Schneebesen gut verrühren, den Cenovis-Würfel in dem heißen Wasser auflösen und dazugeben. Sehr kräftig abschmekken, nach Belieben auch mit Knoblauch und mit dem Reissalat vermischen.
Zugedeckt 12–24 Stunden kühl stellen. Wenn nötig, noch ein wenig nachwürzen.
Mit Petersilie bestreut servieren.

Körnersalat

300 g Nacktgerste, 100 g saure Sahne, 80 g Bioghurt, 125 g Käse, Bavaria Blue oder Bergader, 1 Eßl. Zitronensaft, 6 Eßl. Orangensaft, ½–1 Eßl. Birnendicksaft, ½ gestr. Teel. Kräutersalz, ½ Teel. Delifrut, 100 g grüner Paprika, 100 g gelber oder roter Paprika, 2 saftige, aromatische Birnen.

Die Körner gut mit Wasser bedecken und über Nacht mit einem Glasteller zugedeckt stehenlassen. Am Morgen das Restwasser abgießen, die Körner mit kaltem Wasser durchspülen, durch ein Sieb geben und einige Stunden trocken stehenlassen. Dann nochmals durchspülen und zugedeckt bis zum Morgen ruhenlassen.
Den Käse über Nacht in der Küche aufheben, damit er geschmeidig wird. Am Morgen Sahne und Bioghurt verrühren und mit einer Gabel in den Käse einarbeiten. Alle flüssigen Zutaten und die Gewürze beigeben, pikant abschmecken. Paprika und die geschälten Birnen würfeln und zusammen mit den Körnern in die Sauce einmengen. Einige Stunden durchziehenlassen.

Variante

Nach Belieben kann man einen kräftigeren Käse verwenden, z. B. Gorgonzola oder Roquefort, ebenso einen Brie- oder einen ähnlichen Käse.

Eine Frischkost, die zum Kauen zwingt. Kauen dient

der Gesunderhaltung der Zähne und mobilisiert die Speichelflora, die wiederum den Magensaft zu lebenswichtigen Funktionen anregt.

Köstliche Grünkerntoaste

130 g Grünkern, 1/4 l Wasser, 20 g Butter, Kräutersalz, Chinagewürz, Paprika edelsüß, Pilz-Soja-Sauce, gemahlener schwarzer Pfeffer, eine Spur Cayenne-Pfeffer, frische oder getrocknete Kräuter: Estragon, Basilikum, Thymian, Brösel.

1 Backblech, Butter.

Belag

Ananas, Bananen, Birnen, Kiwis nach Belieben, 8 Scheiben Raclette- oder Emmentaler Käse.

Aufstrich

Crème fraîche, Pastete von Tartex, verschiedene Gemüse oder Früchte.

Den Grünkern mittelgrob schroten. In dem Wasser 4–5 Minuten unter Rühren leicht kochen, danach zugedeckt, ohne Strom, 10 Minuten quellen lassen.
Nach dem völligen Erkalten die Butter einrühren und mit den Gewürzen kräftig abschmekken. Den Teig kurz ruhenlassen. Dann nach Art von Toastbrot 8 Scheiben formen, ganz leicht mit Bröseln bestreuen und auf das sehr leicht gefettete Blech legen.
In den vorgeheizten Ofen auf der Mittelleiste einschieben und bei 200° C 10–15 Minuten bakken. Danach den Ofen weiterbeheizen.
Das leicht abgekühlte, goldbraune Gebäck mit frischen Ananas-, festen Bananenscheiben, aromatischen Birnen oder auch mit Kiwischeiben belegen. Darüber je eine Scheibe Raclette oder Emmentaler Käse geben.
Auf der obersten Leiste kurz in den heißen Ofen schieben, bis der Käse zu verlaufen beginnt.

Varianten

Die recht knusprig gebackenen Toaste auf dem Blech erkalten lassen. Dann großzügig mit Crème fraîche oder mit einem pikanten Frischkäse oder mit einer pflanzlichen Pastete von Tartex (in Reformhäusern und Bioläden erhältlich) bestreichen.
Zusätzlich oder auch ohne Aufstrich belegen mit: Gescheibelten Tomaten, Radieschen, zarten Zwiebeln, Pilzen, Gurken, Zucchini.
Sehr lecker auch mit: Ananas, Aprikosen, Pfirsichen in Scheiben aufgeschnitten, aromatische, ziemlich weiche Birnen, säuerliche, mürbe Äpfel, fein gescheibelt.

Pikante Pastete

100 g Tartex, 2 Eßl. Crème fraîche, 1 gestr. Eßl. grüne, eingelegte Pfefferkörner, 1 Msp. Paprika, 1 Eßl. Petersilie.

Tartex und Crème fraîche verrühren. Die mit einer Gabel leicht zerdrückten Pfefferkörner, Paprika und die sehr fein geschnittene Petersilie dazugeben und vermischen.

Variante

Tartex und Crème fraîche verrühren, auf Vollkornbrot streichen und mit beliebigen Kräutern bestreuen.

Rote Bohnen-Maissalat

1 Dose rote Bohnen (290 g), 1 Dose Maiskörner (280 g) oder frische Maiskörner, 30 g Tofu (s. Seite 13).

Sauce

2 geh. Eßl. Sauerrahm, 1 geh. Eßl. Bioghurt, 1 Teel. Reform-Senf, 4 Eßl. kaltgeschlagenes Distelöl, 60 g Tartex-Creme o. ä., 1 mittelgr. Schalotte, 1 Eßl. feingehackte Petersilie. Vollmeersalz, grober Cayenne-Pfeffer, Cenovis-Würze gekörnt oder flüssig, 1/2 Teel. Honig.

Die Bohnen und die Maiskörner kurz abtropfen lassen. Dann den grobgeschnittenen Tofu beigeben.
Alle Zutaten für die Sauce gut verrühren, die feingewürfelte Schalotte und die Petersilie beigeben.
Mit den Gewürzen sehr pikant abschmecken. Zugedeckt in einem kühlen Raum, im Sommer im Kühlschrank, durchziehen lassen.
1 Stunde vor dem Servieren aus dem Kühlschrank nehmen.
Dazu ein beliebiges Vollkorngebäck (s. Seite 70).

Zuckermais, den Columbus nach Europa brachte, ist eine Abart unseres Futtermaises. Die Kolben sind aber kleiner, die Körner zart und süßlich. Frischen Mais gibt es nur in den frühen Herbstmonaten. Die jungen Maiskörner sind reif, wenn bei Fingerdruck eine milchige Flüssigkeit austritt. Zuckermais kann roh, direkt vom Kolben, gedünstet oder gegrillt gegessen werden. Zum Einfrieren die Kolben 10 Minuten in kochendes Wasser legen, danach abtropfen lassen und einzeln in Folie verpacken. Haltbarkeit 8 Monate.
Zuckermais ist reich an Nährstoffen, Mineralien und dem seltenen Vitamin E, das zuständig ist für das Bindegewebe und für die Leberfunktion.

Salat für Anspruchsvolle

150 g kleine Champignons, 3 mittelgroße Chicorée, 1 Dose Artischockenherzen, 2–3 rote, eingelegte Peperoni.

Marinade

3–4 Eßl. kaltgeschlagenes Sonnenblumenöl, ½ Teel. Dijon-Senf, 2–3 Eßl. Apfelessig, ½ gestr. Teel. Honig, Chinagewürz, Pilz-Soja-Sauce. Alle Zutaten verrühren und kräftig abschmecken.

Die Champignons gut putzen, scheibeln und im eigenen Saft dünsten.
Den Chicorée putzen, waschen, halbieren, den bitteren Strunk entfernen und den Chicorée in 2–3 cm breite Stücke schneiden.
Die Artischockenherzen vierteln, die Peperoni in feine Streifen schneiden.
Alles miteinander vermischen, mit der Sauce übergießen und 20–30 Minuten durchziehen lassen.

Sauerkraut-Birnen-Frischkost

500 g Eden-Sauerkraut, 100 g roter Paprika, 100 g (netto) saftige Birnen, 4 Eßl. kaltgeschlagenes Sonnenblumenöl, 120 g kerniger Frischkäse, Zitronensaft, 1–2 Kiwi oder 50 g blaue, halbierte Weintrauben.

Das Sauerkraut zerpflücken, den Paprika waschen, achteln und in feine Streifen schneiden. Die Birnen schälen, achteln, das Kerngehäuse sorgfältig entfernen und fein scheibeln. Die Frischkost mit dem Öl begießen, den Frischkäse dazugeben und alles gut vermengen. Nach Belieben Zitronensaft beigeben. Zudecken, kühl stellen und 20–30 Minuten durchziehen lassen. Die Kiwi dünn schälen, der Länge nach halbieren, scheibeln und die Frischkost damit belegen.

Kiwi, eine exotische Frucht, besticht durch ihren ausgewogenen Säure-Fruchtzucker-Gehalt. Sie ist die vitamin- und mineralstoffreichste Südfrucht.

Sauerkraut in Paprikaschoten

2–3 große, rote Paprikaschoten, 500 g Eden Frischkost-Sauerkraut, 1 großer, saftiger Apfel, 1 Orange (natur), 2 rosa Grapefruits, 300 g blaue Weintrauben.

Marinade

3 Eßl. kaltgeschlagenes Sonnenblumenöl, 1 Teel. Honig, weißer Pfeffer, ½ Teel. Paprika edelsüß, Grapefruitsaft, Paprika für Garnitur.

Die Paprikaschoten der Länge nach halbieren, Kerne und weiße Rippen entfernen. Das Kraut auseinanderzupfen. Den entkernten, kleingewürfelten Apfel, die gewürfelte Orange, die abgetropften Grapefruitspalten und die entkernten Trauben untermischen.
Aus Öl, Honig, Pfeffer, Paprikapulver und dem Grapefruitsaft eine Sauce rühren. Mit dem Krautgemisch vermengen und zugedeckt 1–2 Stunden durchziehenlassen.
Mit 2 Gabeln auflockern, in die Paprikaschoten füllen und mit Paprikastreifchen verzieren.
Dazu schmeckt Vollkornbrot mit Crème fraîche besonders gut.

Sauerkraut-Topinambur-rohkost

300 g hausgemachtes Sauerkraut oder Eden-Sauerkraut, 4–5 mittelgroße Topinambur, 50 g Champignons.

Marinade

3 Eßl. kaltgeschlagenes Sonnenblumenöl, 1 große Zwiebel, 3 Eßl. Zitronensaft, 1 Teel. Honig, in warmem Wasser aufgelöst, 1 Teel. ganzer Kümmel, 1 Eßl. gehackte Peperoni, 1 Msp. weißer Pfeffer.

Das Sauerkraut zerpflücken, die Topinambur, nach Belieben mit der Schale, grob raffeln und die Champignons fein scheibeln.
Aus dem Öl, der feingehackten Zwiebel, dem Zitronensaft und Honig, dem Kümmel, Peperoni und dem frischgemahlenen Pfeffer eine pikante Marinade rühren. Über das Sauerkrautgemisch gießen, sorgfältig mischen, kühl stellen und 1–2 Stunden durchziehen lassen.

Hinweis

Hausgemachtes Sauerkraut, siehe mein Buch „Gesunde Küchenkunst", Schnitzer-Verlag, S. 114–116.

Serbischer Bauernsalat

300 g Fleischtomaten, 200 g schlanke Gurken, 1 kleine, rote Paprikaschote, 1 kleine, grüne Paprikaschote, ¼ weiße Speisezwiebel, 1 Eßl. Kapern, 6 schwarze Oliven.

Marinade

4–5 Eßl. kaltgeschlagenes Olivenöl, 3 Eßl. Obstessig, 1 Teel. Oregano, 1 Msp. frischgemahlener schwarzer Pfeffer, 1 gr. Msp. Cenovis oder Frugola, 150 g Schafkäse.

Die Tomaten halbieren, die Gurken der Länge nach durchschneiden und das Gemüse 1 cm dick scheibeln. Die Paprikaschoten in ca. 2 cm breite Streifen, die Zwiebel 1 cm breit aufschneiden. Kapern und die halbierten Oliven dazugeben. Zugedeckt kühl stellen.
Für die Marinade das Öl, den Essig und die Gewürze gut verrühren, über den Salat gießen und vermengen. Weil der Schafkäse recht salzig ist, soll die Marinade nicht zu scharf abgeschmeckt werden.
Den Salat in eine hübsche Servierschüssel füllen und mit dem in kleine Würfel geschnittenen Käse bestreuen, aber nicht unterheben.

Tofu-Aufstrich

200 g Tofu (s. Seite 13), 100 g Butter, 1 geh. Teel. Kräutersalz, Cenovis-Würze, weißer Pfeffer.

Tofu auf einem Brett mit einer Gabel fein zerdrücken.
Die weiche Butter cremigrühren, Tofu und Kräutersalz dazugeben und zu einer streichfähigen Masse verrühren. Mit Cenovis-Würze und Pfeffer abschmecken und kühl stellen. Sollte der Aufstrich stark nachdicken, rühren Sie ein wenig Milch oder Sahne unter.
Nach Belieben mit gewiegten Kräutern, gewürfelten, zarten Zwiebeln oder frischgeriebenem Meerrettich verändern.

Steinpilze, gegrillt

zum Feierabend in gemütlicher Runde

8–10 frische Steinpilze, 1–2 Eßl. Olivenöl, schwarzer Pfeffer, Kräutersalz.

Die Pilze putzen, unter fließendem, kaltem Wasser abspülen. Die Stiele wegschneiden und die Hüte mit Küchenkrepp behutsam abtupfen. Das Öl mit Pfeffer und Salz verrühren, kräftig abschmecken und die Pilzhüte rundum bepinseln.
Auf dem Holzkohlengrill zunächst die Unterseite der Hüte, dann die Oberseite grillen, für die man fast die doppelte Zeit braucht. Das richtet sich nach dem Volumen der Pilze.
Mit einem Holzstäbchen die Garprobe machen. Bleibt es trocken, sind die Pilzhüte gar. Dazu gibt man eine feurige Sauce. (Pikante Saucen s. Seite 84.)

Variante

Die Pilz-Stiele scheibeln; in der Pfanne in heißer Butter backen und würzen. Dazu Vollkorntoast oder Vollkornbrot als Beilage für eine Abendmahlzeit zu einfachen Salaten geben.

Variante

Steinpilze austauschen gegen größere, feste Steinchampignons oder Maronen.

Waffeln für den Abend

8–10 Waffeln (Rezepte s. Seiten 48, 58), Butter, Ananas, Bananen, Kiwis.

Die frischgebackenen Waffeln auf einem Rost erkalten lassen. Leicht mit Butter bestreichen und mit obenstehenden Früchten belegen.

Variante

Die Waffeln mit Crème fraîche oder mit „picnic", einem herrlichen französischen Frischkäse mit Kräutern aus der Provence, bestreichen.
Als Abwechslung dazu runden Kakifrüchte, mit Zitronen- oder Orangensaft beträufelt, die Mahlzeit ab.

Kakifrüchte ähneln von weitem feuerroten Tomaten. Sie kommen aus dem südlichen Italien und aus dem Tessin. Die vollreife Frucht kann man auslöffeln, da sie jedoch wenig Eigengeschmack hat, mischt man sie gern unter Fruchtsalate oder unter Cremespeisen, mit Zitronensaft beträufelt. Für die Abendmahlzeit, mit Zitronen- oder Orangensaft beträufelt, ist sie ebenfalls sehr zu empfehlen. Vitamin A und Fruchtzucker regen den Stoffwechsel an. Die Kerne in dem geleeartigen Fruchtfleisch werden nicht mitgegessen.

Anregungen für das kalte Büfett

Avocado-Creme-Törtchen

Der Teig reicht für 8–10 tiefe Backförmchen, 7–8 cm Ø, große, runde Ausstecher, Butter zum Bestreichen.

Nach dem Grundrezept für Torteletts einen Mürbeteig kneten (s. Seite 114). Den Teig dünn ausrollen, rund ausstechen, groß genug, daß er Boden und Rand der Förmchen locker bedeckt. Den Teigboden mit einer Gabel mehrmals einstechen. Im vorgeheizten Ofen auf der untersten Leiste bei 200° C 15–20 Minuten backen.

Creme für die Füllung

1 große, reife Avocado, 1–2 Teel. Zitronensaft, 3 Eßl. Sahnequark, 1 Msp. Brechts Delicata, Cayenne-Pfeffer, Vollmeersalz, 4 Eßl. Sahne.

Die Avocado-Frucht der Länge nach rundum aufschneiden und die zwei Hälften in entgegengesetzter Richtung drehen und den Stein herauslösen.
Mit einem Löffel das Fruchtfleisch herausnehmen, mit Zitronensaft beträufeln, fein zerdrücken und durch ein Sieb streichen. Mit dem Quark sorgfältig vermischen und dann mit den Gewürzen pikant abschmecken.
Die sehr steifgeschlagene Sahne unter die Fruchtmasse ziehen. Mit einer Tortenspritze oder mit einem Teelöffel die Teigförmchen füllen und in den Kühlschrank stellen.

Cräcker

250 g Weizen, 1 gestr. Teel. Kümmel, ½ Teel. Koriander, ½ geh. Teel. Vollmeersalz, 5 g Hefe, 70 g Olivenöl, 110 g Wasser (Raumtemperatur).

1 Förmchen 6–7 cm ∅, 1 Backblech, Öl zum Bestreichen.

Den Weizen mit den Gewürzen fein mahlen und das Salz einmengen. Eine Vertiefung machen, die Hefe hineinbröckeln und mit ein wenig Wasser, von der Gesamtmenge abgenommen, verrühren. Ein wenig Mehl dazugeben und gehen lassen.
Dann Öl und Wasser langsam einarbeiten, zu einem glatten, geschmeidigen Teig formen und dünn ausrollen.
Mit dem runden Förmchen die Cräcker ausstechen oder 7 × 5 cm große Rechtecke schneiden und auf das Blech geben. Den Ofen vorheizen und bei 200° C 15–20 Minuten backen. Stückzahl: 30.

Belag

Gemischte Kräuter: Petersilie, Schnittlauch, Zitronenmelisse, Basilikum. 100 g Butter, Vollmeersalz, Pfeffer, Zitronensaft. Gurken, Tomaten, Radieschen, Zwiebelringe, Stangensellerie.

Die Kräuter kurz waschen, in Küchenkrepp gut ausdrücken und sehr fein aufschneiden. Butter cremigrühren, mit den Gewürzen kräftig abschmecken und die Kräuter einrühren.
Die Cräcker damit recht dick bestreichen und mit feingescheibelten Gemüsen geschmackvoll belegen.

Fliegenpilze

6–10 frische Eier, je nach Bedarf, 3–5 feste, kleinere Tomaten, Crème fraîche, Kresse oder Friseesalatblätter.

Die frischen Eier 10 Minuten kochen, mit kaltem Wasser abschrecken, schälen und erkalten lassen. Die Eierspitzen etwas abschneiden, dann die Eier auf eine weiße Platte stellen. Die Kappen von den Tomaten abschneiden, aufsetzen und Crème-fraîche-Tupfer aufspritzen. Um die Eier herum Kresse oder Friseesalatblätter legen.

Gefüllte Ananas

1 große, reife Ananas, 2 Kiwis, 1 Banane, 250 g Erdbeeren oder Himbeeren, 4 Eßl. Ahornsirup, ¼ Teel. Delifrut.

Die Ananas ist reif, wenn sich die Blätter leicht auszupfen lassen.
Von der Ananas den oberen Teil mitsamt den Blättern wegschneiden. Aus der Frucht das Fleisch herauslösen, das Kerngehäuse ausschneiden und das Fruchtfleisch grob würfeln. Kiwis und Banane schälen, in Scheiben schneiden und die Erdbeeren halbieren.
Ahornsirup mit Delifrut verrühren, das Obst damit begießen und vermengen. Zugedeckt im Kühlschrank gut durchziehen lassen.
In der ausgehöhlten Ananas den Obstsalat servieren.
Um der Frucht einen Stand zu geben, den unteren Teil flachschneiden.

Variante

Die Erdbeeren gegen entsteinte Kirschen austauschen.

Variante

Die Ananas austauschen gegen Honig oder Zuckermelonen.
Bei diesen Früchten kann vor dem Füllen der obere Rand zackenförmig eingeschnitten werden.

Mürbe Käsestengele

120 g frischgemahlener Weizen, 60 g geriebener Emmentaler, 70 g Butter, 3 Eßl. dicke, saure Sahne.

Alle Zutaten zu einem festen Teig zusammenkneten und 20 Minuten kühl ruhen lassen.
Dann den Teig nicht zu dünn ausrollen und 2 cm breite Streifen ausrädeln. Eine leichte Spirale drehen und auf das nicht gefettete Blech legen.
Auf der Mittelschiene bei 180° C 15–20 Minuten backen.

Käsemakronen

180 g Weizen, ⅛ l Wasser, 50 g frischer Parmesan-Käse, 1 Ei, 3 Eßl. Sahne, 2 gestr. Teel. Vollmeersalz, 1 gestr. Teel. grüner Pfeffer, 100 g Haselnüsse.

Den Weizen mittelgrob mahlen, das kalte Wasser einmengen und den dicken Brei etwa 40 Minuten quellen lassen. Dann

den Parmesan aufstreuen, das ganze Ei verquirlen und mit der Sahne, dem Salz und den fein zerdrückten Pfefferkörnern verrühren. Mittels einer Gabel in die Breimasse einmengen. Dann die grob gehackten Nüsse dazugeben.
Mit einem Teelöffel kleine, unregelmäßige Häufchen auf ein leicht gefettetes Blech setzen. Die Masse ergibt ca. 35 Makronen. Auf der Mittelschiene bei 200–220° C 20 Minuten backen.

Käsetrüffel

100 g Butter, 80 g Gervais, 100 g geriebener Emmentaler, Kräutersalz, Zwiebelpulver, Cayennepfeffer, 50 g geriebener Käse zum Wälzen, Dill oder Petersilie.

Aus den Zutaten eine Creme rühren, mit den Gewürzen fein abschmecken, in 2–4 Portionen aufteilen und in den Kühlschrank geben, bis die Masse fest, aber nicht steif geworden ist.
Mit einem Butter-Ausstecher – er wird in Haushaltswaren-Läden geführt – kleine Kugeln formen. In feingeriebenem Gouda oder ähnlichem Käse die Hälfte der Kugeln, die zweite Hälfte in sehr fein gewiegten Kräutern wälzen.
In 1–2 Schälchen füllen und bis zum Servieren in den Kühlschrank stellen.

Party-Käsegebäck

200 g frischgemahlener Weizen, 100 g Butter, 1 Ei, 4 Teel. geriebener Parmesan.

Alle Zutaten zu einem festen Teig zusammenkneten und 20 Minuten ruhen lassen. Danach dünn ausrollen, kleine runde Plätzchen ausstechen und auf ein Backblech geben. Dann die Hälfte mit leicht verdünntem Eigelb bestreichen. Auf der Mittelschiene bei 180° C 15–20 Minuten backen.

Käsebutter

100 g weiche Butter, 50 g Gervais oder Philadelphia, 50 g geriebener Emmentaler, Kräutersalz, Zwiebelpulver, ein wenig Cayenne-Pfeffer.

Butter und Käse cremigrühren, mit den Gewürzen pikant abschmecken und in den Kühlschrank geben.
Nach dem Erkalten die zweite Hälfte der Plätzchen mit Käsebutter recht dick bestreichen. Mit dem Rest der Plätzchen abdecken und kalt stellen.

Pikante Füllungen für kleine Windbeutel

für ein „Kaltes Büfett" oder für die Abendmahlzeit

Grundrezept für Windbeutel

(s. Seite 113)

125 g Schichtkäse, 60 g weiche Butter, 40 g Crème fraîche, 120 g Gorgonzola, 1 Msp. Cayenne-Pfeffer, Kräutersalz, nach Bedarf etwas saure Sahne.

Schichtkäse, Butter und Crème fraîche sahnig rühren. Den Käse in kleine Würfel schneiden und in die Creme einmengen. Wer einen schärferen oder einen milderen Edelpilzkäse liebt, nimmt den Roquefort- bzw. den Bergaderkäse.
Mit den Gewürzen pikant abschmecken. Falls die Masse zu dick ist, etwas Sahne unterrühren.

Varianten

100 g Butter, 80 g Cantadou mit Knoblauch und Kräutern, 100 g Schichtkäse, 2 Teel. Tomatenmark, Kräutersalz, Rosenpaprika.

Butter, Cantadou und Schichtkäse cremigrühren und das Tomatenmark dazugeben. Mit Kräutersalz und Rosenpaprikapulver fein abschmecken.

80 g Schichtkäse, 80 g Bressot, 60 g weiche Butter, 60 g Tartex oder Champignon-Pastete (in Bioläden erhältlich), 6–7 schwarze oder grüne Oliven.

Schichtkäse, Bressot, Butter, Tartex oder Champignon-Pastete cremigrühren. Die sehr fein gewürfelten Oliven unterheben.

150 g Gervais-Kräuterkäse, 125 g Sahne, ½ gestr. Teel. Kräutersalz, 1–2 Eßl. geriebener Meerrettich.

Gervais verrühren, unter die steif geschlagene Sahne heben und mit Salz und dem fein geriebenen Meerrettich kräftig abschmecken.

Hinweis

Überreste dieser Füllungen eignen sich auch gut für Brotaufstriche.

Roquefort-Trüffel

150 g Roquefortkäse oder Bavaria Blue, 75 g Butter, 40 g Bressot, 1 ganz kleine Zwiebel, Vollmeersalz, Pfeffer, Pumpernickel.

Den Roquefortkäse oder den milderen Bavaria Blue 1–2 Stunden bei Raumtemperatur weich werden lassen. Mit einer Gabel Käse und Butter zerdrükken. Die sehr fein gehackte Zwiebel dazugeben und mit den Gewürzen abschmecken. Die Masse in den Kühlschrank ge-

ben, bis sie fest, aber nicht steif geworden ist.
Mit dem Butter-Ausstecher oder mit den Händen kleine Kugeln formen, in fein geriebenem Pumpernickel wenden und im Kühlschrank fest werden lassen.

Sojabohnen in Tomaten

Mittelgroße, feste Tomaten, entsprechend vorgekeimte grüne Sojabohnen, kaltgeschlagenes Olivenöl, Zitronensaft.

Die Tomaten waschen, oben etwas abschneiden und aushöhlen. Das Mark für eine Sauce verwenden.
Die Sojabohnen mit ein wenig Öl und Zitronensaft vermischen, abschmecken und in die Tomaten füllen. Den Deckel auflegen, auf einer weißen Platte mit Salatblättern anrichten.

Wassermelone

1 mittelgroße Wassermelone.

Die Melone in dicke Scheiben schneiden, entkernen und auf einer Platte anrichten. Als Erfrischung sehr beliebt.

Zartes Minigebäck

250 g Weizen, 150 g weiche Butter, 180 g geriebener Gruyère oder Gouda, 80 g frische Sahne, ½ Teel. Vollmeersalz, 1 Teel. Paprika edelsüß, ½ Teel. Backpulver – natur, 1 Eigelb zum Bestreichen, bestreuen mit: Mohn, Sesam, gehackten Pistazien, grobgemahlenen Nüssen, zum Belegen: geschälte, halbierte Mandeln.

Die Butter mit dem Käse fein verrühren, Sahne, Salz und Paprikapulver dazugeben. Das Backpulver mit dem frisch- und feingemahlenen Weizen sorgfältig vermischen, auf das Backbrett geben und die Rührmasse einkneten.
Den Teig in 2 Teile schneiden, in Alufolie oder Pergamentpapier verpacken und im Kühlschrank 2 Stunden ruhen lassen.
Dann den Backofen auf 200° C vorheizen. Die Teigportionen nacheinander aus dem Kühlschrank nehmen und auf dem bemehlten Backbrett ca. ½ cm dick ausrollen. Verschiedene Miniplätzchen ausstechen, mit dem verquirlten, mit wenig Milch verdünnten Eigelb bestreichen und mit den nebenstehenden Zutaten verzieren. Auf ein mit Backtrennpapier belegtes Blech geben und auf der Mittelschiene 10–15 Minuten bei 200° C goldgelb backen.
Das noch warme Gebäck vorsichtig mit einem breiten Messer abheben und auf einem Kuchengitter abkühlen lassen. In einer Dose aufbewahren.

Variante

Sie können die Plätzchen auch gleich nach dem Ausstechen auf das Blech geben, dann bestreichen und verzieren.

Zucker- oder Honigmelone

1–2 Melonen, nach Bedarf: Kiwis, Ananas, Bananen, Himbeeren, entsteinte Kirschen, ¼ l Sahne.

Die Melone der Länge nach halbieren, das Fruchtfleisch herausschälen und in Würfel schneiden. Kiwis und Bananen scheibeln, Ananas würfeln und zusammen mit den Himbeeren, Kirschen und den Melonenwürfeln vermischen und in die Melonenschalen füllen. Die geschlagene Sahne extra servieren.

Suppen

Die Mengenangaben gelten für 4 Personen

Gemüsebrühe

Alle Arten von Gemüse und Küchenkräutern mit Stielen und Blättern; 1 Liter Wasser, je nach Geschmack 1–2 Cenovis-Brühwürfel.

Gemüse- und Kräuterreste im Kühlschrank in der Frischhalteschublade, im Winter auf dem Balkon, 2–3 Tage kontinuierlich ansammeln.
Bei Gebrauch grob zerkleinern, in Cenovis-Brühe 20–25 Minuten zugedeckt kochen. Dann durchsieben und im Kühlschrank bzw. auf dem Balkon in einem Tongefäß aufheben. Haltbarkeit mehrere Tage.
Verwendung: für Suppen, Saucen, Körnergerichte u. v. a.

Böhmische Kräutersuppe

2 Vollkornbrötchen vom Vortag, 25 g Butter, 100 g saure Sahne, 2 Eigelb, weißer Pfeffer, 1 l Wasser, 2 Cenovis-Brühwürfel, Kräutersalz, 4 Eßl. Kräuter: Petersilie, Schnittlauch, Estragon, Melisse, Thymian.

Die Brötchen in Scheiben schneiden, würfeln, in der Butter hell anrösten und warm stellen.
Sahne, Eigelb und eine Spur Pfeffer verquirlen.
Das Wasser erhitzen, die Cenovis-Würfel darin auflösen, zum Kochen bringen und unter ständigem Rühren in dünnem Strahl in die verquirlte Eiersahne einlaufen lassen. Die Suppe heiß halten, aber nicht zu stark erhitzen, da bei 70° C das Eiweiß gerinnt. Mit Kräutersalz abschmecken, die fein geschnit-

tenen Kräuter einrühren, die Brotwürfel dazugeben und sofort servieren.

Hinweis
Durch Zugabe von frischem, gehacktem oder getrocknetem Selleriegrün wird die Suppe noch verfeinert.

Champignon-Rahmsuppe

125 g frische Champignons, 1 Zitrone, 4 Schalotten oder kleine Zwiebelchen, 2 Knoblauchzehen, 50 g Butter, 1/2 l Wasser, 1 Cenovis-Brühwürfel, 1 Msp. weißer Pfeffer, 40 g Weizenvollkornmehl, 200 g frische Sahne, 1/8 l guter Weißwein, Petersilie.

Die frischen, möglichst kleinen Champignons putzen, Haut und Lamellen nicht entfernen. In handwarmem Wasser schnell waschen, in einem Salatsieb abtropfen lassen und auf ein Küchenpapier-Handtuch legen. Wenn sie gut abgetrocknet sind, fein würfeln und mit dem Saft der Zitrone beträufeln.
Zwiebeln und Knoblauchzehen schälen und sehr fein hacken.
Die Butter in einem hohen Topf erwärmen, Zwiebeln, Knoblauch und Pilze hineingeben und bei mäßiger Hitze unter ständigem Rühren dünsten.
Das Wasser und den etwas zerkleinerten Cenovis-Würfel einrühren und erhitzen.
Mit dem Schneebesen Pfeffer und Mehl kräftig einrühren und kurz aufkochen lassen. Den Topf von der Feuerstelle nehmen, Sahne und Wein beigeben, nicht mehr kochen, aber heiß halten.
Kurz vor dem Servieren die sehr fein gehackte Petersilie beigeben.

Hinweis
Speisen, die mit Vollkornmehl zubereitet und erhitzt werden, dicken gern etwas nach, wenn sie nicht sofort serviert werden. Dann gibt man nach Belieben etwas Flüssigkeit nach. In diesem Fall Wasser oder Wein oder halb und halb.

Gurken-Kefir-Kaltschale

1 große, feste Salatgurke, 2 Knoblauchzehen, 600 g Kefir oder Sauermilch, 1 Eßl. kaltgeschlagenes Sonnenblumenöl, Saft einer halben Zitrone, weißer Pfeffer und Kräutersalz nach Geschmack, Kräuter: etwas Basilikum, 1 Eßl. Dill, 1 Eßl. Petersilie; 2 Kiwis.

Die Gurke waschen und mit der Schale grob reiben, Knoblauch (nach Belieben eine größere

Menge), fein hacken und mit allen anderen Zutaten mixen, je nach Geschmack ein wenig Honig beigeben. Würzig abschmecken und kühl stellen.
Vor dem Anrichten die feingewiegten Kräuter einrühren und die grobgescheibelten, gewürfelten Kiwis auflegen. Dazu Baguettes (s. Seite 94). Eine herrlich erfrischende Sommerspeise.

Französische Zwiebelsuppe

(für 4–5 Personen)

2 Eßl. Butter, 1 Eßl. kaltgeschlagenes Distelöl, 500 g feingescheibelte Zwiebeln, 1/2 Teel. Vollmeersalz, 1 1/2 Eßl. Weizenvollkornmehl, 1 l heißes Wasser, 1 1/2 Cenovis-Brühwürfel in dem Wasser auflösen.
4–5 Weizenvollkornbrotscheiben, 2 cm dick, 1 Teel. Sonnenblumenöl, 1 Backblech, 1 kleine frische Knoblauchzehe, 1/2 Tasse geriebener Emmentaler.

Butter und Öl in einem Topf zerlassen, Zwiebeln und Salz dazugeben und im offenen Topf bei kleiner Flamme dünsten, bis sie tief goldbraun sind. Ab und zu umrühren. Das Mehl darüberstreuen, mit einem Holzlöffel 2–3 Minuten die Masse wenden.

In einem zweiten Topf die Cenovisbrühe zum Kochen bringen und in die Zwiebelmasse einrühren. Bei schwacher Hitze ohne Deckel 20–30 Minuten kochen. Nach Geschmack noch mit Salz und Pfeffer nachwürzen.
Den Ofen auf 160° C vorheizen. Die Brotscheiben dünn mit Öl bestreichen, auf das Backblech legen und 15 Minuten rösten, umdrehen und weitere 15 Minuten rösten.
Das Brot muß vollkommen trokken und leicht gebräunt sein. Mit der Knoblauchzehe auf beiden Seiten einreiben.
Die Scheiben in eine große Terrine oder einzeln in Suppentassen legen und darüber die heiße Suppe ausschöpfen.
Den geriebenen Käse separat dazugeben und nach Belieben mit Parmesan mischen.

Variante

Den Ofen auf 180° C vorheizen. Die Suppe in eine feuerfeste Terrine bzw. kleine Töpfchen geben. Mit dem vorbereiteten Brot, wie vorher angegeben, belegen. Mit Käse bestreuen, mit ein wenig zerlassener Butter beträufeln und 10–20 Minuten backen, bis der Käse geschmolzen ist. Nach Belieben unter einem heißen Grill die Oberfläche bräunen.

Hinweis

Es ist zweckmäßig, vor dem Ausschöpfen der Suppe die Terrine bzw. die Tassen vorzuwärmen.

Frühlingszwiebelsuppe

200 g Frühlingszwiebeln mit Grün oder 200 g weiße Speisezwiebeln, 60 g Butter, 30–40 g Weizen, 1 l Wasser, 2 Cenovis-Brühwürfel, 2 Vollkorntoastscheiben, 200 g Kräuterschmelzkäse, Muskat, weißer Pfeffer, Petersilie.

Die Zwiebeln und das Grün waschen und fein aufschneiden. In der Butter 3–4 Minuten dünsten. Inzwischen das Wasser erhitzen, darin die Cenovis-Würfel auflösen und abkühlen lassen.
Den sehr fein gemahlenen Weizen in etwas Cenovis-Brühe verrühren und zusammen mit der Restbrühe zu der Zwiebelmasse geben. Bei kleiner Hitze 10 Minuten leicht kochen lassen.
Inzwischen die Toastscheiben würfeln und in ganz wenig Butter goldgelb rösten. Den Käse zerdrücken, in die Suppe einrühren und darin sämigschmelzen lassen. Mit frischgeriebenem Muskat und Pfeffer abschmecken, mit Brotwürfeln und Petersilie anrichten.

Hinweis

Einen kleinen Teil der rohen, geschnittenen Zwiebeln zurücklassen und kurz vor dem Anrichten in die Suppe geben.

Haferklößchensuppe

60 g weiche Butter, 80 g Nackthafer, 2 Eier, Vollmeersalz, Frugola, Muskat, 1 l Wasser, 2 Cenovis-Brühwürfel, Petersilie.

Die Butter verrühren, den frischgemahlenen Hafer und Eier mit einer Gabel einmengen und mit den Gewürzen kräftig abschmecken. Die recht weiche Masse muß so beschaffen sein, daß sich kleine Klößchen abstechen lassen. Andernfalls noch ein wenig Hafermehl dazugeben.
Etwa 30 Minuten quellen lassen. Dann das Wasser erhitzen, den Cenovis-Würfel darin auflösen. Mit einem Teelöffel Klößchen abstechen und in die leicht kochende Brühe geben.
Wenn sie hochkommen, noch 10–15 Minuten ziehen lassen. Die Brühe mit Frugola und Muskat abschmecken und mit Petersilie anrichten.

Hinweis

Von den Hafer-, Reis- und Grießklößchensuppen werden Sie begeistert sein. Sie bestechen durch ihren feinen Geschmack, sie sind schnell zubereitet und sehr preiswert.
Die doppelte Menge ergibt eine ausreichende Mittags- oder Abendmahlzeit. Ein großer Salatteller als Auftakt versteht sich natürlich von selbst.

Reisklößchensuppe

80 g Vollreis, 60 g weiche Butter, 2 Eier, Vollmeersalz, Frugola, Muskat, 1 l Wasser, 2 Cenovis-Brühwürfel, Petersilie.

Den Reis fein mahlen. Weiter verfahren, wie im vorstehenden Rezept angegeben.

Variante

Das Hafermehl bzw. den Reis gegen 70 g Weizenvollkorngrieß austauschen. Weitere Zutaten und Zubereitung wie unter „Haferklößchen" angegeben.

Kartoffel-Einlaufsuppe

1 große Kartoffel, 1 kleinere Möhre, 1 Ei, 1¼ l Wasser oder Gemüsebrühe, 2 Cenovis-Brühwürfel, 1 Spur weißer Pfef-

fer, Muskat, 1 Eßl. Butter oder 2 Eßl. frische Sahne, 1 Eßl. Schnittlauch.

Die geschälte Kartoffel und die geputzte Möhre grob zerkleinern, zusammen mit dem Ei und ein wenig Brühe im Mixer auf Stufe 2 eine Minute pürieren. Mit Pfeffer und Muskat abschmecken. Die Masse in die kochende Brühe geben und kurz durchkochen. Dann die Butter oder die Sahne einrühren.
Mit feingewiegtem Schnittlauch servieren. Nach Belieben in etwas Butter geröstete Weizenvollkornbrot-Würfelchen beigeben.
In diesem Fall die Suppe mit Sahne anrichten.

Kräuter-Croûtons

Geröstete Brotwürfel

1 Eßl. Basilikum (getr.), 1 Eßl. Estragon (getr.), 1 Eßl. Petersilie (getr.), 1 Knoblauchzehe, 150 g weiche Butter, weißer Pfeffer, Kräutersalz, 8–10 etwas ältere, ca. 1 cm dicke Weizenvollkornbrotscheiben.

Die getrockneten Kräuter im Mörser oder zwischen den Fingern fein zerreiben und vermischen. Zusammen mit der ausgepreßten Knoblauchzehe, die man nach Belieben auch fein zerdrücken kann, mit der Butter vermengen und mit weißem Pfeffer und Kräutersalz würzen. Die Brotscheiben damit auf beiden Seiten dünn bestreichen und in kleinere Würfel schneiden. Auf einem Flachblech in dem auf 220° C vorgeheizten Ofen 15–20 Minuten unter gelegentlichem Umrühren goldbraun rösten. Heiß zu allen gebundenen Suppen servieren oder auf Vorrat gebacken in die Tiefkühltruhe geben. Bei Verwendung im heißen Ofen nochmals 5–10 Minuten rösten.

Nothelfersuppe

100 g Weizen, 160 g Wasser, Gemüsereste: Blätter, Stengel, Wurzeln, Kräuterstengel, 2 kleine Kartoffeln, 1¼ l Wasser, Vollmeersalz, Cenovis-Würze.

Akute Magenbeschwerden und Unpäßlichkeiten regulieren sich nach wenigen Tagen, wenn Sie diese Suppe 1- bis 2mal täglich zu sich nehmen. Bei Einnahme vor dem Verzehr von Mahlzeiten, die nicht auf der Basis der Vollwertkost beruhen, z. B. anläßlich einer privaten Einladung oder notgedrungen in einem Restaurant, ist sie ein wahrer Nothelfer, um im nachhinein Verdauungsbeschwerden und Unwohlsein vorzubeugen.
Den Weizen mittelgrob schroten, mit dem Wasser verrühren und 30 Minuten quellen lassen. Inzwischen das Gemüse und die Kartoffeln grob zerkleinern und in dem restlichen Wasser weichkochen. Dann mit einem Schaumlöffel herausheben, mit einem Schneebesen die Schrotmasse einrühren und zwei Minuten leicht kochen lassen.
Mit Vollmeersalz und Cenovis-Würze sparsam abschmecken. Die Suppe soll dickflüssig sein; eventuell etwas kochendes Wasser hinzugeben.

Reisschrotsuppe

80 g Vollreis, 1 l Wasser, 1 Cenovis-Brühwürfel, 1 gestr. Teel. Curry, 1 geh. Teel. Butter.

Den Vollreis mittelgrob schroten. Inzwischen die Hälfte des Wassers in den Kochtopf gießen, den Reis in das kalte Wasser einrühren und 20 Minuten quellen lassen. Danach zum Kochen bringen, das Restwasser und den zerkleinerten Brühwürfel dazugeben.
Unter ständigem Rühren mit dem Schneebesen zwei Minuten leicht kochen lassen.
Mit Curry und Butter fein abschmecken. Nach Belieben mit etwas kochendem Wasser verdünnen.

Variante

Diese einfache, aber wohlschmeckende Suppe kann, wenn sie wenig verdünnt wird, auch als Mittags- oder Abendmahlzeit gegessen werden. Eine große Portion Frischkost zuvor versteht sich von selber.

Spargelcremesuppe

500 g (netto) Spargel, ¾ l Wasser, 1 Prise Vollmeersalz, 1 Stich Butter, 1 Eßl. Zitronensaft, 1½ Cenovis-Brühwürfel, ¼ l Sahne, Petersilie.

Den Spargel sorgfältig schälen, alle harten Teile großzügig entfernen. Wenn die Spargelstangen sehr lang sind, halbieren, bündeln und in dem Wasser mit Salz, Butter und Zitronensaft zugedeckt 30 Minuten weichkochen. Dann die Köpfe 3–4 cm lang wegschneiden und die etwas kleingeschnittenen Spargelstangen in ⅛ Liter Spargelbrühe mixen.
Den Cenovis-Würfel in dem Rest der Brühe auflösen, die Spargelmasse einrühren und erhitzen.
Die Sahne unter Rühren langsam beigeben und leicht kochen lassen, bis die Creme dicklich wird.
Dann abschmecken und wenn nötig Cenovis-Würze oder Vollmeersalz beigeben.
4 vorgewärmte Suppentassen

mit den Spargelköpfen belegen, die Spargelcreme darübergießen, mit Petersilie bestreuen und sofort servieren.

Variante

Grüner Spargel, der als Abwechslung sehr beliebt ist, braucht nur 20 Minuten Garzeit.

Tomatenkaltschale

Für heiße Sommertage sehr beliebt

2 altbackene Vollkornbrötchen, Butter, 500 g Tomaten, 4 Eßl. süße Sahne, Saft einer halben Zitrone, Pfeffer, Vollmeersalz, Paprikapulver, einige Spritzer Vitam-R., ¼ Teel. Honig, 6 Eiswürfel.

Die Brötchen am besten mit der Brotmaschine in dicke Scheiben schneiden und würfeln. In wenig Butter golden rösten. Die Tomaten in kleinere Stücke schneiden und mit allen Zutaten im Mixer auf Stufe 2 pürieren. 3 Eiswürfel beigeben, wenn sie völlig zerschlagen sind, die restlichen 3 Eiswürfel dazugeben, aber nicht mehr zerschlagen. Kalt stellen, beim Anrichten die gerösteten Brotwürfel auflegen. Nach Belieben können Sie auch geriebenen Käse unterheben.

Tomaten-Paprika-Gurkenkaltschale

200 g rote und grüne Paprikaschoten, 200 g Tomaten, 150 g Gurken, ¼ l Sahne oder Milch, 1 Eßl. Zitronensaft, 1 gr. Msp. Honig, 1 Prise Vollmeersalz, 1 Prise Cenovis-Würze, 1 Prise Ingwer und Rosenpaprika, wenige Spritzer Tabasco.
6 Eiswürfel, 1–2 hartgekochte Eier, Schnittlauch.

Die Paprikaschoten entkernen und in Stücke schneiden, die Tomaten grob würfeln, die Gurken grob scheibeln und alles zusammen mit den Zutaten 1 Minute mixen. Wenn die Schale der Gurke sehr hart sein sollte, müßte sie abgeschält werden.
In die gemixte Masse 3 Eiswürfel geben, wenn sie zerschlagen sind, die restlichen 3 zugeben und kalt stellen.
Kurz vor dem Servieren das feingewürfelte Eiweiß und den feingewiegten Schnittlauch aufstreuen.

Paprika wird in allen Mittelmeerländern, aber auch in kleinen Mengen bei uns angebaut. Es gibt ihn als grüne, gelbe und rote Schoten. Die grünen Schoten sind nicht ganz ausgereift. Beim vollständigen Reifevorgang verfärben sie sich gelb und rot, und in diesem Zustand haben diese Schoten den höchsten Vitamin-C-Gehalt. So können 100 Gramm bis zu 340 Milligramm Vitamin-C erreichen, während die gleiche Menge Zitronen nur den zehnten Teil enthält. Außerdem haben alle Paprikasorten reichlich Vitamin A, B^1 und B^2 vorzuweisen. Der rassige Geschmack dieses Gemüses kommt vom Alkaloid Capsaicin, das in den Scheidewänden und in den Samenkörnern enthalten ist. Nahe Verwandte sind der dunkelrote, etwas abgeplattete und leicht süßliche und der milde, rote Spitzpaprika.

Pikante Saucen

Die Mengenangaben gelten für 4 Personen.

Vor dem Anrichten sollten Sie Soßen bzw. Marinaden probieren, ob sie Ihrem Geschmack entsprechen. Dabei ist zu beachten, daß sie nach dem Einmengen der Frischkost oder anderen Beigaben an Schärfe verlieren. Müssen Soßen oder Suppen nachgedickt werden, können Sie das Vollkornmehl unter kräftigem Rühren mit dem Schneebesen in die heiße Flüssigkeit geben. Im Gegensatz zu Weißmehl klumpt es nicht.

Apfelsauce

z. B. für Gemüsesalate und Klöße aller Art

4 Äpfel (netto 500 g), 1 kleines Stück Meerrettich, Saft von 2 Orangen und ½ Zitrone, ½ Teel. Honig.

Die Äpfel vierteln, entkernen, den Meerrettich schälen und beides kleinschneiden. Zusammen mit den Säften im Mixer auf Stufe 2 pürieren. Bis zum Servieren kühl stellen.

Avocado-Kräutersauce

Paßt zu Reis, Teigwaren und grobgeschnittenen Gemüsesalaten

200 g körniger Frischkäse, 250 g Avocado, je 2 Eßl. Petersilie, Dill und Schnittlauch, 1 Eßl. Kapern, 1 kleine Zwiebel, 2 frische Knoblauchzehen, Kräutersalz, frisch gemahlener weißer Pfeffer, helle Pilz-Soja-Sauce.

Den Frischkäse im Mixer sahnig pürieren. Avocado der Länge nach halbieren, Stein entfernen, schälen, das Fruchtfleisch grob würfeln und zu dem Käse in den Mixer geben.
Das Püree in eine Schüssel füllen. Die sehr feingewiegten Kräuter, Kapern und Zwiebel einrühren. Knoblauch fein schneiden und zerdrücken oder auspressen und auch in die Creme einrühren.
Mit Kräutersalz, frisch gemahlenem Pfeffer und Pilz-Soja-Sauce abschmecken. Eventuell einen Spritzer Tabasco beigeben.

Béchamelsauce

Sehr beliebt für Nudel- und Kartoffelgerichte und als Guß für Auflauf

40 g Butter, 40 g (netto) Zwiebeln, 40 g Weizen, 1/4 l warmes Wasser, darin 1/2 Cenovis-Brühwürfel aufgelöst, 1/8 l Milch, 1 Lorbeerblatt, 1 Prise gerebelter Thymian, 1/8 l frische Sahne, Muskat, Pfeffer, eventuell ein wenig Kräutersalz.

In der Butter die Zwiebeln goldgelb dünsten. Den feingemahlenen Weizen, die Cenovis-Brühe und die Milch unter Rühren dazugeben. Lorbeerblatt und Thymian beifügen und die Sauce 3–4 Minuten leicht kochen lassen.
Dann das Lorbeerblatt entfernen, die Sahne einrühren und mit den Gewürzen fein abschmecken.
Wenn nötig, noch Milch dazugeben.

Champignonsauce

z. B. zu Teigwaren, Reis, Hirse und Pellkartoffeln

350 g Champignons, 80 g Butter, 40 g Weizen, 1/2 l Wasser oder Gemüsebrühe, darin 1 Cenovis-Brühwürfel auflösen, 4 Eßl. Olivenöl, Pfeffer, 1 mittelgr. Zwiebel, 1 geh. Eßl. gehackte Petersilie, 1/8 l saure Sahne, 1 Eßl. Sojamehl, Kräutersalz, Zitronensaft.

Die Pilze vorbereiten, halbieren, scheibeln und feinschneiden.
Die Butter schmelzen und den frisch- und feingemahlenen Weizen einrühren, die Cenovisbrühe dazugeben und im offenen Topf bei kleiner Hitze 5 Minuten köcheln. Ab und zu umrühren. In einem zweiten Topf das Öl erhitzen, Pfeffer, die Zwiebel und die Petersilie – beides feingehackt – kurz dünsten.
Die Pilze dazugeben und zehn Minuten dämpfen. Dann die Sahne mit dem Sojamehl verquirlen, in die Pilzmasse einrühren und mit Pfeffer, Kräutersalz – nach Belieben auch etwas Zitronensaft – fein abschmecken.

Kräutersauce

z. B. für Pellkartoffeln und gekochte Eier

1/8 l Sauerrahm, 1 Becher Bio- oder Sanoghurt, 1 Zehe Knoblauch, ausgepreßt, 2 Eßl. Milch, 2 Teel. Zitronensaft, 1 Msp. Selleriesalz, schwarzer Pfeffer, 2–3 Eßl. Kräuter, quer durch den Garten.

Sauerrahm, Bio- oder Sanoghurt, das Ausgepreßte der Knoblauchzehe, die Milch und den Zitronensaft gut verquirlen. Mit den Gewürzen kräftig abschmecken.
Die sehr fein gewiegten Kräuter unterrühren. Nach Möglichkeit sollte ein wenig Selleriegrün dabei sein.

Variante

Sämtliche Zutaten für die Sauce, auch die geschnittenen Kräuter, im Mixer pürieren. Das ergibt eine besonders cremige Sauce. Andererseits ist es optisch schöner, wenn die gewiegten Kräuter noch erkennbar sind.

Béchamelsauce, Vollkornspätzle (Seite 61)

Currysauce

z. B. für alle Körnergerichte

2 Eßl. kaltgeschlagenes Olivenöl, 2 kleine Zwiebeln, 40 g Weizen, 3/8 l warmes Wasser, darin 1/2 Cenovis-Brühwürfel auflösen, 1/8 l frische Sahne, Muskat, Pfeffer, Kräutersalz, 1–2 gestr. Teel. Curry, 1 Spur Cayennepfeffer.

Das Öl erhitzen, darin die feingehackte Zwiebel gilben, den feingemahlenen Weizen und die Cenovisbrühe unter ständigem Rühren dazugeben. 3 Minuten leicht kochen lassen, dann die Sahne einrühren und mit den Gewürzen kräftig abschmecken.
Die Sauce darf sehr scharf sein.

Dillsauce

z. B. für Kartoffeln in Folie gebacken, Kartoffelpüree u. ä.

30 g Butter, 40 g Weizen, 3/8 l Wasser oder Gemüsebrühe, 1/2 Cenovis-Brühwürfel, 1/8 l frische Sahne, 2–3 Eßl. feingeschnittener Dill, Kräutersalz, Muskat.

Aus der Butter, dem feingemahlenen Weizen und der Flüssigkeit eine Tunke zubereiten und zum Kochen bringen. Bei kleiner Hitze unter ständigem Rühren 2–3 Minuten kochen lassen. Danach die Sahne und den Dill einrühren und mit den Gewürzen abschmecken.

Holländische Sauce

z. B. für Spargel, Schwarzwurzeln, Blumenkohl, Broccoli

3 Eigelb, 1 Eßl. Wasser oder Weißwein, 1 Eßl. Bio-Obstessig, 1 gr. Msp. Kräutersalz, 1 kleine Msp. weißer Pfeffer, 80 g Butter, Zitronensaft.

Eidotter, Flüssigkeit und Gewürze in einem hohen, schmalen Topf mit dem Schneebesen gut verrühren. Im Wasserbad – das Wasser darf nicht kochen – die Masse mit dem Schneebesen schlagen, bis sie dicklich wird. Die weiche Butter nach und nach in Flöckchen zugeben, bis sie sich löst und die Masse leicht cremig ist. Mit Zitronensaft abschmecken und heiß servieren.
Die Eiweiße tiefgefrieren (s. Seite 156).

Holländische Sauce, 2. Art

z. B. für Spargel, Schwarzwurzeln, Blumenkohl, Broccoli

120 g Butter, 1 kleine Schalotte, 7 weiße Pfefferkörner, 2 Eßl. Kräuteressig, 2 1/2 Eßl. Weißwein, 1 Eigelb, 1 gr. Prise Vollmeersalz.

Die Butter zerlassen und lauwarm halten. Die Molke abschäumen. In eine Kasserolle die sehr feingewiegte Schalotte, die mit einem Stößel zerdrückten Pfefferkörner, Essig und Wein geben. Etwa 1 Minute kochen, dann abseihen und etwas abkühlen lassen. Nun das Eigelb einquirlen und im heißen Wasserbad cremigschlagen.
Die lauwarme Butter tropfenweise unterschlagen.
Mit Salz kräftig abschmecken und heiß servieren.

Kapernsauce

z. B. für pikante Reis-, Grünkern-, Hirse- und Topinambur-Gerichte

40 g Weizen, 30 g Butter, 1/2 l Wasser oder Gemüsebrühe, 1/2 Cenovis-Brühwürfel, 3 Eßl. saure Sahne, 1 Eigelb, Kräutersalz, 1 voller Eßl. Kapern, Zitronensaft.

Das Weizenvollkornmehl in einer heißen, trockenen Pfanne unter Rühren ganz kurz rösten und abkühlen lassen.
In einem Töpfchen die Butter erhitzen, das Mehl einrühren. Mit der Cenovisbrühe ablöschen und unter ständigem Rühren 1–2 Minuten leicht kochen lassen.
Den Topf von der Feuerstelle abziehen, die Sahne mit dem Eigelb verquirlen und einrühren. Mit den grobgehackten Kapern, dem Kräutersalz und Zitronensaft fein abschmecken.
Nach Belieben die Kapernmenge erhöhen.

Käsesauce

z. B. für Reis, Risotto, Vollkornnudeln, Spätzle

40 g Weizen, 30 g Butter, 1/2 l Cenovisbrühe, 3 Eßl. saure Sahne, Kräutersalz, Zitronensaft, Paprika, 125 g frisch geriebener Parmesan- oder ein ähnlicher Käse, nach Belieben Schnittlauch.

Aus den Zutaten eine Sauce zubereiten, wie sie in dem vorstehenden Rezept „Kapernsauce" angegeben ist.
Nach dem Kochen die Sahne einquirlen, mit den Gewürzen abschmecken und den Käse einrühren. Nach Belieben mit feingewiegtem Schnittlauch servieren.

Kressesauce

z. B. für Reis-, Hirse- und Grünkerngerichte

1 geh. Teel. Butter, 1 kleine Schalotte, 1 Eßl. frischer Estragon, 1/2 Knoblauchzehe, 100 g Weißwein, 120 g Gartenkresse, 150 g Sahne, 1/2 Teel. Kräutersalz, Pfeffer, Frugola.

In einem Topf die Butter schmelzen, darin Zwiebel und Estragon – fein gehackt – und

das Ausgepreßte der Knoblauchzehe dämpfen. Mit dem Weißwein ablöschen und etwas einkochen lassen.
Nach dem Abkühlen zusammen mit der Kresse im Mixer fein pürieren. Mit der geschlagenen Sahne vermischen, mit den Gewürzen abschmecken, in den Topf zurückgeben und unter sorgfältigem Rühren erwärmen.
In einer vorgewärmten Schale sofort servieren.

Meerrettichsauce

z. B. für Spätzle mit Sauerkraut und für Ravioli, Nudeln, Klöße und Knödel

30 g Butter, 40 g Weizen, 3/8 l Wasser, 1/2 Cenovis-Brühwürfel, 2 Eßl. geriebener Meerrettich, 1/8 l frische Sahne, 1/2 gestr. Teel. Honig.

Die Butter schmelzen, den feingemahlenen Weizen einrühren, mit Cenovis-Brühe auffüllen, 1 Minute kochen und ohne Strom quellen lassen.
Den Meerrettich fein reiben und zusammen mit der Sahne und dem Honig einmengen.

Orangendressing

z. B. für herbe Gemüse- und Blattsalate

4 Eßl. saure Sahne, 3 Eßl. Orangensaft, 2 Eßl. Zitronensaft, 1 gestr. Teel. Honig, 1 Msp. Delifrut, einige Spritzer Tabascosauce.

Die saure Sahne mit dem Orangen- und Zitronensaft verquirlen, mit dem flüssigen Honig, Delifrut und Tabascosauce abschmecken.

Sahnesauce

z. B. für Pellkartoffeln, Topinambur, auch als Guß für Auflauf

3/8 l Wasser, darin 1/2 Cenovis-Brühwürfel, aufgelöst, 30 g Weizenvollkornmehl, 170 g Sahne, 1 Teel. Zitronensaft, 1 Teel. Butter, Petersilie.

Die Cenovisbrühe erwärmen, mit dem Schneebesen den frischgemahlenen Weizen kräftig einrühren und gut durchkochen lassen. Den Topf von der Feuerstelle abziehen, unter Rühren die Sahne, den Zitronensaft und die Butter beigeben. Mit Petersilie anrichten.

Scharfe Sauce

z. B. für gegrillte Pilze, gebakkene Auberginen, Folienkartoffeln

1/8 l pürierte Tomaten, etwa 160 g brutto, 1/8 l Tomatenketchup, 1 Eßl. geriebener Meerrettich, 1 Teel. Zitronensaft, 1/2 Teel. Honig, weißer Pfeffer, Kräutersalz, Tabascosauce.

Die Tomaten kurz in sehr heißes Wasser geben, enthäuten und pürieren. Mit dem Tomatenketchup und dem Meerrettich verrühren, mit den Gewürzen pikant-scharf abschmecken.

Senfsauce

z. B. für Grünkern- und Reisbratlinge, Eier, Pellkartoffeln

3 hartgekochte Eigelb, 1 feiner Apfel, 1/4 Teel. Honig, 1 Teel. Zitronensaft, 1 sehr kleine Zwiebel, 5 Eßl. Weißwein, 1/8 l saure Sahne, 1 große Msp. Delikata (Brecht), 2–3 Eßl. erstklassiger Senf.

Die Eier schälen, die Dotter herausnehmen, den Apfel vierteln, sehr großzügig entkernen und in Stücke schneiden. Zusammen mit den Eidottern, dem Honig, Zitronensaft, der grob geschnittenen Zwiebel, dem Wein, der Sahne, Delikata und Senf im Mixer fein pürieren. Von dem Senf zunächst nur 2 Eßlöffel beigeben. Die Sauce gut abschmecken, nach Bedarf den dritten Eßlöffel Senf und eventuell Gewürze dazugeben und kurz pürieren.
Die Eiweiße, gewürfelt, für beliebige Salate verwenden.

Tofu-Salatsauce

für besonders Kalorienbewußte

200 g Tofu (s. Seite 13), 1 kleinere Zwiebel, 1 Knoblauchzehe, gepreßt, 2 Eßl. kaltgeschlagenes Sonnenblumenöl, 1 Eßl. Obstessig oder Zitronensaft, Kräutersalz, frischgemahlener Pfeffer, 2–3 Tropfen Tabasco, frische oder tiefgefrorene Kräuter.

Tofu, die geschälte und etwas zerkleinerte Zwiebel, Knoblauch, Öl, Essig, Kräutersalz, Pfeffer und Tabasco im Mixer fein pürieren. Eventuell ein wenig Wasser zugeben.
Feingewiegte Kräuter untermischen. Diese Sauce ist schnell zubereitet, sie paßt zu vielen Blatt- und Gemüsesalaten und schmeckt sehr gut.
Als Abwechslung Kräuter, z. B. Dill, Petersilie, Schnittlauch, nach Belieben auch Melisse, Estragon und Thymian, zusammen mit den anderen Zutaten mixen.

Tomatensauce – rohe

z. B. für Vollkornnudeln, -spätzle, Reis, Kartoffeln

500 g Tomaten, 1 mittelgroße Zwiebel, 1 Eßl. geriebener Meerrettich, 1 Eßl. Zitronensaft, 2 Eßl. kaltgeschlagenes Olivenöl, 1/4 Teel. Honig, 1/2 gestr. Teel. Kräutersalz, 1 Msp. schwarzer Pfeffer, 1/2 Teel. Oregano, 1 Eßl. Schnittlauch.

Die gewaschenen Tomaten und die Zwiebel in Stücke schneiden. Den geriebenen Meerrettich, Zitronensaft, Öl, Honig, Kräutersalz, den frischgemahlenen Pfeffer und Oregano in den Mixer geben und auf Stufe 2 pürieren.
Mit den Gewürzen fein abschmecken und mit dem feingewiegten Schnittlauch bestreuen. Im Wasserbad unter Rühren erwärmen, zugedeckt auf einer gut warmen Herdplatte oder im vorgeheizten Backofen bis zum Servieren stehen lassen. Nach Belieben frischgeriebenen Käse dazugeben.

Tomatensauce – rohe 2. Art

z. B. für Vollkornnudeln, -spätzle, Reis, Hirse, Kartoffeln

300 g fleischige Tomaten, 1 mittelgroße, milde Zwiebel, 1 Zehe Knoblauch, 4 Eßl. Wasser, 1 Teel. Obstessig.

Sauce

½ kleine Dose Tomatenmark, Kräutersalz, Cenovis oder Frugola, Oregano, weißer Pfeffer, 2 gestr. Eßl. saure Sahne, 1 Eßl. Petersilie.

Die Tomaten in Stücke schneiden, Zwiebel und Knoblauch hacken und zusammen mit dem Wasser und Essig mixen.
Das Tomatenmark einrühren und mit Kräutersalz, Cenovis oder Frugola, Oregano und frischgemahlenem Pfeffer kräftig abschmecken. Die Sahne und die feingewiegte Petersilie einrühren. Im Wasserbad unter Rühren erwärmen.
Bis zum Servieren zugedeckt auf einer gut warmen Herdplatte oder im Backofen stehen lassen. Nach Belieben frischgeriebenen Käse dazugeben.

Sauce Vinaigrette

z. B. für Spargel, Avocados, Artischocken

1 weichgekochtes Ei, 2 Eßl. Obstessig, 1 Eßl. Zitronensaft, ½ Teel. Dijon-Senf, Frugola, Pfeffer, 6 Eßl. kaltgeschlagenes Öl, 1 kleine Zwiebel, 6 grüne Oliven, Kerbel, Petersilie.

Das Ei 2 Minuten kochen, in eine Schüssel geben, mit einer Gabel zerdrücken und mit dem Essig, Zitronensaft und Senf verrühren.
Mit Frugola und Pfeffer würzen. Unter ständigem Rühren das Öl langsam hinzugeben. Zwiebel, Oliven und die Kräuter fein hakken und untermischen.

Zitronensauce

z. B. für Rohkostteller jeglicher Art

2 Eßl. Mayonnaise (s. Seite 91), 3 Eßl. Zitronensaft, 1 Spur Cayennepfeffer, Frugola, 3–4 Eßl. heißes Wasser.

Mayonnaise, Zitronensaft und Pfeffer verrühren. Frugola in dem heißen Wasser auflösen und unterziehen.

Zitronen-Kapernsauce

z. B. für Spargel, Schwarzwurzeln, Staudensellerie, Topinambur

4 Eßl. Butter, 40 g Weizen, ½ l Wasser oder Gemüsebrühe, darin ½ Cenovis-Brühwürfel aufgelöst, 1 Knoblauchzehe, ausgepreßt, 4 Eßl. Zitronensaft, weißer Pfeffer, Kräutersalz, 2–3 Eßl. Kapern, fein gehackt.

Die Butter erhitzen, den feingemahlenen Weizen einrühren, mit der Brühe ablöschen und 1 Minute kochen lassen.
Den Topf von der Feuerstelle nehmen, unter Rühren den Knoblauch und den Zitronensaft dazugeben. Mit Pfeffer und Kräutersalz abschmecken und die Kapern einrühren.

Zwiebelsauce

z. B. für Rohkostteller

1 Eßl. Mayonnaise (s. Seite 91), 1½ Becher Bio- oder Sanoghurt, 50 g weiße Speisezwiebeln oder Frühlingszwiebeln, 1 Teel. Paprika edelsüß, Kräutersalz, 1 Spur Honig, Gemüsebrühe nach Bedarf.

Mayonnaise und Bio- oder Sanoghurt glattrühren. Die zarte Zwiebel fein reiben oder sehr fein hacken und beimischen.
Mit den Gewürzen pikant abschmecken und bei Bedarf ein wenig Gemüse- oder Cenovisbrühe einrühren. Die Sauce darf nicht zu cremig sein, eher dickflüssig.

Zwiebelsauce 2. Art

z. B. für Pellkartoffeln, Kartoffelpüree, Klöße

30 g Butter oder Diäsan, 150 g (netto) Zwiebeln, ½ l Wasser oder Gemüsebrühe, 1 Cenovis-Brühwürfel, 40 g Weizenvollkornmehl, 1 Msp. Paprika, nach Belieben ein wenig Essig, Kräutersalz.

Das Fett erhitzen, darin die halbierten, feingescheibelten Zwiebeln gilben.
Das Wasser mit dem darin aufgelösten Brühwürfel dazugeben und das Mehl mit einem Schneebesen kräftig einrühren. Mit den Gewürzen gut abschmecken.

Hinweis

Vollkornmehl kann direkt in heiße Saucen und Suppen eingerührt werden. Es klumpt nicht.

Süße Saucen

z. B. für Auflauf, Desserts, Puddings, Hirse- und Apfelklöße, Dampfnudeln u. a.

Aprikosensauce

100 g getrocknete, ungeschwefelte Aprikosen, ½ l Wasser, 1 Teel. Honig, ½ Teel. gemahlener Anis, 1 gestr. Eßl. Weizenvollkornmehl, Zitrone, Honig, gemahlener Anis.

Die Aprikosen waschen und am Abend in das Wasser einweichen, Honig und Anis dazugeben.
Am nächsten Tag zum Kochen bringen, ausschalten, das Mehl einrühren und 10–15 Minuten quellen lassen.
Dann die Fruchtmasse durch ein Sieb rühren, mit Zitronensaft, Honig und Anis abschmekken. Eventuell etwas Wasser beigeben und kalt stellen.

Variante

Wenn Sie weniger Flüssigkeit verwenden oder die Zutaten – außer dem Wasser – etwas erhöhen, können Sie diese Sauce als Kompott für Omeletten, Waffeln u. ä. Speisen servieren.

Dörrobstsauce

500 g Dörrobst, ungeschwefelt, zu gleichen Teilen: Äpfel, Birnen, Aprikosen, Feigen, Zwetschgen, Kalifornische Sultaninen, Zitronenschale (natur), kohlensäurefreies Mineralwasser, frischgeriebener Ingwer, Zimtpulver, Zitronensaft.

Die Früchte waschen und mit der Zitronenschale in reichlich Mineralwasser über Nacht einweichen. Danach auf Stufe 2 mixen und mit dem Mineralwasser zu einer dickflüssigen Sauce auffüllen. Mit Ingwer und Zimtpulver abschmecken. Nach Bedarf Zitronensaft beigeben.

Himbeersauce

300 g Himbeeren oder Brombeeren, 3 Eßl. Honig, 1 Eßl. Zitronensaft, Wein oder Wasser.

Alle Zutaten in den Mixer geben, pürieren, nach Belieben durch ein Sieb streichen. Mit Wein oder Wasser leicht verdünnen. Diese Sauce ist zum sofortigen Verbrauch bestimmt. Sehr fein für einen Hirse-, Reis-, Vanillepudding oder ähnliche Speisen.

Variante

Anstelle von Beerenfrüchten Aprikosen oder Pfirsiche verwenden. Nach dem Pürieren mit Zimt, Delifrut oder gemahlenem Anis würzen.

Kiwi-Bananensauce

2 weiche Kiwis, 2 weiche Bananen, 50 g Butter, ¾ l Wasser, 1 Eßl. Sojamehl, 4 Eßl. Weißwein, 1 Eßl. Zitronensaft, 150 g Sahne.

Kiwis und Bananen mit einer Gabel sehr fein zerdrücken, in einen Topf füllen und mit der heißen Butter übergießen. Zugedeckt ein paar Minuten durchziehen lassen. Den größten Teil des Wassers erhitzen. Mit dem Rest das Sojamehl verquirlen und zusammen mit dem Wein und dem Zitronensaft zu der Fruchtmasse geben und ganz kurz durchkochen lassen. Nach dem Erkalten die Sauce fein abschmecken und die Sahne unterziehen.

Vanillesauce

¼ l Wasser, ½ gestr. Teel. Vollmeersalz, 30 g Weizenvollkornmehl, 1 Vanilleschote oder 2 gr. Msp. Vanillegewürz, 80 g Honig, 7–8 volle Eßl. oder ⅛ l Sahne, knapp bemessen.

Das Wasser erwärmen, Salz hinzufügen und das sehr fein gemahlene Mehl hineinkippen. Unter ständigem Rühren mit dem Schneebesen erhitzen und eine Minute leicht kochen lassen, dabei immer rühren.
Danach den Topf in kaltes Wasser stellen, das herausgeschabte Vanillemark, den Honig und die Sahne zu einer leicht sämigen Sauce verquirlen.
Soll diese warm serviert werden, kann sie im heißen Wasserbad unter Rühren wieder erwärmt werden.

Vanillesauce mit Hirse

¼ l Wasser, ½ gestr. Teel. Vollmeersalz, 30 g Hirse, 1 Vanilleschote oder 2 gr. Msp. Vanillegewürz, 80 g Honig, ⅛ l Milch, knapp bemessen.

In das kalte Wasser das Salz und die feingemahlene Hirse mit dem Schneebesen sorgfältig einquirlen. Unter ständigem Rühren die Masse erhitzen und eine Minute leicht kochen lassen. Im kalten Wasserbad das Vanillegewürz, den Honig und die Milch einrühren. Die Sauce ist sehr fettarm und hat den leicht bitteren Nachgeschmack der Hirse.

Vanille-Tofusauce

180 g frischer Tofu (s. Seite 13), 70 g Magerquark oder Schichtkäse, ⅛ l Milch, 3 Eßl. Sahne, ½ gestr. Teel. Vollmeersalz, 2 gr. Msp. Vanillegewürz, 80 g flüssiger Honig, 1 großes Eigelb.

Tofu auf einem Brett oder in einer flachen Schüssel mit einer Gabel leicht zerdrücken. Zusammen mit dem Quark und der Milch cremig mixen. Danach die Sahne, das Salz, das Vanillegewürz und den Honig einrühren. Zuletzt das Eigelb einquirlen.
Auch diese Sauce ist sehr kalorienarm, leicht verdaulich und schmeckt sehr gut.

Weinschaumsauce

½ l Weißwein, ½ gestr. Agar-Agar, 80 g Honig, 2 Eier, 3–4 Eßl. Zitronensaft.

Agar-Agar mit ein wenig Wein verrühren, den Restwein erhitzen, Agar-Agar dazugeben. Unter Rühren ganz kurz kochen. Etwas abkühlen lassen, Honig, Eier und Zitronensaft verquirlen, einrühren, im Wasserbad erhitzen. Dabei mit dem Schneebesen schlagen, bis die Masse dicklich wird. Das Wasser darf aber nicht kochen.
Die Weinschaumsoße heiß servieren. Besonders für Dampfnudeln ist sie ein Gedicht.

Dips zum Stippen

z. B. für Artischockenböden, Chicoréespitzen, Fenchel, Staudensellerie.

Apfel-Meerrettich-Sahnedip

¼ l kalte Sahne, 2 Eßl. sehr fein geriebener Meerrettich, 1 mittelgr. säuerlicher Apfel, Vollmeersalz, Honig, Zitronensaft.

Die gekühlte Sahne sehr steif schlagen, dann den Meerrettich unterziehen. Den geschälten Apfel sehr fein raspeln und einmengen. Mit Vollmeersalz, Honig und Zitronensaft fein abschmecken.

Avocadodip

4 Eßl. Bio- oder Sanoghurt, 2 Eßl. Zitronensaft, 1 Msp. Zitronenschale, 2 Avocados (300 g), 1 Eßl. Schnittlauch, ⅛ l Sahne, weißer Pfeffer, Knoblauchsalz.

Bio- oder Sanoghurt mit dem Zitronensaft und der Schale cremig rühren. Die Avocadofrucht schälen, den Kern entfernen, das Fruchtfleisch grob würfeln und zusammen mit der Creme mixen. Den sehr fein geschnittenen Schnittlauch und die Sahne unterziehen. Mit frisch gemahlenem Pfeffer und Knoblauchsalz kräftig würzen.

Currydip

1 großer Becher Sauermilch, 3 Eßl. dicke, saure Sahne, 1 Eßl. Currypulver, 1 Teel. Zitronensaft, 1 Msp. weißer Pfeffer, ¼ Teel. Honig, ¼ Teel. Kräutersalz, Worcestersauce, 1 Spur schwarzer Pfeffer.

Die Sauermilch mit der Sahne und dem Currypulver cremig rühren.
Mit den übrigen Zutaten würzen, aber nicht zu kräftig abschmecken. Mit Worcestersauce und schwarzem Pfeffer sehr sparsam umgehen.

Käse-Paprikadip

100 g Schichtkäse, 150 g Crème fraîche, 1 Eßl. Mayonnaise (s. Seite 91), 3 Eßl. saure Sahne, 2 Teel. Zitronensaft, 2 Teel. Rosenpaprika, 1 gr. Msp. Delikata (Brecht), weißer Pfeffer, Cenoviswürze, 2–3 Cornichons.

Schichtkäse, Crème fraîche, Mayonnaise und saure Sahne glattrühren. Zitronensaft und Rosenpaprika beigeben. Mit Delikata, frisch gemahlenem Pfeffer und Cenoviswürze abschmecken. Die Cornichons sehr fein würfeln und einrühren.

Roquefortdip

60 g Roquefort, 1 Eßl. Mayonnaise (s. Seite 91), 4 Eßl. Bio- oder Sanoghurt, 1 Msp. Dijon-Senf, ¼ Teel. Honig, Zitronensaft, 1 kleine Prise Cayennepfeffer, Petersilie, Paprikapulver.

Den Roquefort einige Stunden vor der Zubereitung warm stellen, daß er weich wird. Dann den Käse mit einer Gabel cremig drücken, Mayonnaise und Bio- oder Sanoghurt einrühren. Mit Senf, Honig, Zitronensaft und Pfeffer recht pikant abschmecken.
Mit Petersilie und Paprikapulver bestreuen.

Variante

Wenn Ihnen der Roquefort zu scharf sein sollte, oder zur Abwechslung, können Sie gern den Bavaria Blue-Käse verwenden.

Mayonnaise aus der eigenen Küche

Als Beigabe für verschiedene Gerichte

1 Eigelb, 1 Eßl. kaltgeschl. frisches Öl, 2 Teel. Zitronensaft, 1 Prise Salz, 1 Teel. Honig, ⅛ l kaltgeschl. frisches Öl, Arbeitszeit 5–7 Minuten.

Im Rührgerät das Eigelb, Öl, Zitronensaft, Salz und Honig auf Stufe 2 ganz kurz rühren. Das Achtel Liter Öl in ein Kännchen füllen und tropfenweise auf Stufe 2 dazulaufen lassen.
Die feine cremige Masse in ein Schraubdeckelglas füllen und in den Kühlschrank stellen. Haltbarkeit einige Wochen.
Nach Belieben die Zutaten verdoppeln.

Vollkornbrot, -brötchen und Vollkorn-Knuspergebäck

Rustikale Brote mit Roggen, Sauerteig und Backfermenten finden Sie in diesem Buch nicht. Ich habe mich fast ausschließlich auf Weizen-Vollkornbrotgebäck beschränkt, und dabei vor allem an Anfänger und alleinstehende Personen gedacht, die mühelos und mit Freude das Backen von leckerem Brotgebäck meistern sollen. Liebhaber von rustikalem Brotgebäck finden ausgezeichnete Rezepte in dem Buch „Backen mit Vollkorn" von Dr. J. G. Schnitzer.

Praktische Hinweise für die Brotbäckerei

Für das Backen von Vollkornbrot und Vollkornbrötchen stehen Weizen und Roggen zur Verfügung. Alle anderen Getreidearten können nur zusammen mit dem vorgenannten Getreide verwendet werden.

Zum Mahlen der Körner benötigt man eine elektrische Getreidemühle. Das Getreide muß unmittelbar vor der Zubereitung des Teiges gemahlen werden. Dadurch bleiben die wertvollen Bestandteile des Korns erhalten, nämlich die Schale, der vitalstoffreiche, sauerstoffempfindliche Keim, die Aromastoffe und die Randschichten mit ihren so wichtigen Spurenelementen.

Für die Zubereitung von Hefeteig muß der Arbeitsraum gut temperiert und zugfrei sein. Alle Zutaten außer Mehl müssen etwa 30 Minuten vor der Verarbeitung an den Arbeitsplatz gelegt werden. Auch das Backbrett, etwa benötigte Schüsseln und Backbleche bzw. Backformen.

Hefe ist nur zum Backen mit Weizen und Dinkel geeignet. Das Eiweiß dieser beiden Getreidearten enthält nämlich einen Kleber, der beim Backen fest wird und so dem Gebäck ein gutes Gefüge gibt.

Der Kleber des Roggens hat diese Fähigkeit nicht, und so kann reiner Roggen nur mit Sauerteig oder mit Backferment verbacken werden.

Bei der Zubereitung von Hefeteig kann man einen Vorteig machen oder die zerbröckelte Hefe ganz einfach in der gesamten Flüssigkeitsmenge sorgfältig auflösen. Die Entwicklung des Hefeteiges wird nämlich durch die Vielzahl der Enzyme (Eiweißstoffe) beeinflußt, die im Vollkornmehl, aber nicht im Weißmehl vorhanden sind.

Anis, Fenchel, Koriander und Kümmel sind altbewährte, aromatische Gewürze für die Brotbäckerei. Nüsse verschiedener Art, Trokkenfrüchte, Mohn, Sesam und geröstete Sonnenblumenkerne sind beliebte Zutaten.

Vollkornbrotteig ist anfänglich ziemlich weich, weil das Mehl noch ausquellen muß, so daß es beim Backen verlaufen könnte. Das ist der Grund, warum ich meine Brote meist in Kastenformen backe. Brotteig soll vor dem Einschieben nur um ca. $^1/_3$ steigen. Wenn der Teig zu lange geht, fällt er beim Backen zusammen. Die Randschicht unter der Kruste wird hart, und an den Brotseiten kommt es gern zu Rißbildungen. Zwecks Dampfentwicklung, wodurch Brot und auch Brötchen besser aufgehen und eine schöne Farbe bekommen, soll man, bevor der Ofen voll aufgeheizt ist, auf den Boden des Ofens ein flaches, feuerfestes Gefäß mit ca. $^1/_8$–$^1/_4$ Liter kochendem Wasser stellen. Damit der Dampf nicht entweichen kann, müssen vorhandene Lüftungsöffnungen an der Tür mit Alufolie zugestopft werden. Kurz vor der abgelaufenen Backzeit macht man eine Garprobe. Die Stäbchenprobe ist für Brotgebäck nicht zuverlässig. Besser ist die Klopfprobe, indem man mit dem Knöchel stark an die Unterseite des Brotes klopft. Klingt der Ton hohl, ist das Brot gar.

Noch besser ist es, das Brot zu wiegen. Man stellt auf der Waage das genaue Gewicht der Form und das des Teiges fest und notiert beides. Nach der vorgegebenen Backzeit das Brot mit der Form wiegen, das notierte Gewicht der Form abziehen, dann hat man das Nettogewicht des Brotes, das 10–12% des rohen Teiges verloren haben muß. Andernfalls muß es noch einige Minuten nachgebacken werden. Nach dem Abkühlen das Brot auf einen Rost stürzen. In einem kühlen Raum, in ein Küchentuch gewickelt, in einem Tontopf oder Steingutgefäß aufbewahren, mit dem Anschnitt nach unten. Den Tontopf mit einem Holzbrettchen, das Steingutgefäß mit dem Deckel abdecken, einen Spalt für die Luftzufuhr lassen, damit das Brot nicht schimmelt.

Andalusisches Vollkornbrot

780 g Weizen, 200 g Schafskäse, 1/8 l handwarmes Wasser, 60 g Hefe, 1 Teel. Honig, 1/4 l handwarmes Wasser, 1 geh. Teel. Joghurt, 1½ Teel. Vollmeersalz, 120 g Zwiebeln, 50 g Weizen für Streumehl.

1 Backblech leicht mit Butter einfetten.

Den Käse in 1/8 l Wasser auflösen und verrühren.
Die zerbröckelte Hefe und den Honig mit 1/4 l Wasser ebenfalls verrühren. In der Schüssel der Küchenmaschine den feingemahlenen Weizen mit dem Salz und den gehackten Zwiebeln sorgfältig vermengen. Käse-, Hefe-, Honigwasser und Joghurt dazugeben und alles in 8–10 Minuten zu einem geschmeidigen Teig verarbeiten. Zugedeckt an einem warmen Ort gehenlassen, bis das Volumen sich verdoppelt hat. Dann nochmals 5 Minuten kneten.
Nun den Backofen sofort auf 250° C einstellen, auf den Boden ein flaches Gefäß mit 1/4 l kochendem Wasser stellen. Einen runden oder länglichen, hohen Laib formen und auf das Backblech geben. Mit Wasser (Raumtemperatur) besprühen oder bepinseln und zugedeckt um ein Drittel aufgehenlassen. Auf die zweite Leiste von unten einschieben.
Backzeit: 20 Minuten bei 250° C, 30 Minuten bei 180° C, 5–10 Minuten Nachwärme.
Sofort nach dem Herausnehmen das Brot mit kaltem Wasser besprühen. Dadurch bekommt es Glanz und eine feine Kruste. Auf einem Backrost auskühlen lassen. Schon nach 3 Stunden läßt es sich in etwas dickere Scheiben mit der Maschine gut aufschneiden. Mit Butter bestreichen. Ohne einen Belag schmeckt dieses Brot am besten.
In einem Leinensäckchen im kühlen, aber trockenen Raum bleibt es einige Tage knusprig. Durch den Schafskäse ist das Brot etwas porös, aber es brökkelt nicht und schmeckt herrlich.

Anläßlich eines Spanien-Urlaubs verschlug es uns infolge eines Autoschadens in die Steppe von Andalusien. Wir waren sehr niedergeschlagen, aber dann doch froh, daß wir auf einem kleinen Bauernhof unterkommen konnten. Zum Frühstück gab es Vollkornbrot mit eingebakkenen Zwiebeln und Schafskäse, das mich fast in einen Taumel versetzte. Das wiederholte sich an jedem Morgen und Abend. Daß die Körner in einer Stallmühle gemahlen wurden, die nicht gerade von peinlicher Sauberkeit zeugte, störte mich überhaupt nicht. Die Bäuerin hatte den größten Spaß, daß ich von dem Brot so angetan war, zum Leidwesen meines Mannes, der Schafskäse und noch viel mehr die Zwiebeln zeitlebens verachtete. Er war glücklich, nach vier Tagen seinen Wagen wiederzuhaben, und ich war glücklich, mit drei Schafskäse-Zwiebelbroten und dem Rezept in der Tasche bereichert nach Hause zu kommen. Das liegt nun viele Jahre zurück, aber das „Andalusische Brot" backe ich immer wieder gern.

Gewürzbrot

ein sehr leckeres Brot, das ebenso einfach wie schnell zuzubereiten ist und immer gelingt

500 g Weizen, 1 geh. Teel. Vollmeersalz, 1 Teel. Koriander, 1½ Teel. Fenchel, 1½ Teel. Anis, 1½ Eßl. Sojamehl (Reformhaus), 1½ Eßl. Leinsamen ganz oder gemahlen, 20 g Hefe, 2 Eßl. Wasser, 1/2 l Molke, 100 g Weizenvollkornmehl, 50 g Weizen für Streumehl.

1 Kastenform 30 × 10 cm, Butter zum Ausfetten.

Den Weizen mit den Gewürzen vermischen und fein mahlen. In die Rührschüssel geben und das Sojamehl sowie den ganzen oder den in einer kleinen Handmühle kurz gemahlenen Leinsamen sorgfältig mit den Händen einmengen.
Die Hefe im Wasser auflösen, zu der Molke geben und auf Stufe 1 mit den Knethaken in das Mehlgemisch einrühren. Auf Stufe 2 fünf Minuten kneten. Dann die 100 g Mehl dazugeben und nochmals 1–2 Minuten kneten. Die Schüssel warm stellen, zudecken und den Teig 20 Minuten gehenlassen. Den Ofen auf 240° C schalten, auf den Boden ein feuerfestes Schälchen mit 1/8 l kochendem Wasser stellen. Dann den Teig in die gefettete Kastenform geben, glattstreichen und mit kaltem Wasser leicht besprühen. Rasch das Brot auf die zweite Schiene von unten einschieben.
Backzeit: 20 Minuten bei 240° C, 30 Minuten bei 170° C, 5 Minuten Nachwärme.
Nach dem Herausnehmen das Brot mit kaltem Wasser besprühen und auf einem Rost auskühlen lassen. Nach 3 Stunden kann das Brot mit einem scharfen Messer angeschnitten werden. Mit der Brotmaschine läßt es sich spielend in Scheiben schneiden.

Leckeres Käsebrot

1 kg Weizen, 2 Eßl. ganzer Kümmel, 4 gestr. Teel. Vollmeersalz, 80 g Hefe, 700 g Wasser (Raumtemperatur), 300 g Greyerzer Käse, 2 Teel. Joghurt, 100 g Weizen für Streumehl.

2 Kastenbleche 30 × 12 cm, Butter oder Vitaquell zum Einfetten.

Den frisch- und feingemahlenen Weizen mit dem Kümmel und dem Salz vermengen. Die zerbröckelte Hefe in dem Wasser gut auflösen.

Auf Stufe 2 das Mehl einmengen und Joghurt beigeben. Auf Stufe 3 den Teig 8–10 Minuten kneten, bis er sich vom Schüsselrand löst. Dann mit einem Tuch und Folie abdecken und an einem warmen Ort 60 Minuten gehenlassen.

Inzwischen auf den Boden des Ofens ein flaches Gefäß mit ¼ l kochendem Wasser stellen, den Ofen auf 240° C vorheizen. Nun die Bleche leicht fetten und den Käse 2 cm groß würfeln.

Auf dem Backbrett den Teig 4–5 Minuten kneten und den Käse einarbeiten. Dann 2 glatte Brote formen, in die Bleche legen, zudecken, warm stellen und um ein Drittel aufgehenlassen. Die Brote mit Wasser besprühen und auf die zweite Schiene von unten einschieben.

Backzeit: Ca. 20 Minuten bei 240° C, 30–35 Minuten bei 170–180° C.

Nach dem Abkühlen auf einen Rost stürzen.

Roggen-Weizen-Vollkornbrot

250 g Roggen, 375 g Wasser (handwarm), 1 leicht geh. Teel. Joghurt. 500 g Weizen oder Dinkel, 1 gestr. Teel. Koriander, 1 geh. Teel. Kümmel, 2 gestr. Teel. Vollmeersalz, 80 g lauwarmes Wasser, 35 g Hefe, 2 Teel. Joghurt, 50 g Streumehl.

2 Kastenbleche 25 × 10 cm Butter zum Bestreichen.

Am Vorabend den Roggen mittelfein schroten. In das gut handwarme Wasser (Handprobe machen) Joghurt und das Roggenmehl hineingeben und zu einem weichen Teig verrühren. In einem warmen Raum, in Heizungsnähe, zugedeckt mit Tuch und Folie über Nacht gären lassen.

Am Morgen den Weizen mit den Gewürzen feinmahlen, mit dem Salz sorgfältig vermischen und in die Rührschüssel der Küchenmaschine geben. In das Mehl eine Kuhle machen und darin die in dem Wasser restlos aufgelöste Hefe und das Joghurt, mit etwas Mehl verrührt, 10 Minuten gehenlassen. Dann auf höchster Stufe den Teig 8–10 Minuten kneten, bis er sich vom Schüsselrand löst. Gut zudecken und 20 Minuten gehenlassen, bis das Volumen sich fast verdoppelt hat.

Nun den Roggenteig dazugeben und auf höchster Stufe 8–10 Minuten kneten. Danach gut zugedeckt 50–60 Minuten bei Zimmertemperatur gehenlassen.

Inzwischen den Ofen auf 240° C aufheizen, auf den Boden ein flaches, feuerfestes Gefäß mit ¼ l kochendem Wasser stellen. Damit der wichtige Dampf auch nicht entweicht, müssen sämtliche Abzugsöffnungen im Türbereich mit Folie zugestopft werden.

Dann den weichen und recht klebrigen Teig auf dem mit Mehl leicht bestreuten Backbrett 2–3 Minuten kneten, dabei die Hände auch immer wieder auf Streumehl legen, damit der Teig sich leichter kneten läßt. Das Brett immer wieder mal mit einem Schaber von Teigresten freimachen und bestreuen.

Nun den Teig wiegen und zwei gleichschwere, hohe Rollen formen. In die Bleche legen und mit einem sehr scharfen Messer, in flacher Führung, 2- bis 3mal recht tief einschneiden und mit kaltem Wasser besprühen. Zugedeckt um ein Drittel aufgehenlassen.

Sind die 240° C erreicht, das Blech auf die zweite Schiene von unten einschieben.

Backzeit: 20 Minuten bei 240° C, 30 Minuten bei 170–180° C.

Sofort nach dem Backen das Brot aus der Form nehmen und die Garprobe machen. Die Unterseite stark anklopfen. Klingt es hohl, ist das Brot gar. Andernfalls noch kurz nachbacken.

Danach das Brot mit kaltem Wasser bestreichen. Dadurch bekommt es einen leichten Glanz und bleibt so schön knusprig.

Variante

Nach dem Besprühen, vor dem letzten Gehvorgang, die Brote mit Sonnenblumen- oder Pinienkernen bestreuen. Die Kerne behutsam andrücken.

Hinweis

Wenn die Brote in Kastenformen gebacken werden, bleiben sie länger frisch. Die Backzeiten um 3 bzw. um 5 Minuten erhöhen.

Baguette

Die Menge ergibt 3 Stangen

Vorteig

100 g Weizen, 100 g Wasser (Raumtemperatur), 1 große Msp. Hefe.

Hauptteig

450 g Weizen, 1½ gestr. Teel. Vollmeersalz, 400 g Wasser (Raumtemperatur), 15 g Hefe, 1 Teel. Joghurt, 30 g Weizen für Streumehl, 3 Eßl. Sonnenblumenkerne.

1 Backblech, Butter zum Fetten.

Den frisch- und feingemahlenen Weizen in die Teigschüssel der Küchenmaschine geben. Eine Mulde machen und darin die Hefe, mit etwas Wasser von der Gesamtmenge abgenommen, gut verrühren. Zusammen mit dem Restwasser und dem Mehl zu einem weichen Teig glattrühren. Gut zugedeckt den **Vorteig** in einen warmen Raum stellen, 24 Stunden gären lassen.
Danach das frisch- und feingemahlene Mehl mit dem Salz gut vermischen.
Die Hefe mit etwas Wasser, von der Gesamtmenge abgenommen, sorgfältig verrühren. Zusammen mit dem Restwasser, Joghurt und Mehl zu dem Vorteig geben. In der Maschine mit den Knethaken auf höchster Stufe 8–10 Minuten kneten. Der Teil soll sich vom Schüsselrand lösen. Danach die Schüssel mit dem Teig an einen warmen Ort stellen und 20 Minuten ruhenlassen. Das Volumen soll sich etwa verdoppeln.
Inzwischen den Ofen auf 220° C aufheizen, auf den Boden des Ofens eine flache, feuerfeste Schale mit kochendem Wasser stellen.
Danach den Teig kurz durchkneten, wenn nötig, etwas Streumehl auf das Backbrett geben, und die feingeschnittenen Sonnenblumenkerne einarbeiten.
3 lange, gleichschwere, dünne Rollen formen. Mit einem kleinen, sehr scharfen Messer, bei flacher Messerführung, dreimal recht tief einschneiden. Auf das leicht gefettete Blech legen, zudecken und gehenlassen.
Die um ein Drittel aufgegangenen Baguettes mit kaltem Wasser besprühen und sofort auf die zweite Schiene von unten einschieben.
Vorhandene Öffnungen mit Folie zustopfen, daß der Dampf nicht entweichen kann.
Backzeit: 20–25 Minuten.
Dann Klopfprobe auf der Unterseite der Brote machen. Klingt das Brot hohl, ist es ausgebacken.
Nach Belieben mit stark verdünntem Eigelb bestreichen, mit Mohn oder Kümmel bestreuen und nochmals kurz in den noch heißen Ofen geben.

Hinweis

Wenn Sie Baguettes auf Vorrat backen wollen, müssen sie noch warm eingefroren werden. Bei Bedarf den Backofen auf 150° C vorheizen und die Baguettes in wenigen Minuten aufbacken.

Vollkorntoastbrot

500 g Weizen, 40 g Hefe, 100 g Milch für den Vorteig, 160 g Milch (Raumtemperatur), 2 gestr. Teel. Honig, 1 gestr. Teel. Joghurt, 1 geh. Teel. Vollmeersalz, 30 g weiche Butter, Weizen für Streumehl.

1 Kastenform 30 × 10 cm, Butter zum Fetten.

Den frisch- und feingemahlenen Weizen in die Teigschüssel der Küchenmaschine geben, eine Vertiefung hineindrücken. Darin die zerbröckelte Hefe mit der Milch für den Vorteig und etwas Mehl verrühren und zugedeckt 10–15 Minuten gehenlassen.
Dann die 160 g Milch, Honig, Joghurt, Salz und das Ei auf Stufe 2 einarbeiten. Zuletzt die weiche Butter dazugeben und auf höchster Stufe 10 Minuten kneten.
Danach 35–45 Minuten gehenlassen. Das Teigvolumen soll sich um das Doppelte vergrößern.
Inzwischen den Ofen auf 225° C vorheizen, eine Schale mit kochendem Wasser auf die Bodenplatte geben.
Den Teig auf dem bemehlten Backbrett nochmals kurz durchkneten, eine Rolle formen, in die gefettete Form legen und zugedeckt 15 Minuten gehenlassen. Kurz vor dem Einschieben mit kaltem Wasser besprühen.
Das Blech auf die zweite Schiene von unten einschieben, 25–30 Minuten backen.
Das Brot aus der Form kippen und auf einem Gitter auskühlen lassen.
Vor der Weiterverwendung soll das Brot einen Tag ruhen.

Apfelbrötchen

500 g Weizen, 1 gestr. Teel. gem. Zimt, ¼ Teel. gem. Nelken, ½ Teel. Kardamom, 40 g Hefe, 4 Eßl. lauwarmes Wasser, ⅛ l lauwarme Milch, ½ gestr. Teel. Vollmeersalz, 1 Ei, 50 g Honig, 1 Zitrone (natur), 80 g weiche Butter.

Füllung

2 mittelgroße mürbe Äpfel, 4 Teel. Zitronensaft, 1 gestr. Teel. Zimt.

Die Äpfel entkernen, mit der Schale fein würfeln und in ganz wenig Wasser 2–3 Minuten dämpfen. Etwas abkühlen lassen, Zitronensaft und Zimt untermischen. Die kalte und feuchte, aber nicht nasse Masse auflegen.
Den frisch- und feingemahlenen Weizen in eine Schüssel geben und mit den Gewürzen

vermischen. Eine Mulde hineindrücken, darin die zerbröckelte Hefe mit dem Wasser verrühren. Etwas Mehl, von der Gesamtmenge abgenommen, dazugeben. Den Vorteig 10–15 Minuten gehenlassen.
Danach die Milch mit dem Salz, Ei, Honig und dem Abgeriebenen der Zitrone verquirlen und mit dem größten Teil des Mehls vermengen. Nun die Butter und das Restmehl einarbeiten. Den weichen Teig in der Küchenmaschine, Stufe 3, 8–10 Minuten kneten, bis er sich vom Schüsselrand löst. Zugedeckt gehenlassen, bis sich das Volumen etwa verdoppelt hat. Den Teig kurz durchkneten und sehr dünn ausrollen. 7 × 15 cm lange Streifen schneiden. Die eine Hälfte mit einem gut gehäuften Teelöffel Apfelmasse belegen, die andere Teighälfte darüberklappen und die Seiten fest zusammendrücken. Auf ein leicht gefettetes Blech setzen. Zugedeckt an einem mildwarmen Ort um ein Drittel aufgehenlassen.
Inzwischen den Ofen auf 240° C vorheizen. Die aufgegangenen Brötchen mit stark verdünntem Eigelb bepinseln und auf der zweiten Schiene von unten 15–20 Minuten backen.
Stückzahl: 14–16

Käsebrötchen

300 g Weizen, 100 g Roggen. 1 geh. Teel. Koriander, 1 gestr. Teel. Vollmeersalz, 260 g Buttermilch, 35 g Hefe, 2 Eßl. Wasser, 40 g weiche Butter, 150 g alter Gouda, gewürfelt, 30 g Weizen für Streumehl.

1 Backblech, ein wenig Butter zum Ausstreichen, ½ Eigelb, 2 Eßl. Wasser zum Bepinseln.

Alle Zutaten müssen Raumtemperatur haben. Die Körner mit dem Koriander frisch und fein mahlen. Das Mehl in die Teigschüssel der Rührmaschine geben. Das Vollmeersalz darin vermischen. Eine Kuhle eindrücken, die Buttermilch hineingießen. Die Hefe mit dem Wasser verrühren und mit der Buttermilch verquirlen. Mit den Knethaken das Mehl und die Butter auf Stufe 2, dann auf Stufe 3 einarbeiten. 10–12 Minuten kneten, bis der Teig sich vom Schüsselrand löst.
Zugedeckt in einem warmen Raum 40–50 Minuten gehenlassen. Das Volumen soll sich etwa verdoppeln. Dann den Teig auf dem Backbrett ein paar Minuten durchkneten. Wenn nötig, noch etwas Streumehl dazugeben. Der Teig soll schön glatt, aber nicht zu fest sein. Je länger man knetet, um so weniger wird er kleben. Den nicht zu fein gewürfelten Käse einarbeiten, wobei die Käsewürfel nicht mehr sichtbar sein sollen.
Den Ofen inzwischen auf 220° C vorheizen. Auf den Boden eine flache Schale mit kochendem Wasser stellen und die Ofentürschlitze mit Alufolie zustopfen, daß der Dampf nicht entweichen kann.
Den Teig in 4 gleichschwere Teile zerreißen. Jedes Teil nun in 4 gleichschwere Stückchen schneiden, etwa 60 g. Mit den gewölbten Handflächen runde Brötchen formen, mit verdünntem Eigelb leicht bestreichen und auf das wenig gefettete Blech setzen. Dann um ein Drittel gehenlassen. Auf der 2. Leiste von unten 18–20 Minuten backen.
Frisch, mit Butter bestrichen, sind sie nicht zu übertreffen. Nach Belieben können Sie die Brötchen nach dem Bestreichen mit Sesam, Mohn oder Kümmel bestreuen.

Variante

Statt Käsewürfel geriebenen Käse verwenden.

Rosinenbrötchen California

500 g Weizen, 50 g weiche Butter, ½ gestr. Teel. Vollmeersalz, 80 g Honig, ½ gestr. Teel. Zimt, ¼ gestr. Teel. Delifrut, 30 g Weizen für Streumehl, 250 g Milch, 40 g Hefe, 90 g kalifornische ungeschwefelte, dunkle Rosinen.

1 Flachblech, Butter zum Fetten, Eigelb zum Bestreichen.

Die weiche Butter mit dem Honig, dem Salz und den Gewürzen gut verrühren. Die in der Milch aufgelöste Hefe abwechselnd mit dem frischgemahlenen Weizen dazugeben. In der Küchenmaschine mit den Knethaken den Teig so lange kneten, bis er sich vom Schüsselrand löst. Zugedeckt ruhenlassen, bis sich das Volumen verdoppelt hat.
Auf dem Backbrett den Teig drei Minuten kneten und wenn nötig ein wenig Streumehl auf das Brett geben. Dann die Rosinen einarbeiten, eine Rolle formen und in 16 gleichgroße Stücke schneiden, runde Brötchen formen und auf das leichtgefettete Blech setzen. Nach Belieben mit einem scharfen Messer in flacher Führung tief bis zur Mitte kreuzweise einschneiden. Zugedeckt um ein Drittel aufgehenlassen.
Inzwischen den Ofen auf 230° C vorheizen. Die aufgegangenen Brötchen mit stark verdünntem Eigelb bestreichen und auf der Mittelschiene 20–25 Minuten backen.
Stückzahl: 16

Variante

Den Teig für Rosinenbrötchen oder Streuselsemmeln (siehe Seite 108) kneten, daraus Brötchen rollen, in eine gefettete Springform ziemlich dicht aneinanderlegen und gehenlassen. Mit stark verdünntem Eigelb bestreichen und backen, wie im vorstehenden Rezept angegeben. Nach dem Erkalten die zusammengebackenen Brötchen, am besten bei Tisch, einzeln abbrechen.

Weizenvollkornbrötchen

350 g kaltes Wasser, 30 g Hefe, 520 g Weizen, 10 g Danga Meersalz, 1½ gestr. Teel. Fenchel oder Anis, 1 gestr. Teel. Joghurt, 30 g Weizen für Streumehl.

2 Backbleche, Butter zum Fetten.

Das Wasser mit der Hefe in die Küchenmaschine geben, mit den Knetern auf langsamer Stufe die zerbröckelte Hefe im Wasser auflösen.
Den Weizen und das Gewürz fein mahlen, mit dem Salz vermischen, in das Hefewasser geben und kurz verrühren. Joghurt hinzufügen und das Ganze auf höchster Stufe 10–12 Minuten kneten. Der Teig muß sich vom Schüsselrand lösen. Wenn nötig, hin und wieder mit dem Teigschaber nachhelfen. Zugedeckt in einem warmen Raum gehenlassen, bis er sich fast verdoppelt hat (40–50 Minuten).
Inzwischen den Ofen auf 225° C aufheizen, auf den Boden ein flaches, feuerfestes Gefäß mit ⅛ l kochendem Wasser stellen. Türschlitze mit Alufolie zustopfen. Nun den aufgegangenen Teig 5–6 Minuten durchkneten, wenn nötig etwas Streumehl dazunehmen. Der Teig soll zart sein, aber nicht kleben.
Den Teig in zwei Rollen formen und in je 8 gleichgroße, 60 g schwere Stücke schneiden. Auf der Briefwaage nachwiegen.
Aus den Teigstücken in den gewölbten Handflächen kleine, runde, glatte Kugeln formen, die keine Risse haben dürfen, sonst ist der Teig zu fest geworden. In diesem Fall die Hände stark befeuchten. Die Kugeln auf das leicht gefettete Blech legen, mit einem Tuch abdekken und um ein Drittel aufgehenlassen. Bei einer Raumtemperatur von 23° C brauchen sie 8–10 Minuten. Dann werden die Brötchen mit kaltem Wasser besprüht; dadurch bekommen sie etwas mehr Farbe. Auf der Mittelleiste einschieben und bei 230° C 20 Minuten backen.
Stückzahl: 16

Varianten

Nach dem Aufschneiden des Teiges in jedes Stück Kümmel oder Sonnenblumenkerne, gehackte Haselnüsse oder Korinthen mit den Fingerspitzen einarbeiten und Kugeln rollen.
Für 4 Brötchen: 1 geh. Teel. ganzer Kümmel oder 4 geh. Teel. = 20 g geröstete Sonnenblumenkerne oder 4 stark geh. Teel. = 25 g Haselnüsse oder 4 geh. Teel. = 40 g Korinthen.
Diese gefüllten Brötchen kann man, wenn sie genügend aufgegangen sind, mit stark verdünntem Eigelb behutsam bepinseln. Dadurch bekommen sie eine schöne Farbe. Dazu ½ Eigelb mit 2 Eßlöffel Wasser verquirlen.

Hinweis:

Wer einen Heißluftofen besitzt, kann die ganze Menge Brötchen auf einmal backen. Andernfalls nach dem letzten Knetvorgang zuerst eine Teighälfte verarbeiten. Während die ersten Brötchen eingeschoben werden, die zweite Teighälfte kurz durchkneten, formen, gehenlassen und backen.

Knäckebrot

Stückzahl 50–60

500 g Weizen, 2 gestr. Teel. Koriander oder Kümmel, 1 geh. Teel. Vollmeersalz, 25 g Hefe, 280 g Milch (Raumtemperatur), 1 geh. Teel. Honig, 1 Teel. Bioghurt, 70 g Butter.

1–2 Flachbleche, Butter zum Fetten, eventuell Klarsicht-Folie zum Ausrollen.

Den Weizen mit dem beliebigen Gewürz fein mahlen, in die Rührschüssel der Küchenmaschine geben und auf Stufe 2, zusammen mit dem Salz, vermischen. Die Hefe zerbröckeln und in etwas Milch, von der Gesamtmenge abgenommen, gut verrühren. Honig und Bioghurt dazugeben und alles zusammen mit der Restmilch in das Mehlgemisch einarbeiten. Zuletzt die weiche Butter in Flöckchen beigeben und 8–10 Minuten auf höchster Stufe kneten.
Dann einen Ballen formen und leicht mit Öl bepinseln. Eine Schüssel mit kochendem Wasser ausspülen, rasch abtrocknen und über den Ballen stülpen. 50–60 Minuten Teigruhe geben. Inzwischen den Backofen vorheizen.
Wenn das Volumen des Teiges sich etwa verdoppelt hat, den Teig kurz durchkneten und in 4 gleichgroße Stücke teilen. Jedes Stück 2 mm dick ausrollen, falls nötig, Backbrett und Rollholz leicht bemehlen, und den Teig in 6 × 9 cm große Stücke schneiden. Auf das gut gefettete Blech legen und mit einer Gabel reichlich einstechen.
Im vorgeheizten Ofen auf der zweiten Schiene von unten bei 180–200° C etwa 15 Minuten hell backen.

Variante

Statt Weizen je zur Hälfte Hafer

und Weizen oder Weizen und Dinkel verwenden.

Hinweis

Bei trockener Lagerung hält sich das Gebäck bis zu 14 Tagen frisch.

Knusper-Fladen

Wenn Sie in der Zubereitung der Fladen ein wenig Übung haben, benötigen Sie dafür 5–6 Minuten Arbeitszeit und 20 Minuten zum Backen.

Buchweizen-Weizen-Fladen

Stückzahl: 16

250 g Buchweizen, 250 g Weizen, knapp 1 Flasche = 0,7 l kohlensäurereiches, eiskaltes Wasser, 2 gestr. Teel. Vollmeersalz, 3 volle Eßl. Olivenöl, ½ Teel. Majoran, 1 große Prise Muskat, 1 Zehe Knoblauch, gepreßt.

2 Flachbleche, Butter zum Bestreichen.

Die Körner mittelfein mahlen und mit dem Wasser sorgfältig zu einem dicken Brei verrühren. Zugedeckt 5–8 Stunden quellen lassen. Dann Salz, Öl und die Gewürze einrühren und abschmecken.
Den Ofen auf 180° C vorheizen. Die Bleche fetten. Wenn Sie keinen Heißluftofen besitzen, zunächst nur auf 1 Blech mit einem Eßlöffel 8 handtellergroße 1 cm hohe Fladen aufstreichen. Eine kleine Schale mit ⅛ l kochendem Wasser auf die Bodenplatte des Ofens stellen und die Tür kurz schließen. Dann das Blech auf der Mittelleiste einschieben.
Backzeit: 20 Minuten.
Inzwischen das zweite Blech vorbereiten.

Hinweis

Der fertige Teig soll sich unschwer vom Löffel lösen. Andernfalls vorsichtig noch etwas eiskaltes Mineralwasser dazugeben.

Grünkern-Dinkel-Fladen

Stückzahl: 16

250 g Grünkern, 250 g Dinkel, knapp 1 Flasche = 0,7 l kohlesäurereiches, eiskaltes Wasser, 2 gestr. Teel. Vollmeersalz, 1 geh. Eßl. Kümmel, 1 große Msp. Delicata (Brecht), 3 volle Eßl. Olivenöl.
Zusammen: 1 geh. Teel. gerebelte Kräuter, Estragon, Thymian, Oregano, Basilikum, 1 Spur Rosmarin.

Sonnenblumenkerne zum Belegen.

Die Körner mittelfein mahlen und mit dem Wasser zu einem dicken Brei verrühren. Zugedeckt 5–8 Stunden quellen lassen. Dann das Salz, die Gewürze, das Öl und die Kräuter einrühren.
Weiter verfahren, wie in dem vorstehenden Rezept Buchweizen-Weizen-Fladen Absatz 2 angegeben.
Jedoch die aufgestrichenen Fladen vor dem Backen mit den Sonnenblumenkernen, in der trockenen Pfanne hell geröstet, belegen und leicht eindrücken.

Weizen-Roggen-Fladen

Stückzahl: 16

350 g Weizen, 150 g Roggen, 1 Eßl. Koriander, knapp 1 Flasche = 0,7 l kohlensäurereiches, eiskaltes Wasser, 2 gestr. Teel. Vollmeersalz, 3 volle Eßl. Olivenöl, 1–2 Zwiebeln, in Ringe geschnitten, grobgemahlener Pfeffer.

Die Körner mit dem Koriander mahlen und mit dem Wasser zu einem dicken Brei verrühren. Zugedeckt 5–8 Stunden quellen lassen. Dann das Salz und das Öl beigeben.
Weiterverfahren wie in dem Rezept Buchweizen-Weizen-Fladen, s. Seite 98, Absatz 2 angegeben.
Jedoch die aufgestrichenen Fladen vor dem Backen mit Zwiebelringen belegen und mit wenig grobgemahlenem Pfeffer bestreuen.

Hinweis

Fladen können Sie auf Vorrat backen. Abgekühlt einen um den anderen in Folie verpakken und einfrieren. Kurz vor Bedarf in den auf 150° C vorgeheizten Backofen geben. In wenigen Minuten sind sie knusprig aufgebacken.

Hefe-Feingebäck

Praktische Hinweise für Hefeteig

Zum Kneten des Teiges sollte ein größeres Backbrett vorhanden sein. Alle Zutaten einige Stunden vor der Verarbeitung aus dem Kühlschrank nehmen, damit sie die gleiche Temperatur haben. Die Hefe muß frisch, also weich und geschmeidig sein. Die Flüssigkeit, die zum Auflösen der Hefe benötigt wird, soll handwarm sein, also 35–36° C, damit die Hefe sich entwickeln kann. Bei höheren Temperaturen werden die Hefebakterien abgetötet und der Teig kann nicht aufgehen.
Es bleibt Ihnen überlassen, einen Vorteig zu machen, obwohl er bei Hefeteig mit Vollkornmehl, im Gegensatz zu Weißmehl, unnötig ist. Denn frischgemahlenes Getreide enthält sehr viel Enzyme oder Fermente, das sind Eiweißstoffe, die die Entwicklung der Hefepilze beeinflussen. Die Beigabe von Bioghurt o. ä. bewirkt, daß das Brot nicht bröselt.
Hefeteig kann gleichermaßen gut mit der Maschine als auch von Hand geknetet werden, wobei die Knetzeit sich um 3–5 Minuten verlängert. Mir persönlich macht es Freude, wenn immer ich Zeit habe, den Teig von Hand zu kneten. Dabei verspüre ich ganz deutlich, wie Wärme und Kraft auf mich übergehen. Eine Kursteilnehmerin bestätigte, daß sie häufig Hefeteig verarbeitet, nicht zuletzt deswegen, weil durch den Knetvorgang ihre Aggressionen, unter denen sie sehr zu leiden hätte, spürbar abgebaut würden.
Hefeteig hat es gern, wenn man ihn in der Maschine oder auf dem Brett 2- bis 3mal leicht gehen läßt und zwischendurch ganz kurz durchknetet. Dieser Vorgang trägt zur Lockerung des Teiges bei. Danach braucht er genügend Zeit zum Gehen. Eine genaue Zeit kann aber nicht angegeben werden. Sie kann durch Raum- und Lufttemperatur unterschiedlich sein. Wichtig ist, daß das Volumen des Teiges sich in etwa verdoppelt. Während des Gehens soll der Teig mit einem leichten Küchentuch abgedeckt werden.

Backzeitenprobleme

Jeder Backofen hat seine besonderen Eigenheiten. Deshalb lassen sich genaue Backzeiten und Hitzeangaben kaum berechnen. Zum Beispiel ist die Stromzufuhr um die Mittagszeit höher als am Morgen, und am Abend kann der Höhenunterschied sogar bis zu 10 Minuten ausmachen.
Sie kennen Ihren Ofen am besten und werden schnell die richtige Temperatur und Zeit herausfinden. Eine Hilfeleistung könnte dabei ein Backofenthermometer sein.
Wenn Sie das richtige Ergebnis (Zeit und Backhitze) herausgefunden haben, machen Sie neben dem jeweiligen Rezept als Gedächtnisstütze eine kurze Notiz.
In meinen Rezepten sind die Backzeiten und die Backtemperaturen für einen normalen Elektrobackofen angegeben. Bei Heißluftöfen liegt die Temperatur um ca. 20–30° C niedriger. Das ist von der Art des Backgutes abhängig.

Backöfen und ihre Beheizung

Elektrobackofen
160–180° C
180–200° C
200–220° C
220–250° C

Heißluftbackofen
140–160° C
160–180° C
180–200° C
200–250° C

Gasbackofen
Stufe 1–2
2–3
3–4
4–5

Kalter Hefeteig für Eilige

Grundrezept 1, mit Fettbeigabe

Gebäck mit kaltem Hefeteig zubereitet, wird besonders locker. Dieser kalte Hefeteig eignet sich bestens für alle Hefekuchen, die reichlich Fett vorschreiben. Beträgt nach Ihrem Rezept die Buttermenge mehr als 125 g, wird sie zusammen mit den vorgeschriebenen Zutaten wie: Honig, Eier, Gewürze und dem 1/3 Restmehl in den aufgegangenen Hefeballen eingearbeitet. Je nach Menge der Zutaten entsprechend Mehl dazugeben.

Grundteig

500 g Weizen, 40 g Hefe, 1/8 l Milch bzw. Wasser (Raumtemperatur), 1 Teel. Bioghurt, 1 Prise Vollmeersalz, 125 g Butter.

Zwei Drittel des frisch- und feingemahlenen Weizens in eine große Schüssel geben, eine Mulde hineindrücken und darin die zerkrümelte Hefe mit einem kleinen Teil von der Flüssigkeit verrühren. Dann das Mehl, die restliche Flüssigkeit, Bioghurt, das Salz und die Butter, in Stückchen geschnitten, einarbeiten und gut durchkneten.
Den Teigballen in eine große, mit kaltem Wasser gefüllte Schüssel einlegen. Sobald der Ballen oben schwimmt – das kann 15–30 Minuten dauern –, bitte genau darauf achten, den Ballen herausnehmen und zum Abtropfen auf ein Gitter legen. Dann den weichen Teig mit dem Restmehl und allen vorgeschriebenen Zutaten verarbeiten. Mit den Händen oder in der Küchenmaschine mit den Knetern 8–10 Minuten kneten. Danach den Teig sofort auf das leichtgefettete Blech legen und den gewünschten Belag aufgeben. 20–25 Minuten gehen lassen und backen, wie in dem betreffenden Rezept angegeben.

Hinweis

Die Beigabe vom Teelöffel Bioghurt auf 500 g Mehl bewirkt, daß das Gebäck nicht bröselt. Das gilt für alle Arten von Hefegebäck.

Kalter Hefeteig für Eilige, 2. Art

(z. B. für Brötchen, Blechkuchen, Pizza u. ä.)

Am Vorabend alle Zutaten nach dem Hefeteigrezept Ihrer Wahl zu einem glatten, geschmeidigen Teig verarbeiten und in eine Schüssel geben. Mit einem Tuch zugedeckt, im Winter sehr gut verpackt, über Nacht auf den Balkon stellen. Am Morgen ist er dann schön aufgegangen und kann weiter verarbeitet werden. Auf diese Weise kann man schon zum Frühstück frische Brötchen servieren.
Den Teig, ganz gleich ob er mit Wasser oder Milch zubereitet wurde, kurz durchkneten und nach Bedarf ein wenig Mehl auf das Brett geben. Eine Rolle formen, in gleichgroße Stücke zu je 60 g schneiden und Brötchen rollen. Leicht mit kaltem Wasser besprühen, nach Belieben mit Mohn, Sesam oder Nüssen bestreuen. Die Brötchen auf ein leichtgefettetes Blech setzen und abgedeckt um ein Drittel aufgehen lassen.
Inzwischen den Ofen auf 225° C vorheizen, eine flache Schale mit 1/8 l kochendem Wasser auf den Boden des Ofens stellen. Die Brötchen auf der 2. Schiene von unten einschieben und 20–25 Minuten backen.
Hefeteig, der mit Milch, Fett und Honig zubereitet wird, benötigt keine Wasserschale.
Nach dem Backen die Brötchen sofort mit kaltem Wasser besprühen, daß sie knusprig bleiben.
Werden sie vor dem Backen nicht bestreut, mit einem halben Eigelb und zwei Eßlöffeln Wasser, gut verquirlt, bestreichen, daß sie eine schöne, glänzende Farbe bekommen.
Wenn Ihre Familie oder Ihre Gäste zum Frühstück erscheinen, duften ihnen die frischen Brötchen entgegen.
In meiner Pension im Schwarzwald habe ich meine „Vollwertgäste", wie sie selbst sich bezeichneten, auf diese Weise oft mit frischen Vollkornbrötchen zum Frühstück, natürlich nach dem Müsle, in Erstaunen und Jubel versetzt.

Ein guter Tip:

Mit der Brotmaschine lassen sich frische Brötchen, genauso frisches Brot, glatt und spielend aufschneiden.

Kalter Hefeteig für Eilige

Grundrezept 2

Dieser Hefeteig ist geeignet für Gebäck ohne oder mit wenig Fett, z. B. für einfache Blechkuchen, Vollkornbrötchen oder Pizza.

500 g frisch- und feingemahlenes Weizenvollkornmehl, 35 g frische Hefe, 150 g Milch oder Wasser (Raumtemperatur), 1 große Prise Vollmeersalz, 1 Teel. Bioghurt.

Zwei Drittel des Mehls in eine große Schüssel füllen, eine

Mulde eindrücken, die Hefe hineinbröckeln und mit einem kleinen Teil der Flüssigkeit verrühren. Dann das Restmehl, die Flüssigkeit, Salz und Bioghurt einarbeiten und gut durchkneten, bis der Teig glatt und glänzend ist.
Weiterverfahren, wie im vorstehenden Grundrezept 1, Absatz 3, angegeben ist.

Pikanter Hefeteig

Käsestängele

500 g Weizen, 150 g Milch (Raumtemperatur), 150 g Wasser (Raumtemperatur), 1 gestr. Teel. Vollmeersalz, 40 g Hefe, 1 Teel. Bioghurt, 1 gestr. Teel. Honig, 50 g weiche Butter, 80 g ger. Emmentaler oder Parmesan, Vollmeersalz.

Den Weizen fein mahlen und mit dem Salz vermischen. Die Flüssigkeiten in die Schüssel der Küchenmaschine geben und darin die zerbröckelte Hefe, Bioghurt und den Honig gut auflösen.
Etwa $^2/_3$ des Mehls einrühren und die sehr weiche Butter dazutun.
Dann das Restmehl beigeben und mit dem Teig verarbeiten. 8–10 Minuten kneten, einen glatten Ballen formen. Mit einem größeren Küchentuch abdecken und warm stellen, bis sich die Teigmasse fast verdoppelt hat. Danach nochmals 4–5 Minuten kräftig kneten. Den Teig teilen, 1 cm dick ausrollen, mit leicht verdünntem Eigelb bestreichen, den Käse und etwas Salz aufstreuen.
Dann den Teig rasch fest zusammenrollen, in 2 cm dicke Scheiben schneiden (20 g), diese etwas zusammendrücken und daraus 10–12 cm lange, dünne Rollen formen und auf ein leichtgefettetes Backblech legen. Mit der zweiten Teighälfte genauso verfahren.
Mit verdünntem Eigelb bestreichen, kurz gehen lassen und auf der 2. Schiene von unten in den kalten Ofen schieben. Bei 200° C 20 Minuten goldbraun backen. Ein paar Minuten Nachwärme geben.
Für unerwartete späte Gäste die Stangen mit kaltem Wasser bestreichen und im heißen Ofen bei 180–200° C 2 Minuten aufbacken. So sind sie wieder knusprig frisch.
Stückzahl: 24–26

Hinweis

Käse- und auch Salzstangen in gutschließenden Dosen aufbewahren. So halten sie sich fast unbegrenzt und sind ein willkommenes Knabbergebäck für Reisen und Wanderungen.

Knusprige Salzstangen

500 g Weizen oder zur Hälfte Weizen und Dinkel, 1 leicht geh. Teel. Vollmeersalz, $^1/_8$ l Milch (Raumtemperatur), $^1/_8$ l Wasser (Raumtemperatur), 40 g Hefe, 1 Teel. Bioghurt o. ä., 1 Teel. Honig, 100 g weiche Butter, 1 gestr. Eßl. Kümmel, Vollmeersalz.

Die Körner fein mahlen und mit dem Salz vermischen. Milch und Wasser in die Schüssel der Küchenmaschine geben und darin die Hefe, Bioghurt und Honig sorgfältig auflösen. $^2/_3$ des Mehls einrühren und die sehr weiche Butter einarbeiten. Das restliche Mehl dazugeben, in den Teig einarbeiten und 8–10 Minuten kneten.
Die Schüssel mit dem Teig mit einem großen Küchentuch umhüllen. In einem warmen Raum gehen lassen, bis sich die Teigmasse verdoppelt hat. Danach erneut einige Minuten gut durchkneten.
Den Teig teilen, die eine Hälfte zu einem rechteckigen Block formen, $^1/_2$–1 cm dick zu einer etwa 10 cm breiten Teigplatte ausrollen. Dann die Hälfte des Kümmels und wenig Vollmeersalz aufstreuen. Den Teig fest aufrollen, in 2 cm dicke Scheiben schneiden (20 g). Diese etwas zusammendrücken und daraus 10–12 cm lange, dünne Rollen formen. In Abständen von 2–3 cm auf das leichtgefettete Blech legen, mit kaltem Wasser bepinseln und mit ein wenig Salz bestreuen. Mit der zweiten Teighälfte genauso verfahren.
Den Ofen einschalten und das Blech sofort auf die Mittelschiene einschieben. Bei 200° C 10–15 Minuten backen. Ein paar Minuten Nachwärme geben.
Stückzahl: 24–26

Variante

Statt Vollmeersalz grobes Siedesalz sehr sparsam aufstreuen. Dadurch wird das Gebäck nocht herzhafter.

Oberbayrische Laugenstangen

450 g Weizen, 2 geh. Teel. gem. Kümmel, 1 geh. Teel. gem. Kardamom, 10 g Vollmeersalz, 25 g Hefe, 260 g kaltes Wasser, 1$^1/_4$ l Wasser, 6–7 g Natron, Vollmeersalz zum Aufstreuen.

1 großes Backblech, Butter zum Fetten.

Den mit den Gewürzen frischgemahlenen Weizen in eine Schüssel geben und mit dem Salz gut vermischen. Die Hefe in 260 g Wasser sorgfältig auflö-

sen, dazugeben und alles zu einem glatten Teig verarbeiten. Auf dem Backbrett wenn nötig ein wenig Streumehl dazugeben oder in der Maschine 10 Minuten kneten.
Dann den Teig zu einer Rolle formen und diese in 12 gleichschwere Stücke von ca. 50 g schneiden. Diese auf eine Länge von 18–20 cm ausrollen, zu den Enden hin etwas dünner werden lassen. Dann die Stangen auf das Backbrett legen und in einem kühlen Raum 20–25 Minuten ruhen lassen.
Inzwischen das Backblech mit Butter einfetten, den Ofen auf 220° C vorheizen. Das Wasser mit dem Natron in einen flachen Topf schütten und zugedeckt zum Kochen bringen. Mit einer flachen Schaufel 3–4 Stangen hineingeben, leicht herunterdrücken, daß sie umspült sind. Nach 8–10 Sekunden mit einem Schaumlöffel herausnehmen, abtropfen lassen und in kleinen Abständen auf das gefettete Blech legen. Nach Belieben mit mehr oder weniger Salz bestreuen. Mit den anderen Stangen genauso verfahren. Dann sofort in den Ofen auf die zweite Schiene von unten einschieben und 18–20 Minuten goldgelb backen.
Frisch schmeckt dieses knusprige Gebäck am besten. Reste, sofern welche übrigbleiben, können Sie in Alufolie verpackt in das Tiefkühlgerät geben. Etwa 10 Minuten aufbacken bei 150° C.
Stückzahl: 12–16

Ein Wort zum Laugengebäck
Ist es schädlich wegen der Natronlauge? Nein, denn durch das Ausbacken geht die Natronlauge vollständig in chemischen Verbindungen mit der äußersten Schicht des Gebäcks auf, so daß freie Natronlauge nach dem Backen nicht mehr vorhanden ist und darum auch nicht mehr schaden kann.

Hinweis
Die Gewürze, Kümmel und Kardamom, können auch weggelassen oder verringert werden. Allerdings ist der Geschmack dann etwas fade. Dieses Gebäck ist sehr beliebt als Beilage zu Salaten oder mit Butter bestrichen zum Wein oder Bier.

Pikantes Käsegebäck

125 g Weizen, 125 g Roggen, 80 g geriebener Käse, Parmesan o. ä., ½ gestr. Teel. Vollmeersalz, 2 gr. Msp. Pfeffer, 2 Eier, 100 g Butter.

Das frischgemahlene Getreide mit dem Käse und den Gewürzen gut vermischen.
Eine Mulde machen, darin die Eier mit etwas Mehl verrühren, die Butter auf das Mehl geben und alles zu einem glatten Teig verarbeiten. Drei Rollen formen, 20–30 Minuten in einem kühlen Raum ruhen lassen.
Dann die Rollen in gleichmäßige Scheiben schneiden und 10–12 cm lange Stangen formen. Auf ein ungefettetes Blech legen und auf der 2. Schiene von unten bei 180–200° C 25–30 Minuten goldbraun backen.
Eine willkommene Beilage für Salate, aber auch zu Tee, Wein und Bier.
Stückzahl: 30

Variante

In den Teig 50 g gemahlene Nüsse einarbeiten und die Stangen mit verdünntem Eigelb bestreichen.

Hinweis
Dieses Käsegebäck schmeckt ausgezeichnet und ist fast unbegrenzt haltbar.

Französischer Zwiebelkuchen

250 g Weizen, 1 geh. Teel. Koriander, 15 g Hefe, ⅛ l handwarmes Wasser, ½ Teel. Vollmeersalz, 1 Eßl. Sojamehl, 2 Eßl. handwarme Milch, 50 g weiche Butter, 500 g weiße Speisezwiebeln, ½ Eßl. Diäsan oder Butter, 2 Eier, 4 Eßl. Sauerrahm, 25 g zerlassene Butter, ½ Teel. Cenovis-Würze, 2 gr. Msp. Kurkuma, 40 g Tartex, Kümmelkörner, schwarzer Pfeffer.

1 Springform 26 cm ∅, Butter zum Fetten.

Den Weizen und Koriander fein mahlen und in die Rührschüssel geben. Eine Mulde hineindrükken, darin das Wasser mit der zerbröckelten Hefe sorgfältig verrühren, etwas Mehl dazugeben und 15–20 Minuten aufgehen lassen.
Danach mit den Knetern der Maschine das Restmehl, Salz, Sojamehl, Milch und Butter einarbeiten und auf höchster Stufe 8–10 Minuten kneten. Die Schüssel mit einem Tuch oder einer Folie abdecken und im temperierten Raum 50–60 Minuten gehen lassen. Das Teigvolumen soll sich in etwa verdoppeln.
Inzwischen die Zwiebeln schälen, grob aufschneiden (Brotmaschine), halbieren oder grob würfeln. In Diäsan oder Butter unter ständigem Wenden glasig, aber nicht zu weich dünsten.
Eier, Sauerrahm und Butter verquirlen und in die Zwiebelmasse einrühren. Mit Kurkuma

Butter, 60 g Schichtkäse, 100 g heller, weicher Honig, 1 großes Ei, 1 Zitrone – unbehandelt.

Den Weizen sehr fein mahlen. Inzwischen die Hefe in der Milch gut verrühren. Butter und Schichtkäse mit dem Schneebesen cremigrühren. Langsam den Honig beigeben, dann das Ei und das Abgeriebene der Zitrone einrühren.

Die Crememasse in die Schüssel der Küchenmaschine geben und zuerst auf kleiner Stufe, dann auf Stufe 2 das Mehl mit der Milch abwechselnd einarbeiten. Auf Stufe 3 etwa 8–10 Minuten kneten, bis der zarte Teig sich vom Schüsselrand löst.

Mit einem Küchentuch abdekken und in einem kühlen Raum gehenlassen, bis der Teig sich verdoppelt hat, je nach Temperatur etwa 2 Stunden.

Dieser feine Teig läßt sich leicht verarbeiten und eignet sich vorzüglich für alle Blechkuchen zum Belegen mit Streuseln, Äpfeln, Aprikosen, besonders Spätzwetschgen. Ebenso zum Aufrollen für Kuchen mit Füllungen.

und Cenovis-Würze pikant abschmecken.

Den aufgegangenen Hefeteig mit den Händen gut durchkneten, einen Ballen formen und in die gefettete Form drücken. Einen kleinen Rand hochziehen, abrädeln oder mit der Gabel ein Muster einkerben und kurz gehen lassen.

Dann die Zwiebelmasse aufstreichen, mit Tartexflöckchen belegen und mit Kümmel und Pfeffer leicht bestreuen.

In den leicht vorgeheizten Ofen auf der 2. Schiene von unten einschieben und bei 220° C 40–45 Minuten backen. Die Oberfläche soll leicht gebräunt sein.

Die Menge ergibt 12 Stücke. Noch heiß serviert, eignet sich der Zwiebelkuchen auch gut als Mittagsmahlzeit zu beliebigen Salaten.

Variante

Den Zwiebelbelag auf Vollkornbrotscheiben streichen, im Grill überbacken und als Abendmahlzeit servieren. Dazu ein Glas trockener Wein.

Süßer Hefeteig

Grundrezept für 1 Backblech oder 2 Springformen 26 cm ∅.

500 g Weizen, 40 g Hefe, 140 g lauwarme Milch, 80 g weiche

Brioches

500 g Weizen, 1 geh. Teel. Vollmeersalz, 30 g Hefe, 160 g Milch, 3 Eier, 50 g Honig, 1 Teel. Bioghurt o. ä., 150 g Butter, 1 Eigelb zum Bestreichen, ein wenig Milch zum Verquirlen.

Den Weizen sehr fein mahlen, mit dem Salz vermischen und ²/₃ des Mehles in eine Schüssel geben. In einer Kuhle die zerbröckelte Hefe, in etwas Milch, von der Gesamtmenge abgenommen, gut auflösen. Etwas Mehl beigeben, die Eier, den Honig und Bioghurt einrühren und mit Mehl abdecken. Die weiche Butter einarbeiten und

die Restmilch dazugeben.
Auf dem Backbrett oder in der Küchenmaschine den Teig mit dem restlichen Mehl verarbeiten und 10 Minuten kneten. Einen Ballen formen und zugedeckt im warmen Raum gehen lassen, bis sich das Volumen verdoppelt hat (ca. 30 Minuten). Dann nochmals 4–5 Minuten kneten. Sollte der Teig kleben, etwas Vollkornmehl aufstreuen. Eine Rolle formen, in Scheiben zu 60 g schneiden und glatte Kugeln drehen. Für die kleinen Kugeln 2–3 Teigscheiben beiseite legen.
Die großen Kugeln auf ein leicht gefettetes Blech setzen, Vertiefungen hineindrücken, je eine kleine Kugel, aus dem beiseite gelegten Teig gerollt, fest aufsetzen.
Mit dem verquirlten Milcheigelb bestreichen, 5–6 Minuten gehen lassen und auf der Mittelschiene in den leicht vorgeheizten Ofen schieben.
Bei 180–190° C 30–35 Minuten backen. Brioches schmecken frisch aus dem Ofen und auch abgekühlt besonders gut.
Stückzahl: 12–14

Butterkuchen

für 1 Backblech
(Süßer Hefeteig nach dem Grundrezept s. Seite 104)

Zutaten für den Belag

230 g süße Mandeln, 6 bittere Mandeln, 120 g Butter, 140 g Honig, 2–3 Eßl. Sahne, ½ Zitrone.

Den Hefeteig kurz durchkneten, auf dem mit Butter gefetteten Blech ausrollen. Mit den Fingerrücken ringsum einen kleinen Rand hochschieben.
Zubereitung des Belages: Die geschälten, getrockneten Mandeln fein scheibeln oder etwas grob hacken. Die Butter leicht erhitzen, beiseite stellen, den Honig einrühren und die Mandeln beigeben. Zuletzt so viel Sahne einrühren, bis die Masse sich streichen läßt.
Den Belag gleichmäßig verteilen und glattstreichen. Im warmen Raum den Kuchen 20–30 Minuten gehen lassen. Dann das Blech auf der 2. Schiene von unten in den kalten Ofen schieben. Bei 200° C ca. 35–40 Minuten backen. Sollte der Belag zu dunkel werden, mit Alufolie abdecken; wenn er zu wenig bräunt, das Blech eine Leiste höher einschieben.
Dieses besonders feine Gebäck schmeckt nach 2–3 Tagen genauso gut wie frisches. Es ist auch zum Einfrieren vorzüglich geeignet.
Dafür in größere Portionen aufschneiden, in Alufolie verpakken und vor dem Verzehr im heißen Ofen aufbacken. Kleine Portionen ebenfalls in Folie einhüllen, auf einen kleinen hohen Rost auf die Herdplatte legen (eventuell zwei Roste übereinander). Bei mittelstarker Hitze auf beiden Seiten wenige Minuten backen.

Hinweis
In Zeitnot kann man auch die abgepackten Mandelblättchen aus dem Lebensmittelladen verwenden. Wer Caramel liebt, läßt die Butter-Honig-Mandelmasse kurz aufkochen.

Ermländischer Gugelhupf

500 g Weizen, 40 g Hefe, 1 gestr. Teel. Honig, 4 Eßl. Milch, 220 g Butter, 180 g heller Honig, 2 ganze Eier, 1 Eigelb, 1 Msp. Vollmeersalz, 1 Msp. gem. Vanille, das Abgeriebene einer Zitrone, ¼ l Milch, 120 g helle Rosinen, 120 g dunkle Sultaninen, 30 g Orangeat, 30 g Zitronat, 100 g gehackte Mandeln.

Gugelhupfform, Butter zum Bestreichen, gehobelte Mandelblättchen.

Alle Zutaten müssen Zimmertemperatur haben. Am besten ist es, wenn man sie schon am Vorabend in die Küche stellt.

Den frisch- und feingemahlenen Weizen in eine größere Schüssel geben. Eine Mulde machen, darin die zerbröckelte Hefe mit Milch und Honig gut verrühren. Etwas Mehl dazugeben und zugedeckt 10–15 Minuten warm stellen.
Inzwischen die Butter im Rührgerät cremigrühren, nach und nach den Honig, dann die Eier und die Gewürze dazugeben.
Nun die Rührbesen mit den Knethaken austauschen. Das Hefestück mit reichlich Mehl verrühren, abwechselnd mit der Milch zu der Rührmasse geben. Auf höchster Stufe das Restmehl einarbeiten. Den Teig so lange schlagen, bis er glatt und glänzend ist, ca. 10–12 Minuten. Danach 30 Minuten Teigruhe, dann die Trockenfrüchte und die gehackten Mandeln einarbeiten.
Den Teig in die sorgfältig gefettete, mit Mandelblättchen bestreute Form geben und zugedeckt gehenlassen, bis der Teig fast den Rand der Form erreicht hat. Dann mit Wasser bepinseln. Den Ofen inzwischen auf 180–200° C vorheizen und auf der 2. Schiene von unten einschieben.
Backzeit: 45–55 Minuten.

Holsteiner Futtjes

in Öl schwimmend backen

300 g Weizen, ¼ l Wasser, ⅛ l frische Sahne, 70 g Butter, 70 g Honig, 1 gr. Prise Salz, 4 mittelgroße Eier, 40 g gewiegte Mandeln, ½ gestr. Teel. Kardamom, 125 g dunkle Rosinen – unbehandelt, 25 g Hefe

Wasser, Sahne, Butter, Honig und Salz erhitzen, den frischgemahlenen Weizen hineinschütten. Bei schwacher Hitze mit einem Holzlöffel zu einem Kloß abschlagen. Sofort ein Ei hineinrühren, etwas abkühlen lassen und die übrigen Eier nach und nach dazugeben. Dann die Mandeln, Gewürz und Rosinen einrühren. Die Hefe in wenig Wasser auflösen und in die Teigmasse geben. Zugedeckt aufgehen lassen. Dann das Öl erhitzen und die Teigprobe machen. Einen kleinen Kloß hineingeben, der recht schnell hochsteigen soll und in ca. 2–3 Minuten goldbraun ausgebakken sein muß.
Aus dem Teig mit einem Eßlöffel mittelgroße Klöße abstechen und rasch in das Fett geben.
Nach dem Backen auf einem feinen Gitter oder Sieb abtropfen lassen.
Stückzahl: 35–40

Hinweis

Betreffs Fettmenge und richtiger Hitze s. nächste Spalte unter Mutzenmandeln.

Luftiger Blechkuchen

für 1 Springform 26 cm ∅, für 1 Backblech 30 × 35 cm die doppelte Menge.

250 g Weizen, ¼ Teel. Vollmeersalz, 220 g Milch, 20 g Hefe, 80 g weicher Honig, 2 mittelgr. Eier, 100 g flüssige Butter, 1 Zitrone.

1 Springform 26 cm ∅, Butter zum Fetten.

Belag

Je nach Wahl 800 g feingescheibelte, mürbe Äpfel oder mittelweiche, aromatische Birnen. Frische oder tiefgekühlte, entsteinte Zwetschgen.
Nach Belieben mit Streuseln abdecken.

Streusel

200 g Vollkornmehl, 130 g Honig, 130 g flüssige, erkaltete Butter tropfenweise daruntermischen und krümeln.

Den Weizen fein mahlen, in die Rührschüssel geben und das Salz einmengen. Die Hefe mit einem kleinen Teil der Milch verrühren. Mit der restlichen Milch, dem Honig, den gut verquirlten Eiern, der Butter und dem Abgeriebenen der Zitrone zu dem Mehl geben. Alles miteinander verrühren. Mit dem Rührgerät auf höchster Stufe 5 Minuten kneten.
Den Boden der Form fetten und den weichen Teig in die Form kippen. Mit einem nassen Löffel gleichmäßig verstreichen. Zugedeckt in der warmen Küche gehenlassen, bis der Teig sich knapp verdoppelt hat.
Belag und Streusel aufgeben, etwas eindrücken und auf die 2. Schiene von unten in den kalten Ofen schieben.
Bei 200–210° C 20–30 Minuten backen.

Mutzenmandeln

in Öl schwimmend backen

500 g Weizenvollkornmehl, 2 gestr. Teel. Backpulver Natura, 3 Eier mittelgroß, 100 g Honig, 1 Eßl. Rum, ½ Teel. gem. Vanille (s. Seite 129, Vanillegewürz), 130 g feste Butter, 1 l Olivenöl.

Für den Guß

1 Eßl. Honig, 2 Eßl. Zitronensaft gut verquirlen.

Auf dem Backbrett den frisch- und feingemahlenen Weizen und alle Zutaten zu einem Teig zusammenkneten, zwei Rollen formen und 30 Minuten kühl ruhen lassen.
Die Rollen in Scheiben schneiden, walnußgroße Kugeln formen und in heißem Öl (ca. 157° C) goldbraun backen. Hat das Fett die richtige Temperatur, beträgt die Backzeit ca. 1 Minute. Wenn das Gebäck hochkommt, mit einem Schaumlöffel herausnehmen und in einem Sieb abtropfen lassen.
Noch warm mit dem Guß bepinseln.
Stückzahl: 55–60

Hinweis

Es soll so viel Fett im Topf sein, daß das Gebäck schwimmen kann. Die richtige Backhitze ist an der Bläschenbildung eines eingetauchten Holzstäbchens zu erkennen.
Wird Fettgebäck zu schnell ausgebacken, bleibt es innen teigig.

Nußhörnchen

500 g Weizen, 1 gestr. Teel. gem. Zimt, ¼ Teel. gem. Nelken, ½ Teel. Kardamom, 40 g Hefe, 4 Eßl. lauwarmes Wasser, ⅛ l lauwarme Milch, ½ gestr. Teel. Vollmeersalz, 1 Ei, 50 g Honig, 1 Zitrone, 80 g weiche Butter.

Füllung

100 g gemahlene Haselnüsse, 30 g fein gehackte Haselnüsse, ½–1 Eiweiß, Nüsse mit so viel Honig und Eiweiß vermischen, bis die Masse streichfähig ist.
1 Eigelb, 1 Eßl. Wasser.

Aus den Zutaten einen Hefeteig zubereiten, wie unter Apfelbröt-

chen (s. Seite 95 angegeben). Den Teig nochmals kurz durchkneten und sehr dünn ausrollen.
10 × 10 cm große Vierecke ausrädeln und auf jedes Viereck einen halben, gehäuften Teelöffel Nußcreme aufstreichen. Die Ränder freilassen. Dann die Teilchen übereck locker zusammenrollen, so daß eine Ecke oben aufzuliegen kommt. Die Hörnchen auf ein leicht gefettetes Blech legen, zugedeckt an einem warmen Ort um ein Drittel aufgehenlassen.
Dann mit dem verquirlten Eigelb bestreichen, in den auf 200° C vorgeheizten Ofen auf der 2. Schiene von unten einschieben und 10–12 Minuten backen.
Stückzahl: 15–16

Streuselkuchen

(Süßer Hefeteig nach dem Grundrezept s. Seite 104)

Backblech ca. 30 × 35 cm ∅, Butter zum Fetten.

Den aufgegangenen Hefeteig gut durchkneten. Auf dem mit Butter eingefetteten Blech gleichmäßig ausrollen oder mit den Händen leicht aufdrücken. Mit einem Tuch abgedeckt etwa 25–30 Minuten gehenlassen. Danach den Teig mit lauwarmem Wasser bepinseln und die Streusel darauf verteilen. Auf die 2. Schiene von unten in den kalten Ofen schieben und bei 180–200° C 35–40 Minuten backen.

Streusel

200–250 g Weizen, 1 Zitrone, 100 g Honig, 100 g Butter.

Den frischgemahlenen Weizen (zunächst nur 200 g) in eine größere Schüssel geben und mit dem Abgeriebenen der Zitrone (natur) vermischen. Eine Vertiefung machen, darin den Honig mit ein wenig Mehl verrühren. Die mittelweiche Butter darübergeben und mit den Händen die Masse zu recht dicken Streuseln zerkrümeln, die nicht kleben sollen. Eventuell noch etwas Mehl dazutun.

Variante

1 kg säuerliche, aber mürbe Äpfel, nach Belieben schälen, halbieren und das Kerngehäuse entfernen. Die Apfelhälften achteln, 1 cm dick scheibeln und mit Zitronensaft beträufeln. Den Boden eines großen flachen Topfes mit Wasser bedecken, die Apfelscheiben einlegen und zugedeckt 2–3 Minuten dünsten.
Nach dem Abkühlen den aufgegangenen Hefeteig mit den Äpfeln dicht belegen und auf der 2. Schiene von unten in den kalten Ofen schieben.
Bei 180–200° C 40–45 Minuten backen.
Nach dem Backen Ahornsirup über die Äpfel träufeln.

Zwieback

500 g Weizen, 10 g Salz, 1 Msp. gemahlene Vanille, 30 g Hefe, ¼ l Milch, 1 Teel. Bioghurt o. ä., 1 Zitrone (natur), 50 g Honig, 80 g Butter.

Den frisch- und feingemahlenen Weizen in die Rührschüssel der Küchenmaschine geben und Salz, Vanille und das Abgeriebene der Zitrone darin vermengen. Eine Vertiefung machen, darin die zerbröckelte Hefe mit etwas handwarmer Milch, von der Gesamtmenge abgenommen, verrühren. Etwas Mehl hinzugeben und zugedeckt 20–25 Minuten gehen lassen. Danach mit Mehl abdekken, Bioghurt, die Restmilch und den weichen Honig einrühren.
Die weiche Butter dazugeben und 8–10 Minuten kneten. Dabei hin und wieder den Teig mit einem Schaber vom Schüsselrand lösen.
Auf das leicht bemehlte Backbrett etwas Mehl aufstreuen und den Teig kurz kneten. Er darf ein wenig kleben.
Nun eine oder zwei ca. 4 cm hohe Rollen formen, in eine bzw. zwei gefettete Zwieback- oder Kastenbleche legen, mit einem Tuch abdecken und an einem warmen Ort 30–40 Minuten gehen lassen.
Die Brote im vorgeheizten Ofen auf der 2. Schiene von unten bei 180–190° C 30–35 Minuten backen.
Danach stürzen und auf einem Rost über Nacht stehenlassen. Mit der Brotmaschine in 1 cm dicke Scheiben schneiden, auf einem Flachblech dicht aneinanderlegen und bei 180° C 20 Minuten goldgelb rösten. Nach dem Abkühlen die losen Krümel leicht abklopfen und das Gebäck trocken aufbewahren.

Hinweis

Damit der Zwieback nicht zu hoch wird, ist es ratsam, zwei große Bleche zu verwenden. Butter zum Fetten.

Variante

Die Brotscheiben, mit 80 g weicher Butter oder mit 80 g weicher Butter und darin 80 g Honig verrührt, dünn bestreichen. Und bei 180° C goldgelb rösten. Eine sehr leckere Variante.

Streuselsemmeln

500 g frisch- und feingemahlener Weizen, 70 g weiche Butter, 80 g Honig, 1 Ei, 1 Teel. gemahlener Anis, 1 Teel. gemahlener Fenchel, 1 gestr. Teel. Vollmeersalz, 1 Teel. Bioghurt, 40 g Hefe, 250 g Milch. Verquirltes Eiweiß.

1–2 Backbleche, Butter zum Fetten.

Butterstreusel

150 g Weizenvollkornmehl, 75 g feste Butter, 70 g Honig, 1 Msp. Vanille, ½ gestr. Teel. abger. Zitronenschale (unbehandelt).

Von diesen Semmeln werden Sie immer wieder angetan sein.

Das Mehl mit den Gewürzen vermischen, darin den Honig und die Butter mit den Fingern verkrümeln.

In der Rührschüssel der Maschine die Butter und den Honig cremigrühren, das Ei und sämtliche Gewürze und den Löffel Bioghurt dazugeben und ein paar Minuten auf höchster Stufe weiterrühren.

Inzwischen die Hefe in der Milch sorgfältig auflösen. Die Rührbesen gegen die Knetarme austauschen und die Hefemilch im Wechsel mit dem Vollkornmehl einarbeiten. Den Teig so lange kneten, bis er sich vom Schüsselrand löst. Zugedeckt ca. 30–40 Minuten gehenlassen, bis er sich verdoppelt hat.

Danach kurz durchkneten, eventuell etwas Streumehl beigeben, 2 Rollen formen und jede Rolle in 7 gleichschwere Teile von je 70 Gramm aufschneiden. Runde und längliche Brötchen formen, mit Eiweiß sorgfältig bestreichen, die Streusel dick darübergeben und leicht andrücken. Auf das wenig gefettete Blech setzen.

Den Ofen auf 200° C vorheizen, die Brötchen um ein Drittel aufgehenlassen und auf der 2. Schiene von unten einschieben. 25–30 Minuten backen.

Stückzahl: 14

Tip: Die Teigkugeln kuchenähnlich dicht aneinandersetzen.

Feingebäck

Biskuit, das fürstliche Gebäck

Biskuit, beliebt und begehrt in bürgerlichen Familien und ebenso in Fürsten- und Königshäusern. Biskuit wird gern gegessen, aber selten gebakken, weil man fürchtet, er könne mißlingen. Dabei gehört er zu dem Gebäck, das am einfachsten zuzubereiten ist, wenn folgende Regeln beachtet werden:

Die Eier müssen kühl gelagert sein und einzeln über einer Tasse sorgfältig getrennt werden. Es darf keine Spur von Eigelb in das Eiweiß gelangen.

Die Eiweiße sehr steif schlagen und kalt stellen. Eigelb, Wasser und Honig mit den Schneebesen der Küchenmaschine auf höchster Stufe so lange schlagen, bis eine dicke, cremige Masse entsteht. Durch das Schlagen wird Luft zugeführt, die ebenso wie Wasser und Alkohol den Teig locker macht. Die Beigabe von ein wenig Backpulver ist notwendig, weil ein Teig, mit Vollkornmehl zubereitet, naturgemäß etwas schwer ist und mehr Triebkraft benötigt.

Kleine Mengen Teig in einem hohen, schmalen Gefäß zubereiten. Die Masse läßt sich so leichter cremigschlagen.

Eiweiß und Mehl dürfen in die Crememasse nicht eingerührt, sondern müssen abwechselnd mit einem Rührlöffel locker untergehoben werden. Dann den Teig sofort in den auf 180° C

vorgeheizten Ofen auf der 2. Schiene von unten backen. Beschichtete Backformen oder Formen mit Glasboden brauchen nicht mit Papier belegt zu werden. Sie werden nur ganz leicht gefettet. Alle Arten von nachstehenden flachen Tortenböden eignen sich zum Belegen, alle Arten von hohen Biskuit-Böden zum Füllen.
Das Aufschneiden wird erleichtert, wenn Sie den Kuchen auf ein Tuch legen, damit er einen besseren Halt hat. Mit einem großen, scharfen Messer quer durchschneiden oder mit dem Messer den Kuchen ringsum einkerben, einen starken Faden einlegen und diesen über Kreuz kräftig zusammenziehen.
Backzeiten und ihre Beheizung (s. Seite 100)

Biskuit Grundrezept 1

für 1 Tortenboden zum Belegen

120 g Weizen, fein gemahlen, 3 Eigelb (1 Ei = 65 g), 2 Eßl. handwarmes Wasser, 90 g heller Honig, 2 Eßl. Rum, 1/4 Teel. Vanillegewürz (s. Seite 129), 1/2 Zitrone (natur), 1/2 gestr. Teel. Backpulver, 3 Eiweiß.

Die Eigelbe und das Wasser mit den Schneebesen der Küchenmaschine oder eines Handrührgerätes kurz verrühren.
Dann auf höchster Stufe den Honig langsam beigeben und zu einer dicken Creme schlagen. Rum, Vanillegewürz und das Abgeriebene der Zitrone unterrühren. Nun den Backofen auf 180° C vorheizen. Dann die inzwischen im Kühlschrank abgestellten Eiweiße sehr steif schlagen. Das gesiebte Backpulver sorgfältig mit dem frisch- und feingemahlenen Weizen verrühren und abwechselnd mit dem Eischnee locker unter die Creme heben.
Die Springform, ∅ 26 cm, mit Pergament- oder Backtrennpapier belegen, den Teig einfüllen und glattstreichen. Auf der 2. Schiene von unten bei 180° C einschieben und 30 bis 35 Minuten backen.
Den Kuchen etwas abkühlen lassen, mit einem Messer vorsichtig den Rand lösen. Den Formrand abnehmen, den Kuchen auf ein Kuchengitter stürzen und das Papier abziehen.

Hinweis

Das Papier für die Form läßt sich spielend exakt herrichten, indem Sie den Formboden auf das Papier legen, mit einem Bleistift den Boden umkreisen und innen, direkt vor dem Bleistiftstrich, ausschneiden.

Biskuit Grundrezept 2

hoher Tortenboden
für 1 Füllung

150 g Weizen, feingemahlen, 4 Eigelb (1Ei = 65 g), 2 Eßl. handwarmes Wasser, 120 g heller Honig, 2 Eßl. Rum, 1/4 Teel. Vanillegewürz (s. S. 129), 1/2 Zitrone (natur), 1/2 gestr. Teel. Backpulver, 4 Eiweiß.

Die Zubereitung ist die gleiche wie im vorstehenden Biskuit-Grundrezept 1. Lediglich wird die Backzeit auf 40 Minuten erhöht.
Diesen Biskuit können Sie auch sehr gut in sorgfältig mit Butter gefettete Torteletteförmchen füllen. Einen 1 cm hohen Rand freilassen. Backzeit ca. 15 Minuten bei 180° C im vorgeheizten Ofen. Danach etwas abkühlen lassen und stürzen.

Biskuit Grundrezept 3

hoher Tortenboden
für 2 Füllungen

200 g Weizen, feingemahlen, 5 Eigelb (1 Ei = 65 g), 3 Eßl. handwarmes Wasser, 150 g heller Honig, 3 Eßl. Rum, 1/4 Teel. Vanillegewürz (s. S. 129), 1 Zitrone (natur), 1/2 gestr. Teel. Backpulver, 5 Eiweiß.

Die Zubereitung ist die gleiche wie im Biskuit-Grundrezept 1. Lediglich die Backzeiten verändern sich.
Den fertiggerührten Teig in die mit gefettetem Pergamentpapier belegte Form füllen, glattstreichen und in den auf 180° C vorgeheizten Ofen auf der 2. Schiene von unten einschieben. Bei gleichbleibender Hitze 40–45 Minuten backen. Nach ca. 20 Minuten könnte es notwendig sein, die Hitze um 5–10° C zu drosseln oder den Kuchen mit Alufolie abzudekken. Kurz vor Ende der Backzeit die Stäbchenprobe machen. Wenn er ausgebacken ist, in der Form abkühlen lassen. Dann den Rand der Form vorsichtig lösen, den Kuchen auf ein Gitter stürzen und das Papier abziehen. In einem kühlen Raum, am besten über Nacht, stehenlassen. Dann läßt er sich gut ein- oder auch zweimal durchschneiden.

Blitzbiskuit

Dieses zarte Gebäck lädt förmlich zum Schlemmen ein. Frisch aus dem Ofen nach dem Abkühlen schmeckt dieser Kuchen besonders gut.

4 Eigelb (1Ei = 65 g), 90 g heller, flüssiger Honig, 1 Teel. Zitronensaft, 4 Eiweiß, 1 Prise Vollmeersalz, 2 Eßl. Ahornsirup, 90 g gesiebtes Weizenvollkornmehl, 500 g Beerenfrüchte nach Wahl: Himbeeren, Heidelbeeren oder Johannisbeeren, frische oder leicht angetaute tiefgekühlte Beeren.

1 Springform 26 cm, ∅ Pergamentpapier und Butter. Den Rand nicht fetten.

Im Rührgerät die Eigelbe gut verrühren, dann auf höchster Stufe den Honig sehr langsam beigeben, danach den Zitronensaft. So lange rühren, bis die Masse schaumig und hell ist.

Inzwischen frische Beeren (außer Himbeeren) schnell waschen und auf einem Papierküchentuch abtrocknen, tiefgekühlte Beeren antauen lassen.

Den Ofen auf 180° C vorheizen. Die gekühlten Eiweiße und das Salz sehr schnell steifschlagen. Dann den Ahornsirup in kleinen Mengen darunterschlagen. Die Eiweißmasse und das gesiebte Mehl lagenweise auf die Eigelbcreme häufen und mit dem Teiglöffel sorgfältig mischen. Die luftige Masse in die Form geben, gleichmäßig verteilen, sofort ziemlich dicht mit Beeren belegen und rasch auf die 2. Schiene von unten in den Ofen schieben.

Backzeit: 25 Minuten bei 180° C, abgeschaltet 5–10 Minuten Nachwärme.

Wenn nötig, nach etwa 20 Minuten Backzeit Alufolie auflegen. Das Gebäck soll eine goldbraune Farbe haben. Bei offener Ofentür abkühlen lassen. Danach nicht stürzen, sondern mit einer Schiebe auf eine Kuchenplatte geben.

Hinweis

Für diesen sehr zarten Teig ist es notwendig, das Vollkornmehl ausnahmsweise zu sieben. Wenn der Weizen sehr fein gemahlen wird, bleibt nur erstaunlich wenig Kleie im Sieb zurück, die für das Müsle verwendet werden kann.

Butterbiskuit Grundrezept 1

für 1 Tortenboden zum Belegen

120 g Weizen, 3 Eigelb, 2 Eßl. Rum, 2 Eßl. handwarmes Wasser, 90 g heller Honig, ½ Teel. Backpulver, 35 g zerlassene, lauwarme Butter, 3 Eiweiß.

1 Springform 26 cm ∅, Pergamentpapier und Butter oder Backtrennpapier. Den Rand nicht fetten.

Die Eigelbe, das Wasser, Rum und den Honig mit den Schneebesen einer Küchenmaschine oder eines Handrührgerätes auf höchster Stufe zu einer dicken Creme schlagen.

Inzwischen den Backofen auf 180° C vorheizen. Die im Kühlschrank abgestellten Eiweiße sehr steif schlagen. Das Backpulver mit dem frisch- und feingemahlenen Mehl sorgfältig vermischen und abwechselnd mit dem Eischnee locker unter die Creme heben. Zuletzt die Butter unterziehen.

Den Teig in die Form füllen, glattstreichen und auf der 2. Schiene von unten bei 180° C 30 Minuten backen.

Die Stäbchenprobe machen. Nach Bedarf kurz nachbacken. Den Kuchen abkühlen lassen, mit einem Messer den Rand lösen, den Formrand abnehmen, den Biskuit auf ein Gitter stürzen und das Papier abziehen.

Butterbiskuit Grundrezept 2

hoher Tortenboden für 2 Füllungen

170 g Weizen, feingemahlen, 5 Eigelbe (1 Ei = 65 g), 3 Eßl. handwarmes Wasser, 150 g heller Honig, 1 gehäufter Teel. Backpulver (Natura), 60 g Butter, 5 Eiweiß.

1 Springform 26 cm ∅, Pergamentpapier und Butter oder Backtrennpapier. Den Rand nicht fetten.

Die Zubereitung ist die gleiche wie bei Butterbiskuit-Grundrezept 1. Lediglich die Menge der Zutaten und die Backzeit sind verändert.

Den Teig in die Form füllen, glattstreichen und auf der 2. Schiene von unten im vorgeheizten Ofen bei 180° C 40–45 Minuten backen. Stäbchenprobe machen, nach Bedarf wenige Minuten nachbacken. Den Kuchen auf einem Gitter über Nacht in einem kühlen Raum ruhenlassen.

Dunkler Biskuit

hoher Tortenboden für 2 Füllungen

200 g Weizen, 5 Eigelb (1 Ei = 65 g), 4 Eßl. handwarmes Wasser, 150 g Honig, 3 Eßl. Kirschwasser oder Rum, ¼ Teel. gemahlene Vanille, 1 Zitrone (natur), ½ gestr. Teel. Backpulver, 3–4 gestr. Eßl. Van Houten Kakao.

1 Springform 26 cm ∅, Pergamentpapier und Butter oder Backtrennpapier. Den Rand nicht fetten.

Die Zubereitung des Teiges ist die gleiche wie bei Biskuit-

Grundrezept 1 (s. Seite 109). Lediglich wird der gesiebte Kakao mit dem Mehl und dem Backpulver sorgfältig vermischt und abwechselnd mit dem sehr steifen Eischnee mittels eines Holzlöffels locker vermengt.
Dann in die Form füllen und in den inzwischen auf 180° C vorgeheizten Ofen auf der 2. Schiene von unten einschieben und 40–45 Minuten backen.
Kurz vor dem Ende der Backzeit mit einem Holzstäbchen die Garprobe machen.

Nußbiskuit

hoher Tortenboden
für 2 Füllungen

5 Eigelb (1 Ei = 65 g), 3 Eßl. handwarmes Wasser, 180 g heller Honig, 1 Zitrone (unbehandelt), 3 Eßl. Rum oder Kirschwasser, 250 g gem. Haselnüsse oder 125 g gem. Nüsse und 125 g gem. Mandeln mit der Schale, 5 Eiweiß, mit Topf und Rührbesen in den Kühlschrank geben.

1 Tortenform 26 cm ∅, nicht fetten.

Die Eigelbe und das Wasser mit den Schneebesen einer Küchenmaschine oder eines Handrührgerätes kurz verrühren. Dann auf höchster Stufe den Honig langsam beigeben und zu einer dicken Creme schlagen.
Inzwischen die im Kühlschrank abgestellten Eiweiße sehr steif schlagen. Den Ofen auf 180° C vorheizen.
Nun den Rum und das Abgeriebene der Zitrone zu der Crememasse geben und kurz weiterschlagen.
Den Eischnee abwechselnd mit den Nüssen mit einem Holzlöffel locker unterheben. Sofort in die Form füllen, glattstreichen und auf der 2. Schiene von unten einschieben.
Bei 180° C 40–50 Minuten backen.
Sollte der Kuchen zu dunkel werden, mit Alufolie abdecken. Kurz vor dem Ende der Backzeit die Stäbchenprobe machen. In der Form abkühlen lassen, mit einem Messer den Rand vorsichtig lösen, auf ein Gitter stürzen und über Nacht kühl stellen.

Variante

Dieser köstliche Kuchen wird viele Freunde finden, besonders, wenn man ihn frisch in Tortenstücke aufschneidet und mit einer Schale ungesüßter Schlagsahne zur Teestunde serviert.

Beläge für Biskuitböden

Früchtebelag

3 reife, aber feste Bananen, 3 reife, feste Kiwis, 100 g blaue Trauben, 2–3 Mandarinen o. ä. Früchte, 1 Päckchen klarer Tortenguß (Reformhaus), 200 g Sahne.

Die Bananen schälen, halbieren und den Kuchen ringsherum belegen. Die Kiwis schälen, ½ cm dick aufschneiden, halbieren und etwas hochgestellt vor die Bananen legen.
Die Trauben waschen, halbieren, entkernen und vor die Kiwis mehr stellen als legen.
Die geschälten Clementinen filetieren und auflegen.
Den Tortenguß nach Vorschrift darübergießen und den Kuchen kühl stellen. Mit Schlagsahne servieren.

Hinweis
Schlagsahne, schnittfest

Das ist kein Problem, wenn Sie Topf und Rührbesen im Kühlschrank ca. 30 Minuten kühl stellen und die Sahne 10 Minuten in das Tiefkühlgerät geben. Danach auf höchster Stufe steifschlagen. Wenn es trotz der Vorbereitungen nicht gelingt, kann es daran liegen, daß die Sahne zu frisch ist. Sie braucht nämlich 2–3 Tage bis zu ihrer Reifung. In diesem Fall fügen Sie der Sahne einige Tropfen Essig oder Zitronensaft bei; dann sollte sie sich schlagen lassen.

Erdbeerenbelag

500 g reife, feste Erdbeeren, 250 g Sahne, 1 gestr. Eßl. flüssiger Honig, 40 g Mandelblättchen.

Die Sahne und den Sahnetopf mit den Rührbesen 10–15 Minuten in das Gefriergerät geben. Dann die Sahne sehr steif schlagen und den Honig unterziehen. Die Hälfte der Sahne auf den Kuchenboden streichen.
Die unter kaltem Wasser rasch abgespülten und auf Küchenkreppapier getrockneten Erdbeeren dick scheibeln und auf die Sahne legen. Den Rest der Sahne aufstreichen, reichlich mit halbierten Erdbeeren garnieren und mit leicht gerösteten Mandelblättchen bestreuen.

Vor dem Servieren mit Folie zugedeckt in den Kühlschrank stellen.

Variante

Anstelle von Erdbeeren frische, trockene Heidelbeeren verwenden.

Erdbeeren möglichst einzeln unter fließendem, kaltem Wasser abbrausen, in ein Sieb geben und kurz abtropfen lassen. Dann den Stielansatz herausziehen, die Beeren nebeneinander auf doppelt gelegtes Küchenkreppapier geben und trocknen lassen. Eventuell leicht abtupfen. Auf diese Weise sind sie wieder gartenfrisch.

Brombeerenbelag

500 g Brombeeren, 2 Eßl. Rum, 2 Eßl. Orangensaft, 150 g Sahne, 1 Eßl. flüssiger Honig.

Rum und Orangensaft verrühren, den Kuchen damit beträufeln und 1–2 Stunden durchziehen lassen. Sahne, Topf und Rührbesen 10–15 Minuten in das Gefriergerät stellen. Dann die Sahne sehr steif schlagen, den Honig unterziehen und auf den Kuchen aufstreichen.

Die möglichst nicht gewaschenen Beeren ganz dicht auflegen und leicht in die Sahne drücken. Mit Folie zugedeckt in den Kühlschrank stellen.

Variante

Anstelle von Brombeeren Himbeeren verwenden.

Hinweis

Wer's süßer mag, kann die Beeren mit Ahornsirup beträufeln. Jedoch wird dadurch der feine Eigengeschmack der Beeren verändert.

Füllungen für Torten

Mokka-Sahnecreme

für 1 Füllung, zum Bestreichen und Garnieren

500 g Sahne, ½ Eßl. Kirschwasser, 1 leicht geh. Eßl. Honig, 2–3 gestr. Teel. löslicher Kaffee je nach Geschmack. Pistazien zum Verzieren.

Sahne, Topf und Rührbesen 10–15 Minuten in das Gefriergerät stellen. Dann die Sahne sehr steif schlagen.
Kirschwasser, Honig und den in einer elektrischen Mühle auf kleinster Stufe gemahlenen Kaffee in die Sahne unterheben. Ein Drittel in die Tortenspritze füllen und zusammen mit der restlichen Creme in den Kühlschrank stellen.
Den Tortenboden einmal quer durchschneiden, die Hälfte der Sahnecreme aufstreichen und den oberen Boden auflegen.
Mit dem Rest der Creme die ganze Torte bestreichen, Rosetten aufspritzen und mit grobgemahlenen oder feingehackten Pistazien garnieren. Bis zum Servieren zugedeckt kalt stellen.

Mokka-Sahnecreme

für 2 Füllungen zum Bestreichen und Garnieren

625 g Sahne, 1 Eßl. Kirschwasser, 2 gestr. Eßl. Honig, 3 gestr. Teel. löslicher Kaffee. Pistazien zum Verzieren.

Die Zubereitung ist die gleiche wie im vorstehenden Rezept.

Kakao-Sahnecreme

für 1 Füllung zum Bestreichen und Garnieren

500 g Sahne, ½ Eßl. Rum, 1 leicht geh. Eßl. Honig, 1½ –2 Eßl. Kakao (je nach Farbe und Geschmack).

Sahne, Topf und Rührbesen 10–15 Minuten in das Gefriergerät stellen. Dann die Sahne sehr steif schlagen.
Rum, Honig und Kakao unterheben, ⅓ der Creme in die Tortenspritze füllen und zusammen mit der restlichen Creme in den Kühlschrank geben.
Den Boden einmal quer durchschneiden und füllen. Den oberen Boden auflegen, rundum mit Sahnecreme bestreichen und spritzen. Dabei sind Ihrer Phantasie keine Grenzen gesetzt.
Vor dem Servieren einige Stunden zugedeckt in den Kühlschrank stellen.

Kakao-Sahnecreme

für 2 Füllungen zum Bestreichen und Garnieren

625 g Sahne, 1 Eßl. Rum, 2 gestr. Eßl. Honig, 2–2½ Eßl. Kakao (je nach Farbe und Geschmack).

Die Zubereitung ist die gleiche wie im vorstehenden Rezept.

Brandteig

Windbeutel-Grundrezept

¼ l Wasser, 50 g Butter, 1 gr. Prise Vollmeersalz, 125 g Weizen, 4 mittelgroße Eier (1 Stück 55–60 g).

1 Backblech, Butter zum Fetten.

Wasser, Butter und Vollmeersalz erhitzen, mit einem Holzlöffel den sehr fein gemahlenen Weizen einrühren, bis sich die Masse vom Topf löst und sich zu einem glatten Ballen formt. Den Topf von der Feuerstelle nehmen und unter Rühren ein ganzes Ei einarbeiten. Etwas abkühlen lassen und nach und nach die anderen Eier zugeben (vorsichtshalber das letzte Ei noch zurücklassen), bis der Teig glatt und glänzend ist.

Die Festigkeit des Teiges muß so beschaffen sein, daß er sich nur schwer vom Löffel löst. Sollte er zu fest sein, dann noch das letzte Ei einarbeiten.

Von der Teigmasse mit einem oder zwei Teelöffeln oder mit einem Spritzbeutel kleine Häufchen (ca. ∅ wie ein Fünfmarkstück) auf ein leicht gefettetes Blech setzen.

Auf der 2. Schiene von unten im kurz vorgeheizten Ofen bei 180° C 20–25 Minuten backen.

Während der ersten 10 Minuten sollte der Ofen nicht geöffnet werden. Ohne Strom 5 Minuten nachbacken.

Dann sofort mit einem kleinen, spitzen Sägeschliffmesser die Windbeutel aufschneiden und auf einem Gitter auskühlen lassen. Dabei auch darauf achten, daß die Hälften wieder mühelos zusammengefügt werden können.

Es ist ratsam, das Gebäck eventuell nicht ganz durchzuschneiden.

Hinweis

Nach dem vorstehenden Rezept können Sie Windbeutel und Eclairs für die Teestunde backen. Die Menge ergibt ca. 30 kleine oder 10 große Windbeutel oder ca. 16 Eclairs. Die großen Windbeutel werden mit zwei Eßlöffeln oder mittels Spritzbeutel, die Eclairs als Streifen, aufgesetzt. Die Backzeit für die großen Windbeutel und Eclairs muß um 3–5 Minuten verlängert werden.

Süße Füllungen für Windbeutel und Eclairs

Grundrezept für Windbeutel (s. linke Spalte)

¼ l Sahne, 1 gestr. Eßl. Honig, 200 g Himbeeren.

Sahne, Sahnetopf und Rührbesen kurze Zeit in das Tiefkühlgerät stellen. Inzwischen die Früchte vorbereiten. Himbeeren brauchen im allgemeinen nicht gewaschen zu werden.

Die Sahne sehr steif schlagen. 2 Eßlöffel von der geschlagenen Sahne in die Tortenspritze füllen und in den Kühlschrank geben. In die restliche Sahne den Honig und die trockenen Beeren behutsam unterheben. Die Windbeutel mit der Himbeersahne über den Rand hinaus füllen, den Deckel aufsetzen, leicht andrücken, zugedeckt in den Kühlschrank geben.

Mein persönlicher Vorschlag: Beeren und Sahne in Schichten einfüllen, dabei mit Sahne beginnen. Beeren ziemlich dicht aufgeben, dann wieder Sahne und den Deckel auflegen. Mit einem großen Sahnetupfer und mit einer Beere garnieren. Für die Tupfer von der geschlagenen Sahne 2 Eßlöffel in die Tortenspritze füllen und in den Kühlschrank geben.

Variante

Honig austauschen gegen einen Eßlöffel Ahornsirup, Himbeeren gegen Brombeeren, Heidelbeeren oder entsteinte Süß- oder Sauerkirschen.

Variante

¼ l Sahne, 1 gestr. Eßl. Honig, 1 gestr. Teel. löslicher Mocca.

Die gekühlte Sahne steifschlagen. Den Mocca in einer elektrischen Kaffeemühle auf feinster Stufe mahlen, mit dem flüssigen Honig verrühren und unter die Sahne ziehen.

Je nach Geschmack noch etwas Moccapulver dazugeben.

Variante

150 g Schichtkäse, 1 Eßl. Honig, 1 Eßl. Ahornsirup, ½ gestr. Teel. Vanillepulver, ¼ Teel. Delifrut, 30 g dunkle, kalifornische Rosinen (ungeschwefelt), 200 g Sahne.

Den frischen Schichtkäse mit dem Honig, dem Ahornsirup, dem Vanillepulver und dem Delifrut cremigrühren. Die steifgeschlagene Sahne unterziehen. Die grobgeschnittenen Rosinen behutsam untermengen.

Windbeutel schmecken frisch am besten. Man kann sie aber auch auf Vorrat backen. Dafür aufschneiden, kurz abkühlen lassen, in Alufolie verpacken und einfrieren. Haltbarkeit 5–6 Monate. Bei 160° C sind sie in 5–6 Minuten aufgebacken und schmecken wie frisch.

Hinweis

Pikante Füllungen für Windbeutel (s. Seite 79).

Mürbeteig

Mürbeteig für Böden

Praktische Hinweise für Mürbeteig siehe Seite 125

230 g Weizen, 1 mittelgr. Ei oder 2 Eigelb, 70 g Honig, 1 Prise Vollmeersalz, ½ Zitrone (natur), 100 g kalte Butter. Soll der Tortenboden sehr mürbe sein, statt einem ganzen Ei zwei Eigelb verwenden.

1 Springform 26 cm ∅.

Den frisch- und feingemahlenen Weizen auf ein Backbrett geben, eine Mulde machen und darin das Ei, Honig, Salz und das Abgeriebene der Zitrone gut verquirlen. Das Mehl darübergeben, die Butter in kleine Stücke schneiden und rasch einarbeiten. Einen Ballen formen und zugedeckt 2–3 Stunden im Kühlschrank ruhen lassen. Dadurch wird weicher Teig fester. Danach den Boden der Form auf ein feuchtes Tuch legen, um das Rutschen zu vermeiden. Den Teigballen auf den Boden geben, flachdrücken und ca. 2 cm hoch gleichmäßig über den Bodenrand hinaus ausrollen. Den überstehenden Teig abrädeln und die Form schließen.
Aus dem Restteig 3–4 Streifen rollen und als Rand auflegen. Mit einer Gabel die Teigplatte mehrmals einstechen und die Form in den kalten Ofen auf der 2. Schiene von unten einschieben.
Bei 170–180° C 15–20 Minuten backen.
Belag: Den Boden mit einer Konfitüre bestreichen (s. S. 134).
Mit frischen Früchten nach der Jahreszeit belegen und mit einem Tortenguß aus dem Reformhaus übergießen.
Dazu Schlagsahne servieren, nach Belieben leicht mit Honig gesüßt.

Variante

¼ l sehr steif geschlagene Sahne, 1 Eßl. flüssiger Honig, 200 g Beeren oder zerkleinerte Früchte.

Sahne steifschlagen, Honig unterheben, Beeren oder zerkleinerte Früchte daruntermischen. Auf den Tortenboden geben und kalt stellen.

Tortéletts

230 g Weizen, fein gemahlen, 1 mittelgr. Ei oder 2 Eigelb, 70 g Honig, 1 Prise Salz, ½ Zitrone (natur), 100 g kalte Butter.

7–8 Tortelett-Förmchen, Butter zum Ausstreichen.

Die Zutaten verarbeiten, wie in dem vorstehenden Rezept „Mürbeteig für Böden“ beschrieben. Soll der Boden etwas mürber sein, nimmt man statt einem ganzen Ei zwei Eigelbe. Den Teig 2–3 Stunden im Kühlschrank ruhen lassen. Danach ca. ½ cm dick ausrollen. Die Förmchen sehr sorgfältig ausstreichen, auf den Teig legen, fest aufdrücken und ausstechen. Den Teig auflegen und den Rand hochdrücken. Mit einer Gabel in den Teigboden einige Löcher einstechen. Im vorgeheizten Ofen auf der 2. Schiene von unten einschieben. Backzeit: bei 170–180° C 10–12 Minuten.

Füllung: 1/4 l sehr steif geschlagene Sahne (Topf und Sahne eine Stunde vor dem Schlagen in den Kühlschrank stellen), je nach Säuregehalt der Früchte mit Honig süßen, mit Beeren oder kleingeschnittenem Obst vermischen und auf die Torteletts geben. 1 Stunde in den Kühlschrank stellen.

Variante

In die sehr steif geschlagene Sahne 1 Teel. Instantkaffee und 2 Teel. flüssigen Honig unterheben, auf die Torteletts geben und kalt stellen.

Variante

1/4 l Sahne sehr steif schlagen, 2 Teel. Honig und 2–3 Teel. Zitronensaft unterheben und kalt stellen.

Variante

1/4 l Sahne sehr steif schlagen, 2 Teel. Honig und 1 gestr. Eßl. Kakao oder Carob unterheben und kalt stellen.

Variante

2 Eigelb und 50 g Honig cremigrühren. 1 Teel. Rum beigeben und 1/8 l steife Schlagsahne unterheben. In jedes Törtchen Brombeeren oder entsteinte Sauerkirschen (tiefgekühlte leicht angetaut) geben, die Creme darüberfüllen, mit Schlagsahne und Beeren verzieren. Nach Belieben halbierte Walnußkerne auflegen.

Hinweis

In einer gut schließenden Dose halten sich die Torteletts fast unbegrenzt.

Gerührter Mürbeteig

für 1 Boden oder 7–8 Torteletts

100 g weiche Butter, 80 g Honig, 1 ganzes Ei (60 g), 1/2 Zitrone, 240 g Weizenvollkornmehl.

1 Springform 26 cm ∅ mit Butter leicht fetten.

Die Butter auf Stufe 2 sahnigrühren, den Honig langsam beigeben und etwa 2 Minuten glattrühren. Auf Stufe 1 weiterrühren und das Ei dazugeben. Das Mehl mit dem Abgeriebenen der Zitrone vermischen, auf Stufe 2 in die Rührmasse einarbeiten. Hin und wieder mit dem Teigschaber nachhelfen. Den weichen Teig in Alufolie verpakken und 5–6 Stunden in den Kühlschrank stellen. Sollte der Teig dann noch zu weich sein, zusätzlich ein wenig Mehl einarbeiten. Grundsätzlich aber soll er sehr zart sein.
Die Form mit dem Teig auslegen, einen 3–4 cm hohen Rand herausdrücken, den Boden mit einer Gabel einstechen. Um das vorzeitige Bräunen des Randes zu verhindern, legt man eine mehrfach gefaltete, zusammengepreßte gleichhohe Alufolie vor den Teigrand, die nach ca. 10–12 Minuten Backzeit behutsam entfernt wird. Auf der zweiten Leiste von unten in den vorgeheizten Ofen schieben.
Backzeit: 15–20 Minuten bei 170–180° C.

Hinweis

Sollten Sie beim Ausrollen von Mürbeteig Schwierigkeiten haben, dann legen Sie über den Teig eine Frischhalte-Klarsichtfolie, und das Problem ist restlos gelöst.

Bienenstich mit Ölteig

Dieser verführerische Kuchen, ein Lieblingsgebäck nicht nur meiner Enkel, ist besonders fein, wenn er frisch, fast noch warm gegessen wird. Aber auch noch nach 2–3 Tagen oder tiefgefroren, aufgebacken, schmeckt er fein.

150 g Magerquark oder Schichtkäse, 6 Eßl. Milch, 6 Eßl. Öl, 75 g heller Honig, 1 Zitrone (unbehandelt), 1 gr. Prise Salz, 1 Backpulver (natur), 300 g Weizenvollkornmehl.

1 Springform 26 cm ∅, Butter zum Bestreichen.

Quark, Milch, Öl, den Honig, das Abgeriebene der Zitrone und das Salz verrühren. Zwei Drittel des Mehls mit dem gesiebten Backpulver sorgfältig vermischen und in die Rührmasse einmengen. Den Rest auf dem Backbrett einarbeiten. Den Teig in die leicht gefettete Springform geben, auseinanderdrücken und einen 2–3 cm hohen Rand hochziehen.

Belag

125 g weiche Butter, 80 g Honig, 100 g geschälte, gehackte Mandeln oder Mandel-Splitter (vakuum-frisch), 1–2 Eßl. Sahne (nach Bedarf).

Den Honig in die Butter einrühren, die Mandeln einmengen, wenn nötig, Sahne beigeben. Die Masse soll leicht streichfähig sein. Dann die Creme auf den Teig gleichmäßig verteilen. Das Blech auf die 2. Schiene von unten in den kalten Ofen schieben.
Backzeit: 20–30 Minuten bei 180° C. Sollte der Belag zu dunkel werden, mit Folie abdecken.

Epices

Rührteig

Praktischer Hinweis für Rührteig

Der Name sagt es schon; das wichtigste Lockerungsmittel beim Rührteig ist das ausdauernde Rühren. Dabei wird Luft in die Zutaten gepumpt und in sämtlichen Poren verteilt. Dadurch wird der schwere Teig in die Höhe getrieben. Mit dem Handrührgerät oder mit der Küchenmaschine ist das Rühren kein Problem. Die Zeitdauer hängt von der Beschaffenheit des Fettes, des Honigs und von der Größe und Frische der Eier ab.
Alle Zutaten einige Stunden vor der Verarbeitung aus dem Kühlschrank nehmen. Sie müssen Raumtemperatur haben, sonst könnte der Teig gerinnen.
Das weiche, aber niemals flüssige Fett (Butter) zuallererst so lange rühren, bis es cremig und leicht steif ist. Erwärmtes oder gar geschmolzenes Fett bekommt keine Luft, und der Teig kann dann nicht hochsteigen. Den flüssigen oder weichen Honig löffelweise einrühren, dann die Eier einzeln in eine Tasse aufschlagen und nacheinander beigeben. Die Masse rühren, bis sie hell und schaumig ist.
Den frisch- und feingemahlenen Weizen mit dem Backpulver und den Gewürzen sorgfältig vermischen und auf kleiner Stufe einrühren. Werden Trockenfrüchte, gehackte Nüsse oder Mandeln verwendet, werden diese ganz zuletzt beigegeben und kurz eingerührt.
Es ist zweckmäßig, den Teig 20 Minuten ruhen zu lassen, damit das Vollkornmehl ausquellen kann. Dann erst in die Form füllen.
Werden Eiweiße laut Rezept zu Schnee geschlagen, diese erst nach der Teigruhe sorgfältig unterheben.
Die Backformen gut fetten, Kastenformen, wenn sie nicht beschichtet sind, mit Pergamentpapier auslegen und fetten. Backtrennpapier nicht fetten. Die Formen höchstens zu ⅔ mit Teig füllen.
Rührkuchen werden in den kalten oder nur leicht vorgeheizten Ofen eingeschoben. Vor dem Herausnehmen die Stäbchenprobe machen. Wenn kein Teig hängenbleibt, ist der Kuchen gar.
Dann den Kuchen 5–10 Minuten in der Form stehenlassen. Danach vorsichtig auf ein Kuchengitter stürzen.
Rührkuchen bleiben sehr lange frisch, wenn sie nach dem Abkühlen in Alufolie verpackt und kühl aufbewahrt werden.

Kranzkuchen mit Cremefüllung

450 g Weizen, 200 g weiche Butter, 180 g Honig, 4 ganze Eier, 1 Prise Vollmeersalz, 1 Zitrone (unbehandelt), 4 Eßl. Milch, ¾ Päckchen Weinstein-Backpulver.

1 Kranzform 24–26 cm ∅, Butter zum Bestreichen.

Die Butter cremigrühren, nach und nach den Honig löffelweise und die Eier zufügen. Dann das Salz und den Zitronensaft unterrühren. Das Abgeriebene der Zitrone, das Backpulver, mit dem Mehl vermischt, und die Milch beifügen. Den Teig in die gut gefettete Kranzform füllen und auf der 2. Schiene von unten in den kalten Ofen einschieben.
Backzeit: 25 Minuten bei 160° und 30 Minuten bei 130–135°C.
Nach dem Erkalten den Kuchen 1- bis 2mal durchschneiden und mit nachstehender Creme füllen.

Mandel-Buttercreme

130 g weiche Butter, 80 g heller Honig, 2 Eigelb, ⅛ l frische Sahne oder halb Sahne, halb Milch, 100 g geschälte, sehr feingeriebene Mandeln, 6 bittere Mandeln.

Die Butter sehr schaumig rühren. Den Honig und dann die Eigelbe nach und nach einrühren.
Die Sahne und die Mandeln im Wechsel löffelweise dazugeben. Bis zur Verarbeitung die Creme zugedeckt in den Kühlschrank stellen.

Variante

Statt der bitteren Mandeln 1 Teel. feinen Kakao oder ein wenig Zitronensaft einrühren.

Mürbeteig mit Früchten Seite 114

Ostpreußischer Napfkuchen

350 g Weizen, 250 g Butter (Raumtemperatur), 250 g heller Honig, 5 Eier (65 g), 2 Eßl. Rum, 1 gr. Prise Vollmeersalz, 1 Zitrone, ½ Päckchen Weinstein-Backpulver, 150 g geriebene Mandeln, 5 bittere Mandeln.

Napfkuchenform, Butter zum Fetten, 20–30 g gemahlene Nüsse zum Ausstreuen.

Butter und Honig schaumigrühren. Nach und nach Eier und Gewürze beigeben.
Den frisch- und feingemahlenen Weizen mit dem gesiebten Backpulver sorgfältig verrühren und eßlöffelweise in die Schaummasse einrühren. Dann die mit der Schale geriebenen Mandeln unterheben.
Den Teig 20 Minuten ruhen lassen, damit das Vollkornmehl ausquellen kann. Inzwischen die Form gründlich fetten und mit gemahlenen Nüssen ausstreuen. Nach dem Ruhen den Teig einfüllen und auf der 2. Schiene von unten in den kalten Ofen schieben.
Backzeit: 50–60 Minuten bei 180–200° C.

Schwarzwälder Kirschenplotzertorte

100 g Vollkornzwieback, hausgebacken (s. Seite 107), 4–5 Eßl. Rum, 500 g (netto) Sauerkirschen, 500 g (netto) Süßkirschen, 100 g weiche Butter, 150 g Honig, 5 Eier, 1 leichtgeh. Teel. Zimt, 50 g feingehackte Mandeln, 50 g Weizen, Schlagsahne.

1 feuerfeste Form, z. B. Jenaer Glas, 24 cm ∅, Höhe 6 cm, Butter zum Fetten, Brösel.

Den Zwieback mit dem Rum übergießen und 1–2 Stunden durchziehen lassen. Die Kirschen entsteinen.
Butter, Honig, die Eigelbe und Zimt cremigrühren, Rum-Zwieback, Mandeln und den frisch- und feingemahlenen Weizen beigeben und alles miteinander gut vermischen. 20 Minuten Ruhezeit.
Die Eiweiße steifschlagen und im Wechsel mit den Kirschen in die Crememasse unterziehen. Den sich inzwischen angesammelten Saft abgießen.
Den Teig in die sorgfältig gefettete und gebröselte Form füllen und in den kurz vorgeheizten Ofen auf der Mittelschiene einschieben.
Bei 220° C 55–60 Minuten backen. 5–10 Minuten Nachwärme.
In der Form erkalten lassen, dann einige wenige Sahnetupfer rundum aufspritzen und servieren.

Hinweis

Vollkornzwieback gibt es in Schnitzer-Vollkornbäckereien und Reformhäusern.

Zitronen-Walnußcake

Ein fantastischer Kuchen, mit dem Sie Ihre Gäste und Ihre Familie immer wieder hell begeistern werden. Ich selber kann nicht widerstehen, ihn noch warm anzuschneiden.

300 g Weizen, 250 g weiche Butter, 250 g heller Honig, 5 Eier (zu 60 g), 2 Eßl. Rum, 1 Eßl. Zitronensaft, ½ Fl. Bittermandelöl, 1 geh. Teel. Natura Backpulver, 50 g grobgehackte Walnüsse.

Butter, Honig und Eier am Vorabend in die Küche stellen.

1 Kastenform, 30–35 cm × 12 cm, Butter zum Fetten oder Backpapier.

Guß

2–3 saftreiche Zitronen (natur), 50 g flüssiger Honig, Zitronensaft mit dem Honig gut verrühren.

Im Rührgerät die Butter schaumigrühren. Den Honig langsam beigeben, die Eidotter, sorgfältig vom Eiweiß getrennt, nach und nach einrühren. Ebenso Rum, Zitronensaft und das Bittermandelöl.
In den frisch- und feingemahlenen Weizen das Backpulver sieben, gut vermischen, in die Teigmasse einrühren und 20 Minuten ruhen lassen. Danach die Walnüsse einmengen und auf Stufe 1 den sehr steifen Eischnee unterziehen. In die Form einfüllen, in den kalten Ofen auf die 2. Schiene von unten einschieben.
Backzeit: 25 Minuten bei 160° C, 30–35 Minuten bei 180° C.
Nach dem Backen den Kuchen etwas abkühlen lassen, dann stürzen und mit einem Holzstäbchen dicht beieinander tiefe Löcher einstechen. Mittels eines kleinen Schnabelkännchens den Guß aufträufeln.

Strudelteig

Apfelstrudel

für 2 kleine oder 1 große Kasten- oder feuerfeste Form

250 g Weizen, 90 g lauwarmes Wasser, 1 Prise Vollmeersalz, 30 g flüssige Butter, 1 Teel. Öl, 1 Ei.

Füllung

50 g Sultaninen in 1–2 Eßl. Rum einlegen, 700 g feine, saftige Äpfel, 60 g flüssiger Honig, 30 g gem. Mandeln, ½ Teel. Zimt, zum Bestreichen etwas Butter.

1 Backblech.

Für diesen sehr zarten Teig muß der feingemahlene Weizen gesiebt werden. Es müssen etwa 300 g Weizen feingemahlen werden, die Kleie wird auf den Strudelteig aufgestreut.
⅔ des Mehls mit dem lauwarmen Wasser, Salz, Butter, Öl und dem Ei in die Rührschüssel geben. Kurz auf Stufe 1, dann auf Stufe 2 in 3–4 Minuten zu einem geschmeidigen Teig verarbeiten. Das restliche Mehl beigeben und noch etwa 3–4 Minuten auf Stufe 2–3 kneten. Den Teig zu einem Ballen formen und leicht mit Öl bestreichen. Eine Porzellanschüssel mit kochendem Wasser ausspülen, gut abtrocknen, über den Teig stülpen und 30 Minuten ruhen lassen. Inzwischen die Zutaten für die Füllung richten und das Blech mit Butter fetten. Nach der Ruhezeit den Teig auf einem glatten, bemehlten Tuch ausrollen. Von der Mitte her über den Handrücken ganz dünn zu einem Rechteck ausziehen. Für die Füllung die Äpfel, je nach Sorte mit der Schale, grob raspeln, mit dem Honig begießen. Sultaninen und den Zimt, mit den Mandeln vermischt, aufstreuen und alles miteinander mit zwei Gabeln vermengen. Den Teig mit flüssiger Butter bestreichen, mit der Füllung belegen, dabei die Teigränder freilassen und nach innen umschlagen. Den Strudel von der Längsseite her locker aufrollen, dabei das Tuch leicht anheben. Mit dem Teigschluß nach unten auf das Blech gleiten lassen.
Mit zerlassener Butter oder mit Eigelb, in wenig Milch verquirlt, leicht bepinseln.
Den Strudel auf der 2. Schiene von unten in den kalten Ofen schieben und bei 220° C 40–45 Minuten backen.

Variante

600 g reife Stachelbeeren, 80 g flüssiger Honig, 150 g getr. Feigen oder 200 g frische Datteln, 50 g Sultaninen, 40 g gemahlene Haselnüsse, ½ gestr. Teel. Zimt, 3 Eßl. Sahne.

Reife Stachelbeeren waschen, Stiele und Blüten entfernen, halbieren und mit dem Honig begießen. Feingewiegte Feigen oder frische, entsteinte Datteln, Sultaninen, in Rum getränkt und ausgedrückt, und gemahlene Haselnüsse aufstreuen. Zimt und Sahne verrühren und alles miteinander vermengen.

Hinweis

Dieses Rezept ist für eine große Form berechnet, für zwei kleine Formen halbiert man den Teig und die Zutaten.
Bei Verwendung einer feuerfesten Form kann der Strudel darin gleich serviert werden. Mehrere Strudel können auch gut in der Fettpfanne, nebeneinandergelegt, gebakken werden.

Torten für frohe Feste

Apfeltorte Bukarest

Anläßlich eines Besuches bei einer befreundeten Familie in Bukarest wurde ich mit dieser herrlichen rumänischen Apfeltorte empfangen, die ich Ihnen nicht vorenthalten möchte.

Tortenform 26 cm ∅, Pergamentpapier, Butter, Brösel, 1 kg mittelgroße, säuerliche Äpfel, Preiselbeerkonfitüre (s. Seite 136), Butter.

Guß

70 g Weizen, 2 Eßl. Honig, 1 Eßl. Ahornsirup, ½ gestr. Teel. Zimtpulver miteinander verrühren, 5 Eiweiß (mittelgroße Eier = 60 g), 75 g flüssiger Honig, 5 Eigelb, 1 Zitrone (natur).

Den Boden und den Rand der Form mit leicht gefettetem Papier belegen und bröseln.
Die Äpfel schälen, das Kerngehäuse sorgfältig ausstechen, die Äpfel auf einer Seite etwas abflachen, damit sie einen besseren Stand haben, und in die Form geben. Das Gelingen dieses Kuchens hängt weitgehend von der Apfelsorte ab. Sind die Äpfel nicht sehr mürbe, ist es ratsam, sie in ganz wenig Was-

ser 5 Minuten zu dünsten. Dann werden sie mit Preiselbeerkonfitüre gefüllt. Je eine größere Butterflocke aufsetzen, mit dem Guß beträufeln und die Form mit Alufolie abdecken.
Nun die inzwischen kaltgestellten Eiweiße sehr steif schlagen, Honig und Eigelbe nach und nach einrühren und den frisch- und sehr feingemahlenen Weizen, mit dem Abgeriebenen der Zitrone vermischt, unterheben. Den Ofen auf 50° C vorheizen. Die Creme über die Äpfel geben und die Form auf der 2. Schiene von unten einschieben.
Bei 180° C 40 Minuten backen. Wenn es nötig ist, nach der Halbzeit die Form mit Folie abdecken, damit die Oberfläche nicht zu braun wird.
Bei geöffneter Tür dem Kuchen 5 Minuten Nachwärme geben und in der Form erkalten lassen. Dann den Rand lösen, über den Kuchen ein Gitter legen, stürzen und kühl stellen. Nach einigen Stunden – frisch schmeckt er besonders gut – den Kuchen rundherum dick mit ungesüßter Schlagsahne garnieren.
Das hübsche Muster in der Mitte freilassen.

Hinweis

Die Apfelschalen können Sie für einen feinen Tee verwenden (s. nächstes Rezept) unter Apfel-Walnußtorte.

Apfel-Walnußtorte

275 g Weizen, 1 kg säuerliche, mürbe Äpfel, 150 g weiche Butter, 140 g flüssiger Honig, 5 Eier, 1/2 Zitrone, 1 Eßl. Rum, 8 Tropfen Bittermandel-Essenz, 1 große Prise Vollmeersalz, 3 gestr. Teel. Natura Backpulver, 60 g gehackte Walnüsse.

1 Tortenform 26 cm ∅, Butter zum Fetten.

1 Eßl. flüssige Butter, 2 Eßl. frische Sahne, 1/4 gestr. Teel. Zimt.

Guß

1 Eßl. frische Sahne, 2 Eßl. Zitronensaft, 1 Eßl. Honig miteinander verrühren.

Eiweiße und Topf in den Kühlschrank geben.
Die Äpfel schälen, halbieren, das Kerngehäuse herausholen. Die Äpfel achteln, mit Zitronensaft beträufeln und in ein Tuppergefäß geben.
Im Rührgerät zu der weichen Butter nach und nach den Honig und die Eigelbe dazugeben und schaumigrühren. Das Abgeriebene der Zitrone, den Rum, Bittermandel und das Salz einrühren. Den frisch- und feingemahlenen Weizen mit dem gesiebten Backpulver sorgfältig vermischen und löffelweise in die Creme einmengen. Die Eiweiße sehr steif schlagen und unter den Teig ziehen.
Zwei Drittel des Teiges in die leicht gefettete Form füllen, die Äpfel dicht auflegen, leicht in den Teig hineindrücken und die Walnüsse aufstreuen. Den Restteig mit der flüssigen Butter, der Sahne und dem Zimt verrühren und aufstreichen.
Den Kuchen auf der 2. Schiene von unten in den kalten Ofen schieben und bei 180–200° C 40–45 Minuten backen. Gleich danach den Kuchen mit dem Guß beträufeln, abkühlen lassen und aus der Form nehmen.

Hinweis

Die Apfelschalen für einen feinen Tee verwenden. Die Schalen in reichlich Wasser geben, je nach Schalenmenge bis zu einem halben Teelöffel Brechts Delifrut beigeben. Fünf Minuten kochen lassen und abseihen. Nach Belieben etwas Zitronen- oder Orangensaft zugießen und mit wenig Honig süßen.

Erfrischender Sommernachtstraum

Mürbeteigboden

230 g Weizen, 2 mittelgroße Eigelb, 70 g Honig, 1 Prise Vollmeersalz, das Abgeriebene einer halben Zitrone (natur), 100 g kalte Butter.

Konfitüren (s. Seite 134–136).

Zubereitung unter Mürbeteig für Böden s. Seite 114. Zwei Drittel der Teigmenge dünn ausrollen und den Boden einer Springform randlos belegen. Mit einer Gabel mehrmals Löcher einstechen.
In den kalten Ofen auf der 2. Schiene von unten schieben und bei 170–180° C 10–12 Minuten backen. Nach dem Abkühlen eine beliebige Konfitüre aufstreichen.

Biskuitboden

3 Eier, 2 Eßl. handwarmes Wasser, 90 g heller, weicher Honig, 2 Eßl. Rum, 1/4 Teel. Vanillegewürz (s. Seite 129), das Abgeriebene einer halben Zitrone (natur), 1/2 gestr. Teel. Backpulver, 120 g Weizen.

Zubereitung (s. Seite 109)
Nach dem Backen den Biskuitboden abkühlen lassen. Dann auf den Mürbeteigboden setzen und leicht aufdrücken. Mit zwei Eßlöffeln Orangensaft und zwei Eßlöffeln Ahornsirup, gut verrührt, gleichmäßig beträufeln.
Zugedeckt einige Stunden kühl stellen.

Belag

4 große, gelbe Grapefruits, (1. Wahl), 200 g Sahne.

Erfrischender Sommernachtstraum mit Ananas

Die Früchte schälen. Mit einem kleinen, spitzen und sehr scharfen Messer die weißen Häute und die Sehnen zwischen den Spalten sorgfältig entfernen. Rührgefäß und Schlaggerät in den Kühlschrank, die Sahne 10–15 Minuten in das Tiefkühlgerät geben. Nun die Grapefruits halbieren, den Kern ausschneiden, das Fruchtfleisch sorgfältig herauslösen, mit der Schnittfläche nach unten auf ein Brett legen. Mit einem scharfen Messer filieren. Die flachen Seiten zum Kern hin großzügig beschneiden. 24 Filetstückchen zum Abtropfen auf ein Sieb geben, danach auf zweifaches Küchenkreppapier einzeln auslegen. Die restlichen Filets in Würfel schneiden und ebenfalls gut abtropfen lassen.
Inzwischen die Sahne schnittfest schlagen, 4 Eßlöffel in die Tortenspritze füllen und in den Kühlschrank geben. Tortenrand und Boden mit Sahne dick bestreichen, die Früchtewürfel gleichmäßig bis zum Rand auflegen und die restliche Sahne glatt aufstreichen. Nun die Hälfte der Filets rundherum auflegen, die restlichen etwas zur Mitte hin, mit den Spitzen in Richtung der oberen Filets auflegen. So läßt sich die Torte gut aufschneiden. Die Zwischenräume mit Sahne-Rosetten ausfüllen. Vor dem Servieren zugedeckt 1–2 Stunden in den Kühlschrank stellen.

Variante

Als Abwechslung frische Ananas gegen Grapefruits austauschen, mit Limonenscheiben verzieren.

Johannisbeertörtchen

250 g Weizen, 200 g weiche Butter, 250 g heller, weicher Honig, 4 große Eier, 2 Eßl. Rum, 5 Tropfen Bittermandel, 1 geh. Teel. Backpulver, 70 g frischgemahlene Haselnüsse, 250 g frische oder tiefgefrorene Johannisbeeren, leicht angetaut.

10–12 Förmchen 9 cm ∅, Höhe 5 cm.

Die Butter im Rührgerät mit dem Honig schaumigrühren. Nacheinander die Eier, Rum und Bittermandelaroma beigeben. Wenn nötig, ab und zu mit einem Teigschieber die Rührmasse vom Schüsselrand zur Mitte schieben; sie muß hell und schaumig werden. Das Backpulver mit dem frischgemahlenen Weizen gut vermischen und dazugeben.
Die Nüsse und die Johannisbeeren von Hand untermengen und in die sorgfältig gefetteten Förmchen geben.
Auf der 2. Schiene von unten in den kalten Ofen schieben. Bei 160° C 20 Minuten und weitere 25 Minuten bei 180° C backen. Nach dem Abkühlen stürzen, eventuell mit einem kleinen Küchenmesser nachhelfen.

Hinweis

Statt in Förmchen den Teig in eine 30 cm lange Kastenform füllen, die mit gefettetem Backpapier ausgelegt ist. Backzeit bei 160°C 30 Minuten und 20–30 Minuten bei 180° C. Noch warm stürzen.

Die rubinrote Johannisbeere ist äußerst kalorienarm und erfrischend wegen ihres angenehmen süß-säuerlichen Geschmacks. Sie zeichnet sich unter den Beerenfrüchten besonders aus durch die Vielzahl von Fruchtsäuren, Vitaminen und Mineralien. Weiße Johannisbeeren sind milder im Geschmack, sie haben aber die gleichen Wirkstoffe wie die roten. Schwarze Johannisbeeren sind Spitzenträger des Vitamins C. Der schwarze Farbstoff wirkt ähnlich wie bei der Heidelbeere als Heilmittel bei Durchfällen.

Echte Linzertorte

200 g Weizen, 200 g Mandeln, 4–5 bittere Mandeln, 2 Msp. gemahlene Nelken, 1 gestr. Teel. Zimt, 1 leicht geh. Teel. Kakao, 175 g Honig, 1 Ei, 1 Eßl. Kirschwasser, ½ unbehandelte Zitrone, 200 g feste Butter.

250 g beliebige Konfitüre (s. Seite 134), 1 Eigelb zum Bestreichen, 1–2 Teel. Milch.

1 Springform 26 cm ∅, Butter zum Fetten.

Zunächst nur 150 g von dem frisch- und feingemahlenen Weizen mit den gemahlenen Mandeln und den Gewürzen vermischen. Eine Vertiefung hineindrücken und darin den flüssigen oder weichen Honig, das Ei, Kirschwasser und das Abgeriebene der Zitrone verrühren.
Die kalte Butter in Flöckchen rundum aufsetzen und alles miteinander zu einem zarten Teig verarbeiten, der nicht kleben soll. Wenn nötig, das Restmehl dazugeben. In Folie verpackt, 2–3 Stunden kühl ruhen lassen.
⅔ des Teiges zunächst auf dem leicht bemehlten Backbrett, dann in der sparsam gefetteten Form mit dem Stielroller auswellen. Einen 2 cm hohen Rand hochdrücken, abrädeln oder mit den Zinken einer Gabel ein Muster eindrücken.
Die Konfitüre gleichmäßig aufstreichen. Den restlichen Teig

in schmale Streifen ausrädeln, gitterartig auflegen und mit Eigelb, mit der Milch verquirlt, bestreichen.
Im leicht vorgeheizten Ofen auf der 2. Schiene von unten einschieben.
Bei 180–200° C 40–45 Minuten backen. Nach dem Abkühlen auf ein Kuchengitter geben und 2 Tage ruhen lassen. Dadurch erst bekommt die Linzertorte ihren speziellen aromatischen Geschmack.
In Alufolie verpackt und kühl gelagert, bleibt das Gebäck längere Zeit frisch.

Variante

Den Restteig nicht in Streifen schneiden, sondern runde Plätzchen, aus den Plätzchen Halbmonde ausstechen und zusammen mit den sich daraus ergebenden blattförmigen Teilchen die Konfitüre belegen.
Ein Tip: Die Halbmonde ringsherum, die Blätter in der Mitte hübsch anordnen.

Makronen-Johannisbeertorte

230 g Weizen, 1 mittelgr. Ei oder 2 Eigelb, 70 g Honig, 1 Prise Vollmeersalz, ½ Zitrone (natur), 100 g kalte Butter.

Springform 26 cm ∅, nicht fetten.

In das Mehl eine Vertiefung machen. Ei, Honig, Salz und das Abgeriebene der Zitrone darin verquirlen und mit Mehl abdecken. Die kalte Butter in kleinen Stückchen darüberschneiden und rasch einarbeiten. Den zarten Teig 1–2 Stunden zugedeckt im Kühlschrank ruhen lassen.
Dann den Teig ausrollen, in die Form geben und einen 4 cm hohen Rand hochdrücken.
Mit einer Gabel recht dicht Löcher in den Teig einstechen, die Form auf die 2. Schiene von unten in den auf 180° C vorgeheizten Ofen schieben und 8–10 Minuten vorbacken.

Hinweis

Bei Verwendung von Eigelben an Stelle eines ganzen Eies wird der Teig mürber.

Belag

200 g zarte Kokosflocken, 70 g gem. Haselnüsse, 10 g bittere Mandeln, 50 g grob gehackte Walnüsse, 4 Eiweiß, 130 g flüssiger Honig, 1 gestr. Teel. Zimt, ½ Zitrone, 500 g Johannisbeeren, im Winter tiefgefrorene, leicht angetaut.

Die Kokosflocken mit den gemahlenen Nüssen und Mandeln sowie den gehackten Nüssen vermischen. Die gekühlten Eiweiße sehr steif schlagen, den Honig langsam einfließen lassen und zu einer dickcremigen Masse schlagen.
Nüsse, Mandeln, Zimt und das Abgeriebene der Zitrone sorgfältig unterheben.
Ein Drittel der Makronenmasse auf den Tortenboden streichen, die Hälfte der Beeren auflegen. Das zweite Drittel der Makronenmasse aufstreichen, den Rest der Beeren darauf verteilen und mit der restlichen Makronenmasse abdecken. Dabei spielt es keine Rolle, ob sie etwas höher oder tiefer mit dem Tortenbodenrand abschließt.
Die Form auf die 2. Schiene von unten in den kalten Ofen schieben. Bei 200° C 20–25 Minuten backen.
Die Oberfläche soll goldgelb und fest sein.
Den Kuchen in der Form erkalten lassen.
Diese Torte eignet sich sehr gut zum Tiefgefrieren. Bei Raumtemperatur aufgetaut, schmeckt sie vielleicht noch besser als frisch. Mit Schlagsahne serviert, ist sie ein Hochgenuß.

Hinweis

An Stelle von Kokosflocken nur Nüsse oder zu gleichen Teilen Nüsse und Kokosflokken verwenden.

Mandelcremetorte

Füllung

3–4 Eßl. Rum, Johannisbeer-Konfitüre (s. Seite 134), 200 g weiche Butter, 2 Eigelb, 150 g Honig, 180 g Sahne, 200 g geschälte Mandeln, 8 bittere Mandeln, Mandelblättchen, 4–5 Eßl. Schlagsahne.

Einen Biskuit nach Grundrezept 2 backen (s. Seite 109). Über Nacht kühl stellen, dann zweimal quer durchschneiden. Die Böden mit Rum beträufeln. Den unteren mit reichlich Konfitüre bestreichen und den zweiten auflegen.
Butter, Eigelb und Honig cremigrühren. Die flüssige Sahne langsam beigeben, die feingeriebenen süßen und bitteren Mandeln einrühren und zwei Drittel der Creme auf den zweiten Boden gleichmäßig verteilen.
Den dritten Boden auflegen und diesen mit der restlichen Creme, einschließlich Rand, bestreichen.
Mit leicht gerösteten Mandelblättchen und Sahnetupfer garnieren.
Zugedeckt einige Stunden in den Kühlschrank stellen.

Mocca-Buttercremetorte

für besonders festliche Anlässe

Einen Biskuit nach Grundrezept 3 (s. Seite 109) backen. Über

Nacht kühl ruhen lassen, dann zweimal quer durchschneiden und füllen.

120 g Weizen, 300 g weiche Butter, 1½ geh. Teel. Agar Agar oder 8 Gramm, 500 g Vollmilch, 2 Eidotter, 200 g flüssiger Honig, 3 Eßl. frische Sahne, 3–4 Teel. gem. löslicher Mocca.

Die Butter cremigschlagen und kühl stellen. Agar Agar in 8 Eßlöffeln Milch, von der Gesamtmenge abgenommen, gut auflösen und sofort mit dem Schneebesen in die warme Milch einrühren. Den frisch und sehr fein gemahlenen Weizen hinzugeben und unter ständigem Rühren zum Kochen bringen. Eine Minute leicht kochen lassen, dabei den Teig am besten mit einem Holzlöffel kräftig rühren. Dann den Topf in kaltes Wasser stellen und weiterrühren, bis die Teigmasse abgekühlt ist. Die Eidotter und den Honig nach und nach beigeben, zum Schluß die flüssige Sahne. Nun den Teig löffelweise mit dem Schneebesen in die Butter einrühren.

Den löslichen Mocca in einer kleinen elektrischen Schlagmessermühle auf kleinster Stufe mahlen. Den größten Teil unter die Creme rühren, kräftig abschmecken und 20–30 Minuten in den Kühlschrank stellen. Dann zwei Drittel der Buttercreme auf zwei Böden gleichmäßig verteilen. Die Hälfte der restlichen Creme in die Tortenspritze füllen und in den Kühlschrank geben. Mit dem Rest der Creme den Rand und die Tortenoberfläche bestreichen.

Ein hübsches Muster aufspritzen, die Torte abdecken und ein bis zwei Stunden in den Kühlschrank stellen.

Hinweis

Um einen schönen Farbkontrast zu erzielen, können Sie von der Spritzmasse einen Teil wegnehmen und mit 2–3 gestrichenen Teelöffeln Van Houten Kakao verrühren.
Die Creme soll farblich abstechen, aber nicht bitter schmecken. Eventuell mit feingewiegten oder frischgemahlenen Pistazien den Effekt noch erhöhen.

Schlesische Kirsch-Mandeltorte

300 g Weizen, 1 Msp. Vollmeersalz, 1 Zitrone (natur), 1 Ei, 2 Eßl. frische Sahne, 125 g heller, weicher Honig, 175 g kalte Butter.

1 Tortenform 26 cm ∅, Butter zum Fetten.

500 g frische, entsteinte oder tiefgekühlte Sauerkirschen.

Auf dem Backbrett den frisch- und feingemahlenen Weizen mit dem Salz und dem Abgeriebenen der Zitrone vermischen. Eine Mulde hineindrücken und darin das Ei, die Sahne und den Honig mit einer Gabel verrühren. Die Butter in großen Flokken über das Mehl geben und alles zusammen zu einem glatten Teig kneten. In Alufolie oder in Pergamentpapier verpackt, 3–4 Stunden kühl ruhen lassen.

Die Form leicht fetten, fast zwei Drittel des Teiges auf dem leicht bemehlten Brett ausrollen. Die Form auflegen und den Teig rundum abrädeln, mit Folie belegen und 1mal überklappen. So läßt er sich mit einem Tortendeckel leichter in die Form legen.

Von dem Restteig 3 Rollen formen, flachdrücken, abrädeln und um den inneren Formrand legen.

Den Teigboden mit einer Gabel recht dicht einstechen. Auf der 2. Schiene von unten bei 180° C 15–20 Minuten vorbacken.

Inzwischen die Kirschen vorbereiten. Tiefgekühlte lassen sich leichter entsteinen, wenn sie, auf einem Gitter aufgelegt, leicht antauen.

Mandelcreme

3 Eier, 100 g Honig, 150 g Mandeln, 5 bittere Mandeln, 1 geh. Teel. Zimt, 1 Msp. Nelken, in den Kühlschrank geben.

Eiweiße und den Topf in den Kühlschrank stellen, Eigelbe und Honig mit dem Rührgerät 10 Minuten auf höchster Stufe rühren. Die mit der Schale gemahlenen süßen und bitteren Mandeln mit Zimt und Nelken gut vermischen. Abwechselnd mit dem sehr steif geschlagenen Eiweiß unter die Creme heben. Den inzwischen abgekühlten Tortenboden mit den Kirschen belegen und die Mandelcreme darübergeben. Den Kuchen in den auf 180° C vorgeheizten Ofen auf der untersten Leiste einschieben und 45–50 Minuten backen. Sollte er zu schnell bräunen, die Hitze etwas drosseln oder eine Alufolie auflegen. Nach dem Backen den Kuchen in der Form abkühlen lassen. Danach vorsichtig auf ein Kuchengitter heben.

Variante

Die Kirschen auswechseln gegen reife Pflaumen oder Aprikosen, die in Viertel geschnitten werden.

Mürbeteig

Praktische Hinweise für Mürbeteig

Voraussetzung für das gute Gelingen von Mürbeteig ist, daß der Weizen fein gemahlen wird. Das gibt die Gewähr, daß der Teig nicht bricht. Alle Zutaten, außer der Butter, müssen Raumtemperatur haben.
Das Mehl auf ein Backbrett geben, in der Mitte eine Vertiefung machen und alle Zutaten darin verrühren. Die kalt gestellte Butter in kleingeschnittenen Stücken auf dem Mehl verteilen und sofort zusammen mit den anderen Zutaten verarbeiten. Tiefgefrorene Butter mit einem groben Reibeisen auf das Mehl raspeln. Den geschmeidigen Teig in Pergamentpapier oder in Alufolie verpacken und 3–4 Stunden in den Kühlschrank geben. So kann er sich entwickeln und fester werden.
Als Vorrat kann Mürbeteig 2–3 Tage im Kühlschrank aufgehoben werden. Zum Ausrollen Backbrett und Rollholz leicht mit Mehl bestreuen. Sollte es Schwierigkeiten geben, den Teig mit einer Klarsichtfolie belegen. So läßt er sich fast spielend beliebig dünn ausrollen. Danach die Folie abnehmen. Versuchen Sie auch einmal, den Teig zwischen zwei Folien auszurollen. Soll der Teig für einen Tortenboden verwendet werden, legen Sie die Springform auf, den Teig ringsum abrädeln und die Form abheben. Nun die Folie wieder auflegen, den Teig einmal überklappen und in die Form legen. Sollte er am Brett haften bleiben, mit einem breiten Messer nachhelfen. Dann den Teig wieder aufklappen und die Folie entfernen. Aus den Teigresten einen Rand ausrollen und auflegen.
Je nach Geschmeidigkeit des Teiges können Sie ihn nach der Ruhepause auch einfach in die Form legen und mit den Händen bzw. Fingern auseinanderbreiten, dabei einen Rand hochdrücken. Mit einer Gabel in den Teigboden recht viele Löcher einstechen, damit er beim Backen keine Blasen wirft. Rohen Mürbeteig kann man gut einfrieren. Er hält sich bis zu drei Monaten. Für die Verarbeitung muß er so weit auftauen, daß er sich ausrollen läßt. Backöfen und ihre Beheizung s. Seite 100.

Hinweis

Werden für das eine oder andere Gebäck nur Eigelbe verarbeitet, können Sie die Eiweiße rasch für Makronengebäck (s. Seite 133) verwenden oder einfrieren (s. Seite 155).

Orangenleckerle

400 g Weizen, 150 g Honig, 1 Ei, 2 Orangen (unbehandelt), 150 g Butter, 1 Eiweiß, Mandeln oder Nüsse zum Bestreuen.

Den frisch- und feingemahlenen Weizen mit dem Honig, Ei, dem Abgeriebenen der Orangen und der Butter zu einem Ballen verkneten. 2–3 Stunden kühl ruhen lassen.
Auf 1–2 leicht gefetteten Backblechen ausrollen, mit leicht verdünntem Eiweiß bestreichen und mit Mandel- oder Nußblättchen bestreuen. Auf der Mittelschiene bei 170–180° C 15–20 Minuten backen.
Noch warm in kleine Rechtecke schneiden.

Spritzgebäck

250 g Weizen, 100 g Mandeln oder Nüsse, ½ gestr. Teel. Zimt oder 1 gestr. Teel. Vanillegewürz, 1 gr. Ei, 130 g Honig, 130 g Butter, 1 Eigelb.

Den frisch- und feingemahlenen Weizen mit den sehr fein gemahlenen Mandeln oder Nüssen und dem Gewürz vermischen. Ei und Honig beigeben, die kühlgestellte Butter hineinschneiden und alles zu einem Teig verkneten. 2 Stunden kühl ruhen lassen.
Danach die Teigmasse in beliebiger Form mit einer Teigspritze auf ein ungefettetes Blech geben. Mit verdünntem Eigelb bestreichen.
Im vorgeheizten Ofen auf der Mittelschiene bei 180° C 15–20 Minuten backen.

Grundrezepte für Mürbeteig

Die nachstehenden Rezepte sind für 2 Böden, 26 cm ∅, oder für 80–90 Plätzchen, je nach Größe, berechnet.

Einfacher Mürbeteig

500 g Weizen, 190 g Honig, 2 Eier, 190 g feste Butter.

Den frisch- und feingemahlenen Weizen auf ein Backbrett geben, eine Vertiefung machen und darin den Honig und die Eier verrühren. Mit Mehl abdecken, die Butter darüberschneiden und zu einem Teig verarbeiten.
In Folie verpackt 2–3 Stunden kühl stellen.

Feinster Mürbeteig

500 g Weizen, 180 g Honig, 1 Ei, 2 Eigelb, ½ Zitrone, ¼ Teel. Zimt, 250 g feste Butter.

Den größten Teil des frisch- und feingemahlenen Weizens mit dem Honig, dem Ei und den Eigelben, dem Abgeriebenen der Zitrone und dem Zimt vermengen. Dann das Restmehl darübergeben und die feste, in Stücke geschnittene Butter einarbeiten.
In Alufolie verpackt 2–3 Stunden in den Kühlschrank geben.

Mürbeteig mit Kakao

500 g Weizen, 50 g feinger. Mandeln, 50 g dunkler Kakao, 1 ganzes Ei, 200 g Honig, 300 g feste Butter.

Den frisch- und feingemahlenen Weizen mit den Mandeln und dem Kakao (Van Houten) vermischen. Eine Vertiefung machen, darin das Ei mit dem Honig verrühren, das Mehl darübergeben und die Butter stückchenweise einarbeiten. In Folie verpackt 2–3 Stunden kühl stellen.

Hinweis

Sollten Sie beim Ausrollen von Mürbeteig Schwierigkeiten haben, dann legen Sie über den Teig eine Frischhalte-Klarsichtfolie, und das Problem wird restlos gelöst.

Mürbeteig ohne Ei

500 g Weizen, 200 g Honig, 1 gr. Msp. gem. Vanille, 300 g feste Butter.

Einen Teil des frisch- und feingemahlenen Weizen mit der Vanille und dem Honig verrühren. Den Mehlrest und die Butter stückchenweise einarbeiten, 2–3 Stunden Teigruhe.

Plätzchen für jung und alt

Ahorn-Knusperhörnchen

150 g Weizen, 180 g Mandeln, 8 bittere Mandeln, 1 Prise Vollmeersalz, ¼ Teel. gem. Vanille, 1 Zitrone (natur), 150 g Ahornsirup, 2 Eier, 4 Tropfen Bittermandelöl, 80 g Butter.

1 Backblech.

Den frisch- und feingemahlenen Weizen auf ein Backbrett geben. Mit den geriebenen Mandeln, Salz, Vanille und dem Abgeriebenen der Zitrone vermischen. Eine Mulde machen und darin Ahornsirup, das ganze Ei und das Bittermandelöl gut verquirlen.
Das Mehl darübergeben, die in Flöckchen zerpflückte Butter sorgfältig einkneten und zwei Rollen formen. Im Kühlschrank 1 Stunde ruhen lassen.
Danach die Rollen einzeln herausnehmen und in gleichmäßige Scheiben schneiden. Daraus 5–7 cm lange Hörnchen formen und auf die ungefetteten Bleche legen.
Im vorgeheizten Ofen auf der Mittelschiene bei 170–180° C 10–15 Minuten goldbraun backen.
Stückzahl: ca. 30–35

Hinweis

Werden diese Hörnchen, ebenso alle anderen Plätzchen, in einer Blechdose aufbewahrt, entwickeln sie erst ihr feines Aroma.

Bärentatzen

450 g Weizen, 140 g gem. Nüsse, 1 gestr. Eßl. Zimt, 2 Msp. gem. Nelken, 1 geh. Eßl. feiner Kakao (Van Houten), 180 g Honig, 250 g Butter.

2 Backbleche.

Den feingemahlenen Weizen auf ein Backbrett geben, darin Nüsse, Gewürze und Kakao gut vermischen. Eine Mulde machen, den Honig hineingeben und mit einem Teil des Mehls vermengen. Dann die Butter sorgfältig einarbeiten.
Vier 3–4 cm dicke Rollen formen und zugedeckt 1 Stunde in den Kühlschrank stellen.
Die Rollen in ca. 1 cm dicke Scheiben aufschneiden, knapp walnußgroße Kugeln formen und auf die ungefetteten Backbleche legen.
Mit einer Gabel die Kugeln von oben nach unten herunterdrükken, so daß die Form von Tatzen entsteht. Auf der Mittelschiene bei 180–200° C 20–25 Minuten backen.
Stückzahl: 60

Dattelröllchen

300 g Weizen, 150 g weiche Butter, 50 g Honig, 100 g feinger. Haselnüsse, 1 Msp. Vanille, 1 Zitrone (natur), 1 Eßl. Milch, 150 g (netto) Datteln.

Alle Zutaten am Abend oder einige Stunden vor der Verarbeitung in die Küche stellen.

2 Backbleche.

Die weiche, aber nicht erwärmte Butter cremigrühren, den Honig teelöffelweise beigeben und schaumigrühren.
Den frischgemahlenen Weizen mit den Nüssen, dem Abgeriebenen der Zitrone und der Vanille gut vermischen. Davon einen Teil und die Milch in die Creme einrühren. Mit dem restlichen Mehlgemisch auf ein Backbrett geben und mit den nicht zu fein gewürfelten Datteln verarbeiten.
Zwei Rollen formen und zugedeckt 30 Minuten ruhen lassen.
Danach in Scheiben schneiden und 5–6 cm lange Röllchen formen. Auf das leichtgefettete Blech legen und in den kalten Ofen auf der Mittelschiene einschieben.
Backzeit: 20–25 Minuten bei 180–200°C.
Stückzahl: ca. 40–50

Fruchttörtchen

250 g Weizen, 250 g weiche Butter, 100 g Honig, ½ Zitrone (natur), 1 Ei.
Eigelb zum Bestreichen, Mandeln zum Bestreuen, Konfitüre zum Füllen (s. Seiten 134–136).

1 Backblech.

Die weiche Butter auf Stufe 2 sahnigrühren. Den Honig und das Abgeriebene der Zitrone langsam beigeben, auf Stufe 1 das Ei kurz einrühren. Auf Stufe 2 das Mehl einarbeiten, hin und wieder mit dem Spachtel etwas nachhelfen.
Dann den sehr weichen Teig in Alufolie packen und im Kühlschrank 5–6 Stunden ruhen lassen. Ganz kurz durchkneten, 2–3 Rollen formen, in den Kühlschrank geben und eine nach der anderen in Scheiben schneiden.
Walnußgroße Kugeln rollen, mit dem Daumen recht tief eindrükken, den Rand mit leicht verdünntem Eigelb bestreichen und in die Mandeln kippen. Auf das leicht gefettete Blech legen und mit Konfitüre füllen.
Im vorgeheizten Ofen auf der Mittelschiene bei 180° C 20 Minuten backen.
Stückzahl: 30–35

Gewürzplätzchen

300 g Weizen, 125 g Butter, 150 g Honig, 1 Ei, 2½ gestr. Teel. Zimt, 1 leicht geh. Teel. gem. Nelken, 1 Msp. frischgeriebener Muskat, 1 Msp. Vollmeersalz, 100 g Mandelsplitter, 1 Eigelb, 30 g geschälte, halbierte Mandeln.

2 Backbleche.

Die nicht zu weiche Butter cremigrühren, nach und nach den Honig beigeben, dann das Ei und die Masse schaumigrühren. Auf dem Backbrett den frisch- und feingemahlenen Weizen mit den Gewürzen gut vermischen, die etwas zerkleinerten Mandelsplitter einmengen.
Nun die Rührmasse einkneten, wobei der Teig nicht kleben soll. Wenn nötig, noch etwas Vollkornmehl dazugeben.
Zwei Rollen von etwa 3 cm ∅ formen. In Alufolie packen und im Kühlschrank 3–4 Stunden ruhen lassen. Den festen Teig in ½ cm dicke Scheiben schneiden und auf ein nicht gefettetes Blech legen. Das Eigelb mit ganz wenig Wasser gut verquirlen, damit die Plätzchen bepinseln und je eine halbe Mandel leicht eindrücken.
Den Ofen auf 170° C vorheizen, das Blech auf der Mittelschiene einschieben und 15–20 Minuten backen.
Stückzahl: 45–50

Kalifornische Walnüßchen

150 g Weizen, 150 g Vollkorngrieß, 1 gestr. Teel. Weinstein-Backpulver, 1 Prise Vollmeersalz, 30 g Honig, 4 Eßl. Milch, 150 g weiche Butter.

Füllung

100 g gem. Walnüsse, 60 g Honig, 1 geh. Teel. Zimt.

1 Backblech, Backtrennpapier.

Den Weizen frisch und fein mahlen, Grieß, Backpulver und Salz miteinander gut vermischen. Eine Mulde machen, darin die Milch und den Honig verrühren, etwas Mehl hinzugeben und danach den Rest des Gemisches.
Die Butter sorgfältig einarbeiten, zwei Rollen formen und 60 Minuten kühl ruhen lassen. Die Zutaten für die Füllung vermischen.
Die Rollen in Scheiben schneiden und ca. 20 g schwere walnußgroße Kugeln formen. Mit dem Daumen eine tiefe Mulde eindrücken und von der Nußmasse etwa eine große Messerspitze voll hineinpressen.
Den Teig rundherum zusammendrücken und runde Bällchen formen.
Auf das mit Backtrennpapier belegte Blech geben und je eine halbe Walnuß fest eindrücken.
Backzeit: 20 Minuten bei 180–190° C.
Stückzahl: 25

Hinweis

Der Teig läßt sich rasch verarbeiten, wenn Sie die Teigrollen hintereinander aufschneiden, formen, füllen und rollen. Das alles können Sie gemütlich im Sitzen bewerkstelligen.

Köstliche Florentiner

65 g Weizen, 100 g Honig, 50 g Butter, 1/8 l Sahne, 50 g Orangeat, 50 g Zitronat, 100 g Mandelscheiben, 1/2 Teel. Zimt.

Vor Beginn der Zubereitung dieses köstlichen Gebäcks alle Zutaten abwiegen. Orangeat und Zitronat fein würfeln, den frisch- und feingemahlenen Weizen mit dem Zimt vermengen. Den Honig in einen kleinen Topf geben, unter Rühren zum Kochen bringen und so lange kochen, bis er anfängt zu karamelisieren; dann von der Feuerstelle abheben. In einem größeren Topf Butter und Sahne erhitzen und ganz rasch die Honigmasse einrühren. Trockenfrüchte, Mandelscheiben und das Mehlgemisch beigeben und kurz aufkochen lassen.
Mit zwei Teelöffeln auf ein gefettetes Blech von der heißen Masse kleine Häufchen setzen. Sofort jedes einzelne flachstreichen oder -drücken.
Stückzahl: 25–30.
Im kurz vorgeheizten Ofen bei 170°C ca. 20–25 Minuten goldbraun backen. Nach Belieben sofort nach dem Backen die Florentiner mit einem größeren Förmchen rund ausstechen. Die Reste für ein Dessert verwenden – oder gleich vernaschen?
Im abgeschalteten Ofen bei geöffneter Tür die Florentiner fast ganz abkühlen lassen; dann mit einem breiten Pfannenheber auf eine Platte legen.

Mürbeteigplätzchen

Zum Bestreichen

Eigelb mit wenig Milch verdünnt, oder Eiweiß gut verquirlt, oder Eiweiß mit 1 geh. Teel. Honig verquirlt.

Für die Garnitur

Geschälte, halbierte oder grob gehackte Mandeln; oder grob gemahlene Mandeln und Pistazien; halbierte oder grob gehackte Walnüsse; Streusel.

Mürbeteig nach einem beliebigen Grundrezept zubereiten (s. Seite 126).
Nach der Ruhezeit den Teig kurz durchkneten, das Backbrett mit ein wenig Weizenvollkornmehl bestreuen. Den Teig flachdrücken, mit Klarsichtfolie belegen und 1/2 cm dick ausrollen. Mit verschiedenen Förmchen ausstechen und bestreichen bzw. garnieren.
Die Plätzchen auf ein nicht gefettetes Blech legen, im vorgeheizten Ofen auf der Mittelschiene bei 175° C 10–12 Minuten backen.
Zum Abkühlen auf ein Kuchengitter legen. In einer Blechdose aufbewahren, wobei das feine Aroma sich erst richtig entwickelt.

Butterstreusel

50 g Weizen, 25 g Butter, 20 g Honig.

Den feingemahlenen Weizen, Butter und Honig mit den Fingern zu kleinen Streuseln zerkrümeln.

Rustikale Knusperle

50 g Weizen, 40 g Hirse, 50 g Gerste, 40 g Buchweizen, 1/2 Teel. Anis, 1 Prise Vollmeersalz, 1/4 Teel. Zimt, 2 Eßl. frische Sahne, 60 g Honig, 70 g feste Butter.

1–2 Backbleche, Butter zum Fetten.

Körner und Anis vermischen und mittelfein mahlen. Das Mehl auf das Backbrett geben, Salz und Zimt einmengen, eine Kuhle machen und darin die Sahne und den Honig verrühren. Die Butter in Stückchen geschnitten auf dem Mehl verteilen und rasch alles zu einem Teig verarbeiten.
Zwei Rollen formen, in Alufolie verpacken und 8–12 Stunden oder über Nacht in den Kühlschrank geben.

Dann den inzwischen festgewordenen Teig in den Händen geschmeidig machen.
Mit dem Rollholz den Teig flachdrücken und zu einem dünnen Viereck ausrollen. Mit dem Teigrädchen 3 × 4 cm große Rechtecke ausradeln. Mit einem Messer lösen und auf die leicht gefetteten Bleche setzen. Im vorgeheizten Ofen auf der Mittelschiene bei 175° C 10–12 Minuten goldbraun backen.
Stückzahl: ca. 40–50.
In einer Dose aufbewahrt, bleiben sie schön knusprig.

Vanillegewürz

1 Vanillestange, ½ gestr. Teel. Weizen.

Die Vanillestange sehr klein schneiden und mit den Weizenkörnern in einer kleinen elektrischen Schlagmessermühle fein mahlen.
Das Pulver in einem gut verschlossenen Gläschen aufbewahren.

Zarte Küßchen

250 g Weizen, 1 gestr. Teel. Backpulver, 100 g gemahlene Haselnüsse, 30 g Kakao, 250 g weiche Butter, 1 Eßl. Rum, 120 g weicher Honig.

1–2 Backbleche, Backpapier.

Den frisch- und feingemahlenen Weizen auf ein Backbrett geben, mit dem gesiebten Backpulver, den Haselnüssen und dem Kakao gut vermischen.
Die Butter, den Rum und den Honig einkneten.
Aus dem zarten Teig 2 Rollen formen (ca. 3–4 cm ∅) und 4–5 Stunden kühl stellen. Die Bleche mit dem Backpapier belegen. Eine der Teigrollen in den Kühlschrank geben, die zweite Rolle in ca. 1 cm dicke Scheiben schneiden. Daraus rasch walnußgroße Kugeln rollen, auf ein Brett legen und kalt stellen. Mit der ersten Rolle genauso verfahren.
Den Ofen kurz vorheizen, die Kugeln rasch auf das Blech legen und auf der Mittelschiene einschieben.
Bei 170° C 15 Minuten und weitere 10 Minuten bei 180° C backen.
Auf dem Blech restlos abkühlen lassen, dann auf ein Gitter geben.
Stückzahl: 40–50

Es weihnachtet schon sehr!

Ich beeile mich, für Sie einige nicht gerade alltägliche Weihnachtsrezepte zu kreieren.
Sie sind mit einem Sternchen * gekennzeichnet.

*Anis-Mandelgebäck**

200 g Weizen, 2 Eier, mittelgroß, 200 g Honig, 140 g Mandeln mit der Schale, 100 g dunkle Sultaninen (natur), 2 gestr. Eßl. Anissamen.

1 Flachblech, Butter zum Fetten.

Mit dem Handrührgerät auf Stufe 1 die Eier verquirlen, auf Stufe 2 den weichen Honig langsam beigeben, auf Stufe 3 die Masse so lange schlagen, bis sie hell und schaumig ist.
Die Mandeln der Länge nach halbieren, die Sultaninen, den leicht gequetschten Anissamen (mit einem Stößel auf einem Holzbrett quetschen, dadurch wird er aromatischer) und den frisch- und feingemahlenen Weizen einmengen.
Auf dem gut gefetteten Blech die Masse mit einem befeuchteten Spachtel höchstens 1 cm dick ausstreichen. Die Masse verläuft nicht, auch wenn das Blech nicht ganz ausgefüllt sein sollte.
Auf der Mittelschiene im vorgeheizten Ofen bei 160° C 25–30 Minuten backen und 5 Minuten Nachwärme geben. Dann das Gebäck mit einem scharfen Messer in 5–6 cm breite Streifen schneiden. Auf ein Brett geben und in Rhomben aufschneiden. Ein exzellentes Gebäck.

Christstollen

1200 g Weizen, 250 g Mandeln, 350 g Sultaninen, 150 g Korinthen, 100 g Zitronat, 100 g Orangeat, 6 volle Eßl. Rum, 100 g frische Hefe, ⅜ l lauwarme Milch, 1 Msp. Honig, 1 leicht geh. Teel. Vollmeersalz, ½ Teel. Zimtpulver, 1 Zitrone, 250 g Honig, 3 Eier, 250 g Butter.

Für den Guß

200 g Butaris (Butterfett), 4 Eßl. Honig, 3–4 Eßl. Rum.

1 großes Backblech, Butter zum Fetten oder Backpapier.

Am Vorabend die Mandeln schälen, trocknen lassen, grob hacken oder mit dem Mixer grob zerkleinern.
Die Trockenfrüchte zusammen mit dem Zitronat und Orangeat in einer Schüssel mit dem Rum

vermengen. Zugedeckt in der warmen Küche über Nacht ziehen lassen.
Am nächsten Morgen die Körner fein mahlen. Inzwischen Hefe und Honig mittels einer Gabel mit der Milch verrühren, warm stellen und aufgehen lassen, bis sie hochsteigt. Das Mehl in eine sehr große Schüssel füllen, mit Salz, Zimt und dem Abgeriebenen einer Zitrone vermischen. In der Mitte eine Vertiefung machen, die gegangene Hefe hineingeben, mit etwas Mehl vermischen. Zudekken und 15 bis 20 Minuten gehenlassen.
Honig und Eier einrühren. Dann ⅔ des frischgemahlenen Weizens und die flüssige, lauwarme Butter sorgfältig einarbeiten. Den Teig auf einem Backbrett unter Beigabe des Restmehles, sämtlicher Früchte und Mandeln tüchtig durcharbeiten. Die Masse darf nicht kleben, sondern muß recht fest sein, damit sie beim Backen nicht verläuft. Nach Bedarf noch so viel Weizenvollkornmehl dazutun, wie die Masse annimmt.
Den Teig in eine große Schüssel geben, ganz leicht mit Mehl bestäuben, warm stellen und 60–80 Minuten gehenlassen. Dann den Teig teilen, nochmals kurz durchkneten; sollte der Teig reißen, die Hände befeuchten. Zwei gleichschwere, hohe Stollen formen und nebeneinander auf das große, gefettete Blech legen, nochmals aufgehen lassen (50–60 Minuten). Sultaninen die herausragen in den Teig drücken.
Den Ofen auf 250° C vorheizen, die Stollen auf der 2. Schiene von unten bei 180–190° C 50–60 Minuten backen und 10 Minuten Nachwärme geben. Sollten die Stollen zu dunkel werden, nach 40–50 Minuten eine Alufolie auflegen.
Während der Nachwärme Butaris schmelzen, mit dem Honig und dem Rum verrühren und über die heißen Stollen gießen. Dann die Stollen auf ein Gitter legen, darunter eine Folie geben, und das abgelaufene Fett von dem Blech über das Gebäck fließen lassen. Nach dem vollständigen Erkalten die Folie entfernen und die Stollen im kühlen Raum 2 Tage ruhen lassen.
Trockenfrüchte, es sind meist nur die Sultaninen, die auf der Oberfläche des Gebäcks während des Backens zu dunkel geworden sind, sollten entfernt werden.
Mit der Brotmaschine können die Stollen mühelos und glatt aufgeschnitten werden.

Hinweis

Für die Verarbeitung dieses schweren Teiges ist die Küchenmaschine nicht geeignet.
Wenn man nicht ganz sicher ist, daß die Stollen verlaufen könnten – was bei sorgfältiger Zubereitung kaum möglich ist – bäckt man sie einfach in Stollen- bzw. Kastenformen, wobei das Ursprüngliche allerdings verlorengeht.
Für 1 Stollen lassen sich alle Zutaten sehr leicht teilen.

*Früchtebrot „Traudl"**

150 g Weizen, 100 g Feigen, 100 g Datteln (entsteinen), 100 g getrocknete Bananen, 200 g getrocknete Pflaumen ohne Steine, 150 g Sultaninen, 100 g Orangeat, 100 g Zitronat, 5 Eßl. Rum, 4 Eßl. dünner Schwarztee, 100 g Haselnüsse, 100 g Mandeln, 150 g weiche Butter, 120 g Honig, 3 Eier, 1 geh. Teel. Backpulver, 3 gestr. Teel. Lebkuchengewürz.

1 große oder 2 kleinere Kastenformen, Pergamentpapier und Butter- oder Backpapier.

Am Vorabend die Früchte grob zerkleinern, mit dem Rum-Tee übergießen, ab und zu umrühren. Über Nacht stehenlassen.
Am Morgen die Nüsse und Mandeln grob zerkleinern und mit der abgetropften Früchtemasse vermengen. Butter, Honig und Eier schaumigrühren. Den frisch- und feingemahlenen Weizen mit dem Backpulver und dem Lebkuchengewürz gut vermischen und in die Schaummasse einrühren. Die Früchte dazugeben und unterheben.
Eine große oder zwei kleine Kastenformen mit gefettetem Pergamentpapier oder Backpapier auslegen.
Den Teig einfüllen und im kurz vorgeheizten Ofen auf der 2. Schiene von unten bei 180° C etwas mehr als eine Stunde backen.
Sollte die Oberfläche zu dunkel werden, mit Folie abdecken.
Nach dem Backen auf einen Rost kippen. Kalt werden lassen und in Folie verpackt vor dem Anschneiden mindestens 6–7 Tage kühl lagern. Freuen Sie sich auf dieses köstliche Gebäck!

*Lebkuchenbrot**

Dieses leckere Brot werden Sie ganz gewiß nicht nur in der Weihnachtszeit backen.

500 g Weizen, 420 g Honig, 240 g Milch, 1 Päckchen Natura-Backpulver, 1 leicht geh. Eßl. Kakao, 1 gestr. Teel. gemahlene Nelken, 2 geh. Teel. Zimtpulver, 2 geh. Teel. gemahlener Kardamom, 1 Zitrone (Natur).

1 Kastenform 30 × 10 cm, Butter zum Fetten.

Den Honig erwärmen, die Milch hinzugeben, verrühren und leicht abkühlen lassen. Den frischgemahlenen Weizen mit dem Backpulver und den Gewürzen sorgfältig vermengen. Die Honigmilch darübergießen, schnell vermischen und in die gut gefettete Form einfüllen.
Auf die 2. Schiene von unten in den ganz kurz vorgeheizten Ofen schieben und bei 180° C 55–60 Minuten backen. 10 Minuten Nachwärme.
Nach dem Abkühlen das Brot auf ein Gitter stürzen und 1–2 Tage ruhenlassen.
Dünn aufgeschnitten, mit Butter bestrichen, schmeckt dieses Brot zum Frühstück und zum Nachmittagstee gleichermaßen gut. Es ist auch als Schulfrühstück sehr beliebt.

Variante

Vollkornbrot mit Butter bestreichen und mit einer Scheibe Lebkuchenbrot belegen.
Ein guter Tip!
Lebkuchenbrote in ein Küchentuch einwickeln und in einen Tontopf legen, mit einem Holzbrett nicht ganz zudecken. So halten sie sich lange frisch.

*Printen**

225 g Weizen, 75 g Haselnüsse, 1/3 Päckchen Natura-Backpulver, 1 geh. Teel. Anissamen, 1 geh. Teel. ganzer Fenchel, 1 gestr. Teel. Muskat, 1/4 Teel. gemahlene Nelken, 1/2 geh. Teel. gemahlener Kardamom, 25 g Butter, 180 g Honig, 1 Eßl. Kirschwasser, 50 g Zitronat, 1 Eiweiß zum Bestreichen.

1–2 Flachbleche, Butter zum Bestreichen.

Die Nüsse grob mahlen. Den feingemahlenen Weizen mit dem Backpulver und dann mit den Nüssen vermischen. Anis und Fenchel mit einem Holzstößel leicht quetschen, wodurch das Aroma sich besser entwikkelt. Alles zusammen mit den restlichen Gewürzen sorgfältig vermengen.
Butter und Honig ganz leicht erwärmen, das Kirschwasser beigeben und über die Mehlmasse gießen. Alles zusammen mit dem Zitronat zu einem glatten, festen Teig verarbeiten, 2 Rollen formen und in einem kühlen Raum 1 Stunde ruhen lassen. Auf dem leicht bemehlten Backbrett so dünn wie möglich ausrollen. Wenn nötig, eine Klarsichtfolie darüberlegen oder das Rollholz bemehlen.
Den Teig in 3 × 8 cm-Rechtecke schneiden oder rädeln. Mit einem Spachtel auf die gut gefetteten Bleche setzen und mit verquirltem Eiweiß dünn bestreichen. Im vorgeheizten Ofen auf der Mittelschiene bei 175–180° C ca. 12–15 Minuten backen. Kurz abkühlen lassen und mit dem Spachtel abheben.
Dieses sehr knusprige Gebäck, in einer Blechdose aufbewahrt, bleibt lange frisch und wird auch etwas mürber. Beim Kauen wird das herrliche Aroma erst richtig freigegeben.
Stückzahl: ca. 30

Hinweis

Nach Belieben statt Backpulver 3 g Pottasche in 1/2 Eßlöffel warmem Wasser auflösen und mit der Honig-Buttermasse verrühren.

*Spekulatius**

250 g Weizen, 30 g Mandeln, ungeschält, 1/4 Päckchen Natura-Backpulver, 2 gestr. Teel. Zimtpulver, 1 geh. Teel. Muskat, 1 gestr. Teel. gemahlener Kardamom, 125 g Honig, 1 kleines Ei, 1 1/2 Eßl. Milch, 1 Eßl. Rum, 90 g feste Butter.

1–2 Backbleche, Butter zum Bestreichen, oder für Model: Streumehl.

Die Mandeln grob schneiden. Auf dem Backbrett den frischgemahlenen Weizen, Backpulver und die Gewürze sorgfältig vermischen. Eine Mulde hineindrücken, darin den Honig, das verquirlte Ei, die Milch und den Rum verrühren. Das Mehl darübergeben und die Butter in Flöckchen einarbeiten.
Zwei Ballen formen, in Alufolie verpacken und im Kühlschrank 1 Stunde ruhen lassen. Dann auf dem leicht bemehlten Backbrett den Teig dünn ausrollen, wenn nötig, das Rollholz bemehlen.
Mit Weihnachtsförmchen ausstechen, mit einem Spachtel auf die gut gefetteten Bleche legen und 30 Minuten antrocknen lassen.
Wenn Sie im Besitz einer Spekulatius-Model sind, Teigstücke in die gut bemehlte Model drükken. Darüberrollen und den Teig auskippen.
Die Plätzchen mit Milch bestreichen oder mit gut verquirltem Eiweiß. Dadurch bekommen sie einen schönen Glanz.
Auf der Mittelschiene in den vorgeheizten Ofen schieben, bei 175–180° C etwa 12 Minuten backen.
Stückzahl: 40–50

Kokosnuß-makronen

4 Eiweiß, 280 g flüssiger Honig, 1 Eßl. Zitronensaft, 1/2 Fläschchen Bittermandelöl, 400 g Kokosflocken, 1 Zitrone (natur), 1 gestr. Eßl. Weizenvollkornmehl.

2 Backbleche, Backpapier, nicht fetten.

Die Eiweiße mit der Schüssel

10 Minuten in den Kühlschrank geben. Dann sehr steif schlagen, den Honig im Wechsel mit dem Zitronensaft sehr langsam einfließen lassen. Zum Schluß Bittermandelöl einrühren.
Die Kokosflocken mit dem Abgeriebenen der Zitrone und dem frisch- und feingemahlenen Weizen gut vermischen. Mit einem Holzlöffel in die Schaummasse einrühren.
1 Stunde kühl ruhen lassen.
Dann mit 2 Teelöffeln nicht zu kleine Häufchen auf die mit Backpapier belegten Bleche setzen.
2 Stunden trocknen lassen, dann auf der Mittelschiene in den vorgeheizten Ofen schieben. Bei 170° C 12–15 Minuten – je nach Größe der Häufchen – hellgelb backen.
Nach dem Abkühlen wenn nötig mit einem Spachtel auf ein Gitter heben.
Stückzahl: ca. 50

Variante

Schokoladenmakronen sind schnell zubereitet, wenn Sie in die Makronenmasse 3–4 gestrichene Eßl. dunklen Kakao einrühren. Weiter verfahren, wie im vorstehenden Rezept angegeben.

Hinweis

In der Weihnachtszeit sind Makronen ein sehr beliebtes Gebäck, für das aber bekanntlich meist nur Eiweiße verwendet werden können. Und wohin mit den Eigelben? Aus Vollkornmehl, Butter, Honig – den man auch weglassen kann –, feinem Gewürz (s. S. 17/18) und den Eigelben können Sie rasch einen Mürbeteig für Plätzchen und auch Tortenböden kneten. In Alufolie verpackt, im Tiefkühlgerät, hält er sich bis zu 3 Monaten.

Kokosnußmakronen mit kandierten Früchten

3 Eiweiß, 210 g Honig, 1 Eßl. Zitronensaft, 300 g Kokosflokken, 1 Zitrone (natur), 1 gestr. Eßl. Weizen, 1 gestr. Teel. gemahlener Anis, 30 g frisches Zitronat, 30 g frisches Orangeat.

2 Backbleche, Backpapier, nicht fetten.

Die Eiweiße kalt stellen, dann sehr steif schlagen, den Honig abwechselnd mit dem Zitronensaft sehr langsam beigeben und schaumigschlagen. Die Kokosflocken mit dem Abgeriebenen der Zitrone, dem frisch- und feingemahlenen Weizen, Anis und den feingewürfelten Trokkenfrüchten vermischen. Mit einem Holzlöffel in die Schaummasse einrühren.
1 Stunde kühl stellen.
Dann mit 1 oder 2 Teelöffeln mittelgroße Häufchen auf die mit Backpapier belegten Bleche setzen, dabei mit den Fingern etwas zusammendrücken.
2 Stunden trocknen lassen. Danach auf der Mittelschiene in den vorgeheizten Ofen schieben. Bei 175° C 15–20 Minuten – je nach Größe der Häufchen – hellgelb backen.
Nach dem Abkühlen wenn nötig mit einem Spachtel abheben und auf ein Gitter geben.
Stückzahl: ca. 30–35

Mandeln-Nußmakronen

4 Eiweiß, 300 g flüssiger Honig, 200 g Mandeln, 6 bittere Mandeln, 100 g Haselnüsse.

2 Backbleche, Backpapier, nicht fetten.

Am Vorabend die süßen und die bitteren Mandeln überbrühen, schälen, trocknen lassen und abdecken.
Die kalt gestellten Eiweiße im Rührgerät sehr steif schlagen. Den Honig langsam fließend beigeben und die Masse schaumigschlagen. Die feingeriebenen Mandeln und Haselnüsse locker unterziehen.
1 Stunde kühl stellen.
Danach mit einem Spritzbeutel (große Tülle) oder mit 2 Teelöffeln kleine Häufchen auf die mit Backpapier belegten Bleche aufsetzen.
50–60 Minuten trocknen lassen. Je eine Haselnuß eindrükken oder eine halbe geschälte Mandel einstecken.
Auf der Mittelschiene in den vorgeheizten Ofen schieben und goldgelb backen.
10 Minuten bei 150° C und ca. 10 Minuten bei 180° C backen.
Stückzahl: ca. 35–40

Variante

Statt Mandeln und Haselnüssen nur Haselnüsse verwenden.

Hinweis

Der Spritzbeutel kann nur verwendet werden, wenn Mandeln und Nüsse sehr fein gemahlen sind. Andernfalls könnte die Tülle verstopfen.

Hinweis

Von der Makronenmasse kann ein kleiner Teil zurückbehalten werden für Tupfer oder Aufstrich auf Mürbeteigplätzchen. Die Masse, in Alufolie verpackt, kann im Kühlschrank einige Tage aufbewahrt werden.

Orangen-Mandelnmakronen

1 Eßl. Weizen, 3 Eiweiß, 250 g Honig, 1 Eßl. Orangensaft, 350 g Mandeln, 2 Orangen (natur).

1–2 Backbleche und Backpapier.

Die Eiweiße in den Kühlschrank geben, dann sehr steif schlagen. Den Honig abwechselnd mit dem Orangensaft sehr langsam auf höchster Stufe einrühren. Die feingeriebenen Mandeln – nach Belieben mit oder ohne Schale – mit dem Abgeriebenen der Orangen und dem Weizenvollkornmehl gut vermischen. Mit einem Holzlöffel in die Schaummasse untermengen und 1 Stunde kühl stellen. Dann mit 2 Teelöffeln oder mit den Fingern kleine Häufchen auf die mit Backpapier belegten Bleche setzen. Zwei Stunden abtrocknen lassen, dann auf der Mittelschiene in den vorgeheizten Ofen schieben.
Backzeit: 15–20 Minuten bei 170–180° C.
Stückzahl: ca. 35–40

Kaltgerührte Konfitüren

Sie schmecken wunderbar und eignen sich zum Füllen von Plätzchen, zum Bestreichen für Tortenböden und natürlich auch für Brot und Brötchen als Aufstrich.
Leider sind diese Konfitüren nur begrenzt haltbar. Darum sollten Sie frische Beeren nach der Jahreszeit einfrieren und nach Bedarf zubereiten. Dabei ist zu beachten, daß die Beeren vor dem Pürieren leicht angetaut sein müssen.
Reformhäuser und Bioläden führen ungezuckerte Konfitüren, sorgfältig aus verschiedenen Beerenfrüchten zubereitet, die den feinen, säuerlichen Geschmack vollreifer Früchte haben. Nach Ihrem Belieben können Sie gern mit Honig nachsüßen.

Selbstgerührte Konfitüren sind allerdings noch besser und auch etwas preiswerter, vor allem dann, wenn Sie eigene Früchte zur Verfügung haben.
Haltbarkeit: Im gut verschlossenen Schraubdeckelglas im Kühlschrank halten sie bis zu 6 Wochen, je nach Art der Früchte.

Hinweis

¼-l-Gläser mit luftdichtem Schraubdeckelverschluß (Twist-off) u. a. für Konfitüren werden jetzt im Fachhandel geführt.

Himbeerkonfitüre

500 g reife Himbeeren, 250 g fester Honig, z. B. Klee- oder Raps-Honig, Haltbarkeit im Kühlschrank 2–3 Wochen.

6 kleine Gläser, ¾ gefüllt.

Die Beeren in den Mixer füllen, den festen Honig in Stückchen teilen und nach und nach beigeben. Dann die Beeren-Honigmasse in einen hohen, schmalen Topf gießen und auf Stufe 1 mit dem Handrührgerät 30 bis 35 Minuten schlagen, bis die Masse dicklich wird. Sofort in die heiß ausgespülten, kleinen Schraubdeckelgläser füllen und in den Kühlschrank stellen. Nach einigen Stunden wird die Konfitüre fester.

Johannisbeer-Himbeerkonfitüre

250 g Johannisbeeren, 250 g Himbeeren, 250 g fester Honig.

oder

Zwetschgenkonfitüre, Hagebuttenmus s. Seite 136/137 ▶

Johannisbeer-Brombeerkonfitüre

250 g Johannisbeeren, 250 g Brombeeren, 250 g fester Honig.

Die Zubereitung und die Haltbarkeit dieser Varianten sind die gleichen wie bei der Himbeer-Konfitüre.

Hinweis

Ich empfehle, auf die „Kaltgerührten" und auch auf die „Kaltgemixten Konfitüren" gleich nach dem Einfüllen in die Gläser in Rum getränkte Pergamentpapierblättchen aufzulegen, um dadurch die Haltbarkeit zu verlängern.

Preiselbeerkonfitüre

500 g Preiselbeeren, 250 g fester Honig, z. B. Klee- oder Rapshonig.

Die Beeren verlesen, kurz waschen, auf Küchenkreppapier gut abtrocknen lassen. Weiter verfahren wie bei Himbeerkonfitüre (s. Seite 134).
Haltbarkeit im Kühlschrank 4–5 Monate.

Hinweis

Größere Mengen Beeren, etwa ab 1 Kilogramm, können nach dem Mixen in der Rührschüssel der Küchenmaschine auf Stufe 1 verarbeitet werden.

Ein hilfreicher Tip

Bei kleineren Mengen Beeren und Honig, wie in den vorstehenden Rezepten angegeben, nehme ich einen niederen Hocker, lege ein feuchtes Tuch auf, darauf den Topf, damit er nicht wegrutschen kann. Links vom Hokker setze ich mich auf einen höheren Stuhl vor einen Tisch. Mit der rechten Hand halte ich das Rührgerät. So ist die linke Hand frei für ein Buch oder für die Zeitung, und die Zeit vergeht im Nu.

Kaltgemixte Konfitüren, Kompotte

Brombeerkonfitüre

500 g Brombeeren, 250 g fester Honig, z. B. Klee- oder Rapshonig.

5–6 kleine Schraubdeckelgläser.

Die Beeren nach Möglichkeit nicht waschen. Zusammen mit dem in Stücke geschnittenen Honig 7–8 Minuten auf höchster Stufe im Mixer pürieren. Sofort in die heiß ausgespülten Gläser füllen und schließen.
Im Kühlschrank hält sich die Konfitüre bis zu 3 Wochen. Angebrauchte Gläschen immer sehr gut verschließen.

Preiselbeerkonfitüre

500 g Preiselbeeren, 200 g fester Honig, z. B. Klee- oder Rapshonig, 1 gestr. Teel. Zimtpulver.

4–5 kleine Schraubdeckelgläser

Die Beeren verlesen, kurz kalt waschen und auf Küchenkrepppapier gut abtrocknen lassen. Zusammen mit dem Honig und dem Zimt 7–8 Minuten auf höchster Stufe im Mixer pürieren.
Danach sofort in die heiß ausgespülten Gläser füllen und sehr sorgfältig verschließen. Im Kühlschrank hält sich die Konfitüre 3–4 Monate.

Zwetschgenkonfitüre

500 g reife Zwetschgen, 200 g fester Honig, z. B. Klee- oder Rapshonig, 1 Teel. Obstessig, ½ Teel. Zimtpulver, 1 Prise Nelkenpulver.

4–5 kleine Schraubdeckelgläser.

Die reifen Zwetschgen mit Küchenkreppapier sorgfältig abreiben, entsteinen und grob zerkleinern. Zusammen mit dem Honig, Essig und den Gewürzen 6–7 Minuten auf höchster Stufe im Mixer pürieren.
Dann sofort in die heiß ausgespülten Gläser füllen, sorgfältig verschließen und in den Kühlschrank stellen.
Haltbarkeit ca. 6 Wochen.
Nach Belieben können die Konfitüren vor dem Verbrauch mit Honig oder Ahornsirup nachgesüßt werden.

Hinweis

Ich schlage vor, für den 1- bis 2-Personen-Haushalt die angegebenen Mengen zu halbieren, weil diese Konfitüren nur kurze Zeit haltbar sind.

Preiselbeer-kompott 1. Art

500 g reife Preiselbeeren, 150 g Honig.

2–3 mittelgroße Schraubdeckelgläser.

Die Beeren verlesen, waschen und kochen lassen, bis sie platzen. Den Honig einrühren und 2 Minuten weiterkochen. Dann heiß in die Schraubdeckelgläser füllen und abgekühlt in den Kühlschrank geben.
Haltbarkeit 6–8 Monate.

Preiselbeer-kompott 2. Art

1 kg reife Preiselbeeren, ⅛ l Wasser, 1 Zimtstange, der Länge nach aufgeschnitten, 300 g Honig.

4–5 mittelgroße Schraubdekkelgläser.

Die Preiselbeeren vorbereiten und mit dem Wasser und der Zimtstange 10 Minuten köcheln. Nach dem Abkühlen die Zimtstange entfernen und den Honig sorgfältig einrühren.
In die vorbereiteten Schraubdeckelgläser füllen.

Hinweis

Im Kühlschrank oder im trokkenen, kühlen Keller hält sich das Kompott bis zur nächsten Preiselbeerlese frisch.
Das Preiselbeerkompott eignet sich vorzüglich zum Füllen von Linzertorten, Plätzchen und ähnlichen Gebäckarten, aber auch als Beilage zu Omeletten.

Hagebuttenmus

Die Hagebutten gehören zu den Vitamin-C-reichsten Früchten, die wir kennen.
Im Herbst wird Hagebuttenmark auf den Wochenmärkten angeboten. Nicht ganz so einfach, aber dafür preiswerter ist es, das Mark selbst zuzubereiten.
Die Hagebutten gründlich waschen, Blüte und Stiel abschneiden, die Frucht halbieren und Kerne und Härchen entfernen. Wenn Sie nicht empfindlich sind, können Sie die Härchen belassen. Die Früchte in einen größeren oder in 2 kleinere Töpfe geben, mit kaltem Wasser knapp bedecken und je nach Reife und Menge der Früchte 20–40 Minuten sehr weichkochen. Dann durch ein Sieb passieren.

750 g Hagebuttenmark, 250 g weicher Honig, 1 Zitrone.

Je nach Honigbeigabe 7–9 Schraubdeckelgläschen, ¾ gefüllt, ca. 125 g.

Das Hagebuttenmark mit dem Honig und dem Abgeriebenen der Zitrone sorgfältig verrühren. Wenn Sie das Mus weniger süß mögen, nur die Hälfte des Honigs einrühren und abschmekken. In die heiß ausgespülten Gläser füllen und in den Kühlschrank stellen. Haltbarkeit 3–4 Wochen. Größere Mengen können Sie in kleinen Gläsern einfrieren.
Hagebuttenmus ist beliebt zum Füllen von Gebäck, als Beilage für Omeletten und auch als Aufstrich.

Trockenfrüchte-marmelade

400 g gedörrte Früchte: Pflaumen, Birnen, Aprikosen (unbehandelt), Äpfel, Kalifornische Sultaninen (ungeschwefelt), 2 Eßl. Zitronensaft, Früchtewasser nach Bedarf.

Die Früchte waschen, kurz abtropfen lassen, mit Zitronensaft übergießen und gut vermengen.
Durch den Wolf drehen oder im Mixer pürieren. 2 Eßlöffel Preiselbeer-Kompott (s. Seite 136) unterrühren und in heiß ausgespülte Gläschen füllen. Im Kühlschrank hält sich die Marmelade bis zu 3 Wochen. Geeignet zum Füllen oder Bestreichen von Gebäck oder sehr fein als Brotaufstrich. Sollten die Früchte sehr trocken sein – das ist besonders bei Aprikosen oft der Fall –, müssen sie in wenig Wasser 1–2 Stunden vorgeweicht werden.
Die Fruchtmasse soll streichfähig sein. Andernfalls ein wenig Früchtewasser oder Trinkwasser beigeben.

Rezepte für Alleinstehende

Ich bitte um Ihre Aufmerksamkeit!

Immer wieder wurde ich gebeten, Rezepte für den 1-Personen-Haushalt zu schreiben, und das war gar nicht so einfach. Natürlich sind Alleinstehende nicht ausschließlich auf die nachstehenden Rezepte angewiesen. Sie sollen lediglich eine Anregung sein zu einigen anderen Rezepten in diesem Buch, die sich mit etwas Überlegung und Mühe durch vier teilen lassen, weil sie alle für vier Personen berechnet sind. Wenn Sie mehrere Gäste haben, können Sie natürlich alle Rezepte verwenden, die für vier Personen berechnet sind. Für den 1-Personen-Haushalt gibt es leider keine kleineren Kuchen- und Auflaufformen als die, die in den folgenden Rezepten angegeben sind. Das sollte für Sie aber kein Problem sein. Reste, z. B. von Backwaren und von vielen Speisen, halten sich in einem kühlen Raum oder im Kühlschrank, im Winter auf dem Balkon, mit Folie abgedeckt, einige Tage frisch.

Küchengeräte, die Sie benötigen

Getreidemühle mit Mahlsteinen, s. Seite 19.
Elektrisches Handrührgerät mit Knethaken, Ständer und Rührschüssel (s. Seite 19).
Kleine Rohkostmaschine zum Raspeln und Reiben für Rohkost, Mandeln und Nüsse, s. Seite 19.
Kleine elektrische Schlagmessermühle
Edelstahlreibe
Kleine Küchenwaage
Briefwaage
Litermaß
Zitronenpresse
Schneebesen
Rollholz
Backrolle mit Stiel zum gleichmäßigen Ausrollen des Teiges bis zum Rand.
Gummischaber
Kleine Springform mit Einlage für Kranzkuchen, 18 cm Ø.
Kleinere Kastenform 9 × 20 cm und 10 × 25 cm.
Flachblech
Kleine Stielpfanne, Edelstahl oder aus Gußeisen.
Suppensieb
Knoblauchpresse
Einhängekörbchen für Wassertopf zum Garen von Kartoffeln u. ä.

Alufolie, Frischhaltefolie, Frischhaltebeutel
Küchenkreppapier
Tortenspritze

Frühstück

Weizen-Frischkornmüsle

50 g oder 2 gehäufte Eßl. Weizen, 4–5 Eßl. kaltes Wasser, 1 Teel. Leinsamen, 1 Teel. Zitronensaft (natur), ½ kleine Banane, ½ Eßl. beliebige Nüsse, 1 gestr. Teel. Mineralgemisch (s. Seite 24 unter*), 1 mittelgroßer Apfel, 100 g Früchte nach der Jahreszeit. Nach Belieben 1 gestr. Eßl. Trockenfrüchte.

Eine halbe Stunde bis 10 Stunden vor dem Verzehr die Körner mittelfein oder nach Belieben mittelgrob schroten, mit dem Wasser zu einem dickflüssigen Brei verrühren; mit einem Tuch abdecken und kühl stellen. Den in einer elektrischen, kleinen Schlagmessermühle frischgemahlenen Leinsamen, den Zitronensaft, die feingescheibelte oder mit einer Gabel feinzerdrückte Banane und die gewiegten Nüsse untermischen. Zuletzt den Apfel mit Schale hineinraspeln oder -reiben.

Beliebige Früchte zerkleinern und unterheben.

Bei hartnäckiger Stuhlverstopfung ist es für den Erfolg von Vorteil, wenn die Körner gröber gemahlen werden.

Hinweis

Durch Auswechseln einzelner Zutaten, Körner (Hafer, Gerste, Roggen, Buchweizen), Nüsse (Hasel-, Cashew-, Walnüsse und auch Sonnenblumenkerne) wird erreicht, daß das Müsle niemals langweilig wird. Nach Belieben können Sie auch Trockenfrüchte – in Wasser 1–2 Stunden eingeweicht – mit dem Wasser dazugeben. Leinsamen und Mineralgemisch brauchen nicht täglich beigegeben zu werden.

Salate

Bleichsellerie-salat

150 g Bleichsellerie, 1½ Eßl. kaltgeschlagenes Sonnenblumenöl, 2 Teel. Obstessig, ¼ Teel. Reformsenf, 1 kl. Msp. Cayenne-Pfeffer, 1 kl. Msp. Frugola.

Bleichsellerie waschen, die zarten Teile der Stiele und die Blattspitzen 1–2 cm breit aufschneiden.
Die Zutaten verrühren und die kräftig abgeschmeckte Marinade mit dem Sellerie vermengen.

Chicoréesalat

100 g (netto) Chicorée, 1 Eßl. kaltgeschlagenes Sonnenblumenöl, 1 Eßl. Zitronensaft, ½ gestr. Teel. Honig, 1 Eßl. Sahne, ½ saftige Birne.

Chicorée waschen, der Länge nach halbieren, nach Belieben den bitteren Strunk herausschneiden und die Chicorée 1–2 cm breit aufschneiden.
Öl, Zitronensaft, Honig und Sahne verquirlen und den Salat unterheben.
Die Birne schälen, würfeln und über den Salat verteilen.

Chicorée-Bananensalat

150 g (netto) Chicorée, ½ gr. weiche Banane, 2 Teel. kaltgeschlagenes Sonnenblumenöl, 1 Eßl. Zitronensaft, 1 kl. Msp. weißer Pfeffer, 1 Spur Kräutersalz.

Chicorée waschen, putzen, der Länge nach halbieren und nach Belieben den bitteren Teil rausschneiden.
Die Blätter in 1 cm breite Streifen schneiden. Die Banane fein scheibeln und einmengen.
Öl, Zitronensaft, Pfeffer und Kräutersalz verrühren, gut abschmecken, über den Salat geben und vermischen.

Gekeimte Körner, Sojabohnen, Linsen und Kichererbsen

Sie sind ein wichtiger Bestandteil der vollwertigen Ernährung. Durch ihren hohen Eiweißgehalt ergänzen sie die Getreideeiweiße, Grünblatt- und Gemüseeiweiße zu einer vollwertigen Eiweißversorgung.

Für 1 Person

30 g Körner oder 30 g grüne Sojabohnen oder 30 g Kichererbsen, kaltes Wasser.

2 kleinere Glasteller.

Zum Keimen können Sie einen Keimapparat verwenden oder ganz einfach das Keimgut abspülen, in einen Glasteller füllen, mit kaltem Wasser begießen, das ca. 1 cm überstehen soll. Mit dem 2. Teller zudecken und hell, aber nicht in die Sonne stellen. Am Abend ansetzen, über Nacht stehen lassen. Am Morgen das überflüssige Wasser abgießen, das Keimgut kalt abspülen und wieder zudecken. Am Nachmittag wieder überspülen und über Nacht stehen lassen.

Am Morgen zeigen sich dann die zarten Keime, die nicht länger als 2 cm werden sollen. Getreidekörner brauchen dazu ca. 36 Stunden, Sojabohnen und Linsen ca. 24 Stunden, Kichererbsen ca. 12 Stunden.
Verwendung: Als Beigabe für frische Salate. In Zeitnot, mit etwas Öl und Zitronensaft beträufelt, als Ersatz für einen Salat. Das soll aber nicht zur Gewohnheit werden.
Kichererbsen ähneln geschälten Haselnüssen. Ihr Geschmack erinnert auch an den der Nüsse. Sie werden für viele orientalische Gerichte verwendet.
Ich persönlich esse sie gern anstelle von Nüssen und nehme sie oft auf Wanderungen mit.

Hinweis

Gekeimte Körner, Sojabohnen und Kichererbsen sollen wie jede andere Frischkost gründlich gekaut werden. Überbleibsel halten sich zugedeckt im Kühlschrank 1–2 Tage frisch.

Gurkensalat mit Sauerrahm

150 g Gurken, 2 Eßl. Sauerrahm, 2–3 Teel. Obstessig, 1 Spur weißer Pfeffer, 1 gr. Msp. Thymian, 1 gr. Msp. Basilikum, 1 kl. Prise Salatgewürz (Brecht), 2 geh. Teel. Dill.

Die Gurke dünn schälen – es sei denn, sie ist sehr frisch und zart –, der Länge nach halbieren und auf einem Gurkenhobel fein scheibeln und abdecken. Aus den Zutaten eine sämige Sauce rühren und recht pikant abschmecken.
Den fein geschnittenen Dill beigeben und die Gurken unterheben.
Zugedeckt 10 Minuten durchziehen lassen.

Karottenrohkost

150 g Karotten, 1 Eßl. Orangensaft, 1 Eßl. Zitronensaft, 1 gestr. Teel. Honig, 1 ger. Apfel.

Die Karotten gut waschen und bürsten, nur wenn es nötig ist, schaben. Nach Belieben fein reiben oder raspeln und mit den Fruchtsäften, dem Honig und dem feingeriebenen Apfel vermengen.

Möhrensalat

150 g (netto) Möhren, 1½ Eßl. kaltgeschl. Öl, ½ Eßl. grobgehackte oder gemahlene beliebige Nüsse, 2–3 Teel. Zitronensaft.

Die Möhren waschen, bürsten und wenn nötig, dünn schaben. Nach Belieben fein reiben oder raspeln. Öl, Nüsse und Zitronensaft zusammen mit dem Fruchtfleisch, das an der Presse hängenbleibt, beigeben. Mit 2 Gabeln alles gut vermischen und 10 Minuten ziehen lassen.

Varianten

Anstelle von Öl 3 gehäufte Eßlöffel Bioghurt o. ä., oder 3 gehäufte Eßlöffel Sauerrahm oder 3 Eßlöffel frische Sahne.

Rote-Bete-Frischkost

125 g (netto) rote Bete, 1 Eßl. Zitronensaft, 1 Eßl. Walnußöl, 1 Eßl. Kefir, 1 gestr. Eßl. feingewiegte Cashewnüsse.

Die Bete schälen, nach Geschmack fein oder etwas gröber reiben. Zitronensaft, Walnuß- oder Distelöl und Kefir sämig rühren.
Die Bete und die Nüsse in die Sauce unterheben und 1–2 Stunden zugedeckt durchziehen lassen.

Mittagsmahlzeiten

Apfelbrotpudding

60 g frisches Vollkornbrot, ½ Tasse Ahorn-Sirup, 300 g süßsäuerliche Äpfel, 1 Prise Vollmeersalz, 30 g Butter, 50 g heißes Wasser.

Belag

Apfelringe, 20 g Butter, Ahorn-Sirup.

Kleine Springform, Butter zum Fetten.

Das ein bis zwei Tage alte Brot grob verkrümeln, mit den feingewürfelten Äpfeln und dem Salz gut vermischen und in die gefettete Form füllen. Die Butter in Flöckchen auflegen, das Wasser mit dem Ahorn-Sirup verrühren und darübergießen.
Apfelringe auflegen, leicht mit Sirup beträufeln, die Butter in kleinen Stückchen auflegen.
Auf der Mittelschiene bei 160° C backen, bis die Äpfel weich sind.

Dreikornsalat

60 g Weizen, 60 g Nackthafer, 60 g Nacktgerste, 300 g kaltes Wasser, 1 mittelgr. Zwiebel, 100 g Sellerie mit Schale, ½ Teel. Basilikum, ½ Teel. Thymian, ½ Cenovis-Brühwürfel.

Sauce

2 gestr. Eßl. Sano- oder Bioghurt, ½ Eßl. Obstessig, 2 Teel. kaltgeschlagenes Olivenöl, 1 Prise schwarzer Pfeffer, ½ Teel. Honig, 2 kleine Tomaten oder entsprechend rote Paprikaschoten.

Die Körner mit kaltem Wasser überspülen, in das Wasser geben und über Nacht einweichen.
Dann die feingehackte Zwiebel, das Stück Sellerie mit der Schale, die frischen, feingeschnittenen oder gerebelten Kräuter und den Cenovis-Würfel dazugeben und 40–50 Minuten leicht kochen lassen. Nun die Garprobe machen. Die Körner sollen weich, aber doch noch kernig sein. Ungefähr 10 Minuten zugedeckt nachquellen lassen. Dann den Sellerie entfernen.
In der Zwischenzeit die Sauce zubereiten. Sano- oder Bioghurt, Essig, Öl, Pfeffer und Honig miteinander verquirlen und abschmecken. Nach dem Abkühlen der Körnermasse die Sauce darübergeben und gut vermischen. Mindestens 2–3 Stunden durchziehen lassen.
Vor dem Servieren die grobgewürfelten Tomaten oder die feingeschnittene Paprikaschote unterheben.
Dazu schmeckt Fladenbrot, das schnell zubereitet werden kann, sehr gut (s. Seite 98).

Variante

Sellerie, ½ Eßl. Obstessig, 2 Teel. Olivenöl, 1 Prise schwarzer Pfeffer.

Nach dem Garen den Sellerie schälen, fein zerdrücken, mit Essig, Öl und Pfeffer verquirlen, in die heiße Körnermasse einrühren und mit einem beliebigen Salat servieren.

Einfaches Nudelsüppchen

Eine einfache, aber wohlschmeckende Mittagsmahlzeit, die natürlich mit einer Frischkost beginnt.

100 g breite Vollkornnudeln, ¾ l Wasser, 1 Cenovis-Brühwürfel, 125 g kleine Möhren, 1 Ei, 15 g Butter, frischgeriebener Muskat, Petersilie.

Das Wasser mit dem Cenovis-Brühwürfel zum Kochen bringen, die Nudeln und die ganzen, möglichst kleinen Möhren, gut gewaschen und gebürstet, hineingeben und 15–20 Minuten leicht kochen lassen.
Dann die Nudeln und die Möhren mit einem Schaumlöffel herausnehmen, das Wasser auf ca. ½ l reduzieren. Die Nudeln etwas zerkleinern, die Möhren scheibeln und beides in die Brühe geben. Das mit etwas Wasser gut verquirlte Ei einrühren und mit Muskat abschmecken.
Mit Butter und feingehackter Petersilie anrichten.

Grüner Spargel mit Butterkartoffeln

300–400 g grüner, frischer Spargel, Wasser, ½ gestr. Teel. Vollmeersalz, Butter oder Öl, 200 g Kartoffeln, 50 g Butter.

Grüner, frischer Spargel braucht kaum geschält zu werden. Wenn das aber nötig sein sollte, die dünnen Schalen und die abgeschnittenen Enden waschen und in reichlich Wasser auskochen. Die Masse durch ein Sieb streichen, dem Sud Salz und Fett beigeben und darin den Spargel weichkochen. Die Garzeit beträgt nur 10–15 Minuten.
Dazu gibt man mehlige Pellkartoffeln und heiße, aber nicht gebräunte Butter.

Grünkern-Sauerkrautauflauf

70 g Grünkern, ¼ l Wasser, Frugola-Würze, 1 kleine Zwiebel, 1 Lorbeerblatt, 1 Msp. Pfeffer, 1 kleine Msp. Muskat, ½ Zehe Knoblauch, Eden-Sauerkraut, 1 Eßl. Butterflocken, 25 g geriebener Käse.

1 kleine Auflaufform, Butter zum Fetten.

Das Wasser mit der Frugola-Würze kräftig abschmecken, den mittelgrob geschroteten Grünkern einrühren, Zwiebel und Lorbeerblatt hineingeben und 5 Minuten leicht kochen lassen; hin und wieder umrühren. Abschalten und 10–15 Minuten quellen lassen.
Dann das Lorbeerblatt entfernen, Pfeffer, Muskat und den sehr fein zerdrückten Knoblauch einrühren. Die Hälfte der Masse in die gutgefettete Form füllen, mit Sauerkraut recht dick abdecken, die Hälfte der Butterflocken auflegen, darauf den Rest der Grünkernmasse. Mit Butterflocken und Käse überstreuen.
Im kurz vorgeheizten Ofen auf der Mittelschiene 20–25 Minuten bei 200° C backen.
Mit Petersilie bestreuen.

Gute-Luiseauflauf

2 große, mittelweiche „Gute Luise" oder gleichwertige Birnen, 2–3 Eßl. Zitronensaft, 30 g geröstete Mandelsplitter, 30 g weiche Butter, 25 g Honig, 2 Eigelb, ⅓ gestr. Teel. Zimtpulver, 1 Eßl. Rum oder Kirschwasser, 60–70 g Weizen, 2 Eiweiß.

1 Springform 16–18 cm ∅, Butter zum Fetten.

Die Birnen schälen, achteln, das Kerngehäuse entfernen und die gefettete Form dicht belegen. Mit Zitronensaft gut beträufeln.
Die Mandelsplitter in der trockenen Pfanne unter ständigem Rühren goldgelb rösten und über die Birnen streuen. Butter, Honig, Eigelb und Zimtpulver sämigrühren, dann den Alkohol beigeben. Den frisch- und feingemahlenen Weizen abwechselnd mit dem steifgeschlagenen Eiweiß locker unterheben. Die Teigmasse gleichmäßig über die Birnen verteilen.
Die Form in den vorgeheizten Ofen auf der Mittelschiene einschieben und bei 180° C ca. 40 Minuten backen.

Hirseauflauf mit Käse

¼ l Wasser, ½ Cenovis-Brühwürfel, 75 g Hirse, 1 kleines Ei, 10 g Butter, 30 g Emmentaler, 1 Msp. Curry, ein wenig Butter und geriebener Käse für den Belag.

1 Auflaufform 18 cm ∅, Butter zum Fetten.

Das Wasser erhitzen, den Cenovis-Brühwürfel darin auflösen und die Hirse unter Rühren beigeben. Zugedeckt, bei schwacher Hitze 20 Minuten quellen lassen.
Danach etwas abkühlen lassen und das Ei, die Butter und den frisch geriebenen Käse einrühren. Mit Curry abschmecken und den Brei in die gut gefettete Form füllen.
Wenig Butterflöckchen und etwas Käse darüberstreuen und auf der Mittelschiene im vorgeheizten Ofen bei 200° C ca. 20 Minuten backen, bis die Kruste goldgelb ist.

Kartoffelbällchen überbacken

Pellkartoffeln vom Vortag, frisches Sojamehl, Hefeflocken (ca. 1 geh. Teel., je nach Kartoffelmenge), 1–2 Teel. Butter, Vollmeersalz, Sesamsamen oder Vollkornbrösel.

1 Blech oder 1 feuerfeste Platte, wenig Butter z. Fetten.

Die Kartoffeln schälen und reiben. Je nach Bedarf Sojamehl, Hefeflocken, Butter – Vollmeersalz nach Geschmack – einkneten. Kleine Bällchen formen, in leicht geröstetem Sesamsamen oder in Hefeflocken oder Vollkornbrösel wenden.
Auf ein leicht gefettetes Blech oder eine feuerfeste Platte geben. Im vorgeheizten Ofen auf der 2. Schiene von unten bei Mittelhitze überbacken.
Dazu einen beliebigen Salat servieren.

Variante

Nach Belieben in den Teig noch frische, feingewiegte Kräuter oder feingehackte Zwiebeln einarbeiten.

Kartoffel-Tomatenauflauf

200 g Kartoffeln, Schnittlauch.

Guß

1 kleines Ei, 4 Eßl. Sahne, 3 Eßl. Milch, ½ Teel. Vollmeersalz, 1 gr. Msp. weißer Pfeffer, 1 gr. Msp. Paprika, 2 mittelgr., feste Tomaten, 1 geh. Teel. Tartex.

1 Auflaufform 18 cm ∅, Butter zum Fetten.

Die gewaschenen Kartoffeln mit der Schale garen, schälen und in dünne Scheiben schneiden. Die Form gut fetten, die Kartoffelscheiben und den fein geschnittenen Schnittlauch hineingeben.
Das Ei, die Sahne, die Milch und die Gewürze verquirlen, kräftig abschmecken und die Hälfte davon über die Kartoffeln gie-

ßen. Die in mitteldicke Scheiben geschnittenen Tomaten, Tartex in Flöckchen, auflegen. Den Rest des Gusses darübergießen. Den Ofen auf 180° C vorheizen. Den Auflauf auf der Mittelschiene 45–50 Minuten backen.
Der Guß sollte nach Beendigung der Backzeit nicht mehr flüssig sein. Gegebenenfalls den Auflauf höherstellen und kurz nachbacken.

Käsekartoffeln

200 g mittelgroße, feste Kartoffeln, 50 g Schichtkäse, 1–2 Eßl. saure Sahne, Kümmel oder Knoblauch, ausgepreßt, Vollmeersalz, weißer Pfeffer, 3 Scheiben Gouda.

Die Kartoffeln waschen und garen, dann halbieren, schälen, auf ein Blech setzen und im Backofen auf der Mittelschiene bei 180° C 20 Minuten backen.
Inzwischen den Schichtkäse mit der Sahne verquirlen und mit den Gewürzen nach Wahl kräftig abschmecken. Nach dem Backen die Kartoffelhälften mit der Käsecreme dick bestreichen und mit den halbierten Käsescheiben belegen.
Auf der obersten Schiene des Ofens bei 200° C kurz überbakken, bis der Käse schmilzt.
Dazu passen Tomaten-, Gurken- oder Rettichsalate (s.Seite 28, 32).

Kleines Nudelgericht

50 g breite Vollkornnudeln, eventuell Reste, 1/2 l Wasser, 1/2 Teel. Vollmeersalz, Butter zum Braten, 1–2 Sojawürstchen, 1 ganzes Ei, Vollmeersalz, Pfeffer, Butterflöckchen, Schnittlauch.

Die Nudeln in dem Salzwasser weichkochen und sehr gut abtropfen lassen. In der Pfanne die Butter erhitzen und die Nudeln darin goldgelb braten. Dann in eine Schüssel geben; in der Pfanne das gescheibelte Sojawürstchen in Butter anbraten.
Inzwischen das Ei mit ein wenig Milch oder Wasser verquirlen und mit den Gewürzen kräftig abschmecken.
Nun die Nudeln zu dem Würstchen in die Pfanne geben, erhitzen, die Sauce darübergießen und stocken lassen. Nach Belieben noch mit etwas Salz und Pfeffer nachwürzen.
Einige Butterflöckchen auflegen, das Omelette wenden und bei kleiner Hitze kurz backen.
Mit Schnittlauch bestreuen und mit einem beliebigen Blattsalat servieren.

Knusprige Apfelspeise

50 g Weizen, 1 kleines Ei, 30 g Apfelsaft, 30 g Weißwein, 1 Prise Vollmeersalz, 1/2 Zitrone (natur), 1/2 l Olivenöl, 1 großer, säuerlicher Apfel, 100 g Sahne, 1 Teel. Ahornsirup oder Honig.

Den feingemahlenen Weizen in einer kleinen Schüssel mit allen Zutaten vermengen. Das Abgeriebene der Zitrone einrühren und den Teig 10 Minuten quellen lassen.
Dann das Öl in einem kleinen, flachen Topf erhitzen. Inzwischen den Apfel waschen, halbieren, entkernen, nicht allzu dünn scheibeln und sofort mit dem Zitronensaft beträufeln.
Die Apfelscheiben mit einer Gabel durch den sämigen Teig ziehen, etwas abtropfen lassen und in dem heißen Fett backen, bis sie goldbraun sind.
Unter die steifgeschlagene Sahne Sirup oder Honig ziehen und zu den heißen Apfelscheiben servieren.
Ein großer Salatteller zuvor versteht sich von selbst.

Maisauflauf mit Pilzen

300 g Wasser, 1/2 Cenovis-Brühwürfel, 1 Lorbeerblatt, 75 g Maisgrieß, 1/2 Eßl. Butter, 1 kleine Zwiebel, 1/2 Knoblauchzehe, 80 g (netto) Pilze, 1 kleine, grüne Peperoni, 2 Teel. Zitronensaft.

30 g Emmentaler oder Gouda, 50 g Kaffeesahne (15% Fett), 2 kleine Eigelb, 2 Eiweiß.

Auflaufform 18 cm ∅, Butter zum Fetten.

Das Wasser erhitzen, darin den Cenovis-Würfel auflösen, das Lorbeerblatt und den Mais beigeben und unter ständigem Rühren 2–3 Minuten leicht kochen lassen.
Danach soll der Mais 5–10 Minuten quellen. Inzwischen die Butter in einem Töpfchen schmelzen. Die feingehackte Zwiebel, das Ausgepreßte des Knoblauchs, die gescheibelten Pilze, die feingewiegte Peperoni und den Zitronensaft beigeben, zugedeckt 2–3 Minuten dämpfen. Dann die Pilzmasse in den Maisbrei einrühren, dabei das Lorbeerblatt entfernen.
Nach dem Abkühlen den frischgeriebenen Käse, Sahne und Eigelb unter den Brei rühren und die steifgeschlagenen Eiweiße unterziehen.
In die gefettete Auflaufform füllen und sofort in den auf 200° C vorgeheizten Ofen auf der Mittelschiene ca. 25–30 Minuten backen.

Maisgrieß-gebäck

80 g Maisgrieß, 300 g Wasser, 50 g geriebener Gouda (o. ä.), 30 g Butter, je eine Spur: Vollmeersalz, Thymian, Delikata (Brecht).

Belag

Tomaten, roter Paprika, Essiggurken oder Bananen-, Ananas-, Birnen-, Kiwischeiben.

1 kleines Flachblech, Butter zum Fetten.

Das Wasser erhitzen, den Maisgrieß unter Rühren hineingeben, bei schwacher Hitze kurz leise kochen, dann zugedeckt 15–20 Minuten quellen lassen. Butter und Gewürze einrühren, gut abschmecken und den Brei auf das gut gefettete Blech etwa 2 cm dick aufstreichen.
Den Ofen leicht vorheizen, das Gebäck auf der Mittelschiene 20 Minuten bei 160° C backen. Kurz vor dem Herausnehmen den Käse darüberstreuen und zerlaufen lassen.
Vor dem Servieren aufschneiden und beliebig belegen.
Vor allem in der Sommerzeit als Mittagsspeise und auch am Abend wird dieses Gebäck willkommen sein.

Pellkartoffeln mit Sahnesauce

200 g kleine Kartoffeln, ½ Teel. ganzer Kümmel, 2 leichtgehäufte Teel. Weizenvollkornmehl, 100 g Wasser, ¼ Cenovis-Brühwürfel, 1½ Eßl. frische Sahne, 1 kl. Stich Butter, Cenovis-Würze nach Bedarf, Schnittlauch.

Die Kartoffeln mit dem Kümmel im Dünsttopf, frische Kartoffeln mit der Schale, 25–30 Minuten garen. Inzwischen die Sahnesauce zubereiten. Mit dem Schneebesen das frisch- und feingemahlene Weizenvollkornmehl in das warme Cenovis-Wasser einrühren, erhitzen und eine Minute leicht kochen. Zugedeckt, ohne Strom 2–3 Minuten quellen lassen.
Dann die Sahne und einen Stich Butter einrühren, mit Cenovis-Würze recht kräftig abschmekken und mit Schnittlauch bestreuen. Heiß servieren.
Dazu paßt ein Blattsalat sehr gut.

Pfannkuchen mit frischem Beerenmus

125 g frisch- und feingemahlener Weizen, 2 kleine Eier, 1 gestr. Eßl. Honig, ¼ Teel. Vollmeersalz, ½ Zitrone (unbehandelt) oder 1 gr. Msp. Vanillepulver (s. Seite 129), 380 g Kefir oder Buttermilch oder 200 g Kefir und 150 g saure Sahne, flüssige Butter zum Backen.

Die Eier mit dem Schneebesen verquirlen, Honig, Salz, das Abgeriebene der Zitrone oder Vanille und das gewünschte Milchprodukt dazugeben.
Den frischgemahlenen Weizen unterrühren, den glatten, ziemlich flüssigen Teig ca. 10–15 Minuten quellen lassen.
In einer kleinen Stielpfanne ein wenig Butter erhitzen, mit einer kleinen Schöpfkelle den Teig hineingeben und gleichmäßig auslaufen lassen. Die dünnen Pfannkuchen von beiden Seiten goldbraun backen. Vor dem Wenden ein wenig Butter aufgeben.
Sollte der Teig zu dick sein, mit Kefir oder Buttermilch oder einfach mit Milch flüssiger machen. Er muß in der Pfanne mühelos verlaufen.
Zu diesen dünnen Pfannkuchen schmeckt das Beerenmus, im Winter aus dem Tiefkühlgerät aufgetaut und zerdrückt, besonders fein.

Beerenmus

Beerenmenge nach Belieben.

Hierfür eignen sich sehr gut: Himbeeren, Johannisbeeren, Heidelbeeren, Erdbeeren und sehr klein geschnittene Süßkirschen.

Die reifen Beeren mit einer Gabel fein zerdrücken, nach Belieben mit Honig leicht süßen.

Variante

¼ l Wasser, ½ Cenovis-Brühwürfel, Muskat, Petersilie.

Pfannkuchenreste für eine lekkere Flädlesuppe verwenden.
Die Kuchen zusammenrollen, nach dem Erkalten dünn aufschneiden und in Cenovis-Wasser kurz ziehen lassen.
Mit frischgeriebenem Muskat abschmecken und mit Petersilie bestreuen.
Davor eine Schüssel Salat, ergibt eine ausreichende Mittagsmahlzeit.

Pizza – einfach, aber lecker

Die Menge ergibt 2 Böden

250 g Weizen, 1 gestr. Teel. Kümmel, ½ Teel. Koriander, ¼ Teel. Kräutersalz, ½ Teel. Vollmeersalz, 15 g Hefe, 30 g Olivenöl, 120 g Wasser (Raumtemperatur).

1 Springform 16 cm ∅; die Form nicht fetten.

Belag

1 Eßl. Vollkornbrösel, 170 g feste Tomaten, 20 g grüne Oliven, 30 g Zwiebeln, 1 geh. Teel. Pizza-Gewürz, 1 gr. Msp. Frugola, 1 kl. Msp. Pfeffer, 70 g Emmentaler oder Greyerzer, Schnittlauch.

Alle Zutaten müssen Raumtemperatur haben. Den Weizen mit den Gewürzen fein mahlen, in eine Schüssel geben und das Salz einmengen. In das Mehlgemisch eine Vertiefung hineindrücken und darin die zerbrökkelte Hefe mit etwas Wasser, von der Gesamtmenge abgenommen, verrühren. Mit ein wenig Mehl bestreuen und gehen lassen.
Dann Wasser und Öl langsam beigeben und zu einem glatten, geschmeidigen Teig verarbeiten.
Den Teig teilen, mit der einen Hälfte den Formboden belegen, gleichmäßig flachdrücken und einen 2 cm hohen Rand hochdrücken.
Den restlichen Teig im Gefriergerät aufheben. Für ein paar Tage hält er sich auch im Kühlschrank frisch.

Während der Teig sich entwikkelt, die Zutaten für den Belag vorbereiten.
Die Tomaten in mitteldicke Scheiben schneiden und würfeln. Die Oliven vierteln, die Zwiebeln scheibeln und kleinschneiden. Mit Pizza-Gewürz, Frugola und Pfeffer bestreuen, alles miteinander vermengen und auf den gebröselten Teig füllen. Mit dem grobgeriebenen Käse abdecken.
In den auf 220° C vorgeheizten Ofen auf der Mittelschiene einschieben und 18–20 Minuten backen.
Danach mit Schnittlauch bestreuen und heiß servieren.

Variation des Belages

1 Eßl. Vollkornbrösel, 70 g grobgeriebenen Gouda oder Appenzeller aufstreuen, 50 g zarter Lauch, fein aufschneiden und auflegen, ½ geh. Teel. Pizza-Gewürz darüberstreuen, 150 g Tomaten in Scheiben, 80 g (netto) roten Paprika in Streifen schneiden und auflegen, 1 gr. Prise schwarzer Pfeffer, ½ geh. Teel. Pizza-Gewürz und ¼ Teel. Kräutersalz aufstreuen.

1 Springform 16 cm ∅, die Form nicht fetten.

Die Zubereitung der Pizza ist die gleiche wie im vorstehenden Rezept.
In der Reihenfolge mit den angegebenen Zutaten belegen. Nach Belieben zusätzlich eine kleine, gewürfelte Peperoni über die Tomaten geben.
In den auf 250° C aufgeheizten Ofen auf der Mittelschiene 20–25 Minuten backen.
Danach mit beliebigen Kräutern bestreuen und heiß servieren.

Nachspeisen

Bananenmix

½ Becher Bio- oder Sanoghurt, ½ reife Banane, 1 saftreiche Orange, Zitronenschale (natur), Schlagsahne.

Die Banane mit einer Gabel fein zerdrücken und cremigschlagen. Bioghurt und den ausgepreßten Orangensaft einrühren, das Abgeriebene einer viertel Zitrone beigeben. In ein Glas füllen, mit einem großen Tupfer Sahne garnieren und kalt stellen.

Hirse-Früchtecreme

60 g Hirse, 150 g Wasser, 40 g Honig, 1 große Msp. Delifrut (Brecht), 3–4 Eßl. Sahne, 100 g beliebige Beeren, Steinfrüchte oder Citrusfrüchte, 4–5 Eßl. Schlagsahne.

Die Hirse unter Rühren in das kochende Wasser streuen. Zugedeckt 10 Minuten leicht kochen und weitere 10 Minuten ohne Strom quellen lassen. Nach dem Abkühlen den Honig, Delifrut und die Sahne verquirlen und unter die Hirse rühren. Nun die Hälfte der Hirse in 1–2 Schälchen füllen und mit beliebigen Beeren oder gewürfelten Früchten belegen. Einen kleinen Teil davon für die Garnitur zurückbehalten. Die Restcreme auffüllen und kühl stellen. Mit Sahnetupfer und den restlichen Früchten garnieren.

Kanadische Engelsspeise

1 Becher Sano- oder Bioghurt, 1 Eigelb, 2–3 Eßl. Ahornsirup, ½ Zitrone (natur), ½ Orange, unbehandelt, Muskat.

Sano- oder Bioghurt mit dem Eigelb cremigrühren. Ahornsirup sorgfältig untermischen, Zitronensaft und Orangensaft beigeben. Nach Belieben mit frischgeriebener Muskatnuß abschmecken.
Sie können nach Belieben das Eiweiß schaumigschlagen, mit ein wenig Ahorn süßen und auf die angerichtete Speise geben.

Variante

Eine gewürfelte Orange unter

die Speise mischen, dann aber die Muskatnuß weglassen.

Buttermilchflip

¼ l Buttermilch, 1 geh. Teel. Honig, 30 g Beerenmark.

Beeren (Erdbeeren, Himbeeren, Johannisbeeren oder gemischt) zusammen mit den Zutaten im Mixer pürieren. Nach Belieben die Honigmenge erhöhen.

Hinweis

Hierfür sind auch tiefgekühlte Beeren gut geeignet. Vor der neuen Ernte tiefgekühlte Reste verwenden.

Zitronen-Vollkorncreme

30 g Weizen, 180 g Wasser, 50 g Honig, 1 sehr kleines Ei, 3 volle Eßl. Zitronensaft, 1 gestr. Eßl. gem. Nüsse.

Das Wasser erwärmen, den sehr fein gemahlenen Weizen mit dem Schneebesen kräftig einrühren. Unter ständigem Rühren zwei Minuten leicht kochen lassen. Dann den Topf in kaltes Wasser stellen und die Masse ab und zu durchschlagen. Kurz vor dem Erkalten Honig, Eigelb und Zitronensaft nacheinander beigeben. Dann im Rührgerät 1–2 Minuten schaumigschlagen.

Ist die Creme zu weich, die gemahlenen Nüsse unterrühren, andernfalls über die fertige Creme streuen. Den steifen Eischnee unterziehen und in Schälchen füllen.

Im Kühlschrank, zugedeckt, hält sich die Creme einige Tage frisch.

Abendmahlzeiten und Suppen

Abendmahlzeit – schnell zubereitet

Vollkornbrot, Butter, Streichkäse: Gervais, Cantadou oder Bressot, Frühlingszwiebeln oder weiße Speisezwiebeln, Äpfel, Birnen oder beliebige Zitrusfrüchte.

Das recht dünn geschnittene Vollkornbrot sparsam mit Butter und weniger sparsam mit einer oder mit verschiedenen Käsesorten bestreichen. Die Zwiebeln in Ringe schneiden und auflegen. Dazu schmecken die oben angeführten Früchte ausgezeichnet.

Hinweis

Die Butter können Sie natürlich weglassen, aber sie gibt dieser Mahlzeit das gewisse „Etwas".

Pikanter Käse-Toast

2 Scheiben Vollkorntoast oder 2 Vollkornbrotscheiben, Butter, 2 feste Tomaten, ½ kl. grüne Paprikaschote, Pizzagewürz, Pfeffer, 2 Scheiben Gouda o. ä. Käse, Petersilie.

Toast oder Brotscheiben leicht mit Butter bestreichen, mit Tomatenscheiben und Paprikastreifen belegen und kräftig würzen. Mit den Käsescheiben abdecken. Im Grill oder im heißen Ofen 3–5 Minuten überbacken. Mit Petersilie bestreuen.

Variante

Zusätzlich Zwiebelringe und wenige Tartex-Flöckchen auf das Gemüse legen.

Hinweis

Mit einem gesunden Eisgericht können Sie auch Kinder glücklich machen. Verändern Sie den Geschmack mit pürierten Früchten, z. B. Erdbeeren, Himbeeren, Brombeeren oder Heidelbeeren. Lassen Sie dann einfach den Kakao beim „Eisschleckerle" weg.

Eisschleckerle

60 g frische Sahne, 1/2 gestr. Eßl. Honig, 1/2 gestr. Teel. Kakao.

Sauce

1/4 reife Banane, 1 geh. Teel. Honig, 1 Eßl. Bioghurt, 1 Msp. gem. Vanille oder Ingwer, 1 geh. Teel. gem. Nüsse, 2 Eßl. saure Sahne, 2 Eßl. Milch.

Die Sahne halbsteif schlagen, Honig und Kakao dazugeben und steifschlagen. In einen Joghurtbecher füllen, abdecken und im Tiefkühlgerät gefrieren lassen (ca. 1 Stunde).

Inzwischen die Banane fein zerdrücken und zusammen mit dem Honig, Bioghurt, Vanille oder Ingwer mit den Nüssen und der Sahne schaumigschlagen. Mit der Milch auffüllen und in den Kühlschrank stellen.

Kurz vor dem Servieren das Eis in eine kleine Schale füllen und mit der Sauce übergießen.

Belegte Brote und Toaste

2 Vollkornbrotscheiben, Butter, 2 dünne Scheiben Käse, 1 mittelgr. Frühlingszwiebel, 2 frische Ananasscheiben.

Die Brotscheiben dünn mit Butter bestreichen. Die Käsescheiben auflegen. Die Zwiebeln sehr fein scheibeln und darübergeben. Mit den geviertelten Ananasscheiben belegen.

Variante

2 Vollkorntoastscheiben oder 2 Vollkornbrotscheiben, Butter, 1 mittelgr. Frühlingszwiebel, 2 frische Ananasscheiben, 2 Scheiben Gouda o. ä. Käse.

Das Brot dünn mit Butter bestreichen, Zwiebelringe, die ganzen Ananasscheiben und

Pikanter Käse-Toast

zuletzt den Käse auflegen.
Im heißen Ofen 3–5 Minuten überbacken.

Hinweis

Die Ananas gehört zu den Vitamin-C-reichsten Früchten. Beim Einkauf darauf achten, daß die Blätter sich leicht zupfen lassen, dann ist die Frucht reif. In der Schale oder auch geschält, in Scheiben geschnitten und in Alufolie verpackt, bleibt sie im Kühlschrank einige Tage frisch. Verwendung: Als Brotbelag zum Frühstück und als Dessert mit oder ohne Sahne.

Trauben-Käsesalat

50 g Gouda oder Tilsiter Käse, 1/2 feste Banane, 1 Mandarine oder 1/2 kleine Orange, 50 g blaue Trauben, 1/2 feste Kiwi, 2 gehackte Walnüsse, 2 Eßl. Bio- oder Sanoghurt, 1/2 Teel. Honig oder Ahornsirup, 1 Msp. Delifrut (Brecht).

Den Käse in feine Streifen schneiden, die Banane fein scheibeln. Die Mandarine oder Orange würfeln, die Trauben waschen, halbieren und entkernen. Alles zusammen mit den grobgewiegten Nüssen vermischen.
Bio- oder Sanoghurt, Honig oder Ahornsirup und Delifrut zu einer sämigen Sauce verrühren und über die Käserohkost geben. Alles miteinander vermengen und in Schälchen oder, sehr hübsch, in Grapefruit- oder Orangen-Schalenhälften anrichten.

Quark mit Frischkäse

60 g Magerquark, 30 g Gervais o. ä. Frischkäse, 1/4 kl. Apfel, 1 Msp. Delifrut (Brecht), 1/4 kl. Zwiebel.

Den Quark mit dem weichen Käse und dem feingeriebenen Apfel (Schale nicht mitverwenden) verrühren. Die sehr fein gewiegte Zwiebel dazugeben. Diese Creme eignet sich vorzüglich als Brotaufstrich, aber auch zum Füllen von Tomaten und Paprikaschoten.

Variante

An Stelle von Quark die gleiche Menge Tofu verwenden. (Tofu s. Seite 13.)

Einfache Gemüsesuppe

300 g (netto) frisches Gemüse aller Art und frische Kräuter, 1/2 l Wasser, 1/2 Cenovis-Brühwürfel.

Das Gemüse und die Kräuter sorgfältig putzen und kleinschneiden. In wenig Wasser kurz mixen. Das Wasser zum Kochen bringen, darin die Brühwürfel auflösen und das Gemüse einrühren, aber nicht mehr kochen lassen. Wenn nötig, mit Kräutersalz nachwürzen und mit Petersilie bestreuen.

Gemüsebrühe

Alle Arten von Gemüse und Küchenkräutern mit Stielen, Blättern und Wurzeln, je nach Gemüsemenge 1–2 Liter Wasser, 1–2 Cenovis-Brühwürfel oder Frugola-Würze.

Gemüse- und Kräuterreste im Kühlschrank im Gemüsefach, im Winter auf dem Balkon, 2–3 Tage kontinuierlich sammeln. Bei Verwendung grob zerkleinern, in Cenovis- oder Frugola-Brühe 20–25 Minuten zugedeckt leise kochen lassen. Dann durchsieben und die Brühe im Kühlschrank bzw. auf dem Balkon in einem Tongefäß aufheben. Haltbarkeit mehrere Tage.
Verwendung: Für Suppen, Saucen, Körnergerichte, aber auch als Trinkbrühe.

Haferschrotsuppe

1/8 l Wasser, 30 g Hafer, 1/4 l Milch, 1/4 Teel. Salz, 1 Spur Honig, Butter.

Das Wasser erwärmen, den Hafer frisch und fein mahlen und mit dem Schneebesen einrühren. Zum Kochen bringen, den Topf von der Feuerstelle wegziehen und die warme Milch, Salz und Honig beigeben. Zugedeckt 2–3 Minuten auf der Platte stehen lassen, aber nicht mehr kochen. Vor dem Ausschöpfen dieser wohlschmekkenden Suppe einen kleinen Stich Butter in den vorgewärmten Teller geben.
An Stelle von Hafer können Sie auch Weizen, Buchweizen oder ein Körnergemisch verwenden.

Kerbelsuppe

10 g Butter, 1 gestr. Eßl. Weizenvollkornmehl, 1/2 l Gemüsebrühe oder Wasser, Frugola, 1 Prise Vollmeersalz, 1/2 Eigelb, 1 Eßl. frische Sahne, 1 Eßl. feingehackter Kerbel, 1/4 Teel. frische Butter.

Die Butter schmelzen, das Mehl einrühren, mit Gemüsebrühe (aus dem Vorrat) ablöschen, aufkochen und ohne Stromzufuhr einige Minuten quellen lassen.
Mit den Gewürzen fein abschmecken, das Eigelb und die Sahne einrühren und den Kerbel dazugeben.
In ein heiß ausgespültes Suppenschälchen die Butter einlegen, mit der Suppe übergießen und sofort servieren.

Gebäck

Backöfen und ihre Beheizung (s. Seite 100)

Ahorn-Creme-kuchen

250 g Weizen, 100 g weiche Butter, 2 Eier, 2 Teel. Weinstein-Backpulver, ½ gestr. Teel. Zimt, 100 g Ahorn-Creme, 100 g heißes Wasser.

1 Kastenform 10 × 24 cm, Butter zum Fetten.

Die weiche, aber nicht flüssige Butter cremigrühren, die Eier sorgfältig verquirlen und dazugeben. Den frisch- und feingemahlenen Weizen mit dem Backpulver und dem Zimt gut vermengen. Die Ahorn-Creme mit dem Wasser verrühren und nach und nach im Wechsel mit dem Mehlgemisch zu der Butter-Masse geben.

Den Teig in die gut gefettete Kastenform füllen und auf der 2. Schiene von unten in den kalten Ofen schieben.

Bei 190° C 35–40 Minuten backen.

Nach dem Abkühlen auf ein Gitter stürzen.

Dieser Kuchen schmeckt frisch, aber in Alufolie verpackt auch noch nach ein paar Tagen ausgezeichnet.

Zwetschgen-Streuseltorte

125 g Weizen, ½ P. Trockenhefe, 4 Eßl. Milch (Raumtemperatur), 25 g weiche Butter, 1 kleines Ei, 20 g Honig, 1 Prise Salz, 500 g reife Zwetschgen.

1 Springform 18 cm ∅, Butter zum Fetten, Weizenkleie für den Boden.

Zutaten für Streusel

150 g Weizenvollkornmehl, 70 g Honig, 1 gestr. Teel. Zimtpulver, 75 g Butter.

Den frisch- und feingemahlenen Weizen und die Trockenhefe in eine Schüssel geben und verrühren. Milch, die weiche Butter, das Ei, Honig und Salz verquirlen und zu dem Mehl geben. Mit den Knethaken des Handrührgerätes zu einem geschmeidigen Teig verarbeiten. Zugedeckt an einem warmen Ort etwa 20 Minuten gehen lassen.

Inzwischen die Zwetschgen waschen, halbieren und entsteinen. Den Teig noch einmal kurz durchkneten, in die Form geben und einen Rand hochdrücken. Den Boden mit Kleie bestreuen und die Zwetschgen auflegen.

Für die Streusel Mehl, Honig, Zimt und Butter in Flöckchen in eine Schüssel geben und mit den Fingern zu Krümeln verarbeiten. Die Streusel auf die Früchte verteilen. Bei 200° C auf der 2. Schiene von unten 35–40 Minuten backen. Auf einem Gitter abkühlen lassen. Bei der kleinen Kuchenform kann die Backzeit sich etwas verkürzen.

Freiburger Laible

410 g Weizen, davon 30 g für Streumehl, 30 g Frischhefe, 3 Eßl. Wasser (Raumtemperatur), 1 Zitrone (unbehandelt) oder ¼ Teel. Zimtpulver oder ¼ Teel. Anispulver, 90 g Milch (Raumtemperatur), 1 gr. Ei, 40 g Honig, ½ gestr. Teel. Bioghurt, ½ leicht geh. Teel. Vollmeersalz, 50 g Butter, Eigelb zum Bestreichen.

1 Backblech, Butter zum Fetten.

Die Hefe zerbröckeln, mit dem Wasser und einem Eßlöffel Mehl, von der Gesamtmenge weggenommen, verrühren und 10–20 Minuten gehen lassen.

Den mit dem Abgeriebenen der Zitrone oder nach Geschmack mit Zimt oder Anis vermischten feingemahlenen Weizen in eine größere Schüssel geben und eine Vertiefung machen. Darin die Milch, das Ei, Honig, Bioghurt und Salz verrühren. Den gut aufgegangenen Vorteig und den größten Teil des Mehles einmengen. Dann die weiche Butter und das Restmehl einarbeiten. Auf einem Backbrett den Teig 5 Minuten kneten, evtl. von dem Streumehl etwas dazugeben. Zugedeckt an warmer Stelle ca. 50 Minuten gehen lassen.

Dann nochmals 3 Minuten leicht kneten. 1 großes oder 2 kleine, nicht zu hohe, längliche Laible formen, auf einem leicht gefetteten Blech abgedeckt nochmals 15 Minuten gehen lassen.

Den Ofen auf 200° C vorheizen, die Laible mit dem leicht verdünnten Eigelb bestreichen und auf der Mittelschiene 20 Minuten bei 200° C, 30 Minuten bei 180° C backen. Dieses feine Hefegebäck ist beliebt zum Frühstück oder auch für den Nachmittagstee. Nach Belieben können Sie den Genuß noch erhöhen mit einem Butter- oder einem Konfitüren-Aufstrich (s. Seiten 134–136).

Feine ungezuckerte Konfitüre in verschiedenen Geschmacksrichtungen gibt es auch in Reformhäusern und Bioläden. Je nach Wunsch können Sie ein wenig Honig untermischen.

Gewürz-kranzkuchen

125 g Weizen, 1 geh. Teel. Backpulver (natur), 1 Eßl. Kakao, ½ geh. Teel. Zimtpulver, 1 gr. Msp. gemahlene Nelken, 1 gr. Prise Vollmeersalz, 80 g

weiche Butter, 130 g weicher Honig, 2 gr. Eier, 30 g Milch.

1 Kranzspringform 18 cm ∅, Butter zum Fetten.

Vor dem Verarbeiten alle Zutaten einige Stunden in die Küche stellen.
Die Kranzform, außer dem Rand, gut fetten. Den frisch- und feingemahlenen Weizen mit allen Zutaten sorgfältig vermischen und abdecken. Im Rührgerät auf Stufe 2–3 die Butter cremigrühren. Den weichen Honig langsam zugeben, die ganzen Eier nach und nach einrühren. Hin und wieder mit dem Schaber die Teigmasse vom Schüsselrand lösen. Auf Stufe 2 das Mehlgemisch einmengen und die Milch löffelweise beigeben. Den etwas schwer vom Löffel fallenden Teig in die Form einfüllen und glattstreichen.
Auf der 2. Schiene von unten in den kalten Ofen einschieben und bei 170–180° C 45–50 Minuten backen. Eventuell Stäbchenprobe machen.
Den Kuchen etwas abkühlen lassen, dann den Rand der Form lösen. Nach dem Erkalten auf ein Kuchengitter stürzen. Er kann dann sofort unbeschadet verzehrt werden.

Variante

Sollten Sie zum Nachmittagskaffee liebe Gäste erwarten, dann verdoppeln Sie einfach alle Zutaten dieses fantastischen Kuchens und servieren Sie ein Schälchen Schlagsahne dazu. Ihre Gäste werden voll des Lobes sein.

Hinweis

Kuchenreste stückweise in Folie verpackt einfrieren oder in einen Leinenbeutel geben und in einem nicht ganz abgedeckten Stein- oder Tontopf aufheben.

Ihre Majestät, die Birnen-Apfel-Wähe

Rezept (s. Seite 48).
Wenn Sie alle Zutaten vom Teig, Belag und Aufguß halbieren, reicht die Menge für eine Form von 16 cm ∅.
Die Backzeit könnte sich um wenige Minuten verkürzen.
Dieses besonders feine Gebäck möchte ich Ihnen nicht vorenthalten.

Nüsse und Mandeln auf Vorrat

Mandeln und verschiedenartige Nüsse fürs Müsle und für Gebäck fein schneiden bzw. hakken und in Schraubdeckelgläser füllen. Darin halten sie sich längere Zeit frisch.

Nußbiskuit

Rezept (s. Seite 111)

3 kl. Eier, 2 Eßl. lauwarmes Wasser, 90 g heller, flüssiger Honig, ½ Zitrone (unbehandelt), 1 Eßl. Rum, 125 g gem. Haselnüsse, 3 Eiweiß, mit Topf und Rührbesen in den Kühlschrank geben.

1 Tortenform 18 cm ∅.

Die obenstehenden Zutaten verarbeiten, wie in dem Rezept angegeben.
Den Teig in die nicht gefettete Form füllen, glattstreichen, auf der 2. Schiene von unten des vorgeheizten Ofens einschieben.
Bei 180° C 40–45 Minuten backen. Kurz vor Beendigung der Backzeit die Stäbchenprobe machen. Sollte die Oberfläche zu dunkel werden, mit Folie abdecken. In der Form abkühlen lassen, auf ein Gitter stürzen und über Nacht kühl stellen. Dann 1 mal quer durchschneiden. Nach Wunsch die eine Hälfte in Alufolie verpackt auf Vorrat tiefkühlen, die 2. Bodenhälfte mit Sahne oder mit Sahne und Früchten nach der Jahreszeit anrichten.

Variante

Dieser Nußbiskuit, schon wenige Stunden nach dem Abkühlen in Tortenstücke aufgeschnitten und mit Schlagsahne serviert, ist ein Hochgenuß.

Variante

Etwa 100 g Crème fraîche – ohne Kräuter – mit einem Teelöffel weichen Honig verrühren. Auf den Kuchenboden streichen und mit beliebigen Früchten belegen.

Torteletts

**Torteletts (s. Seite 114), Früchte, die sich zum Füllen besonders gut eignen, sind: Aprikosen gewürfelt, Brombeeren, Heidelbeeren, Himbeeren, Erdbeeren und süße Kirschen.
In der kalten Jahreszeit sind Ananas, Bananen, Kiwis, Zitrusfrüchte und Trauben sehr beliebt.**

Torteletts können Sie auf Vorrat backen. In einer Dose halten sie sich fast unbegrenzt. Rasch sind sie mit Schlagsahne und je nach der Jahreszeit mit Früchten gefüllt. Zur Freude für Sie und für Ihre Gäste.
Je nach Säuregehalt der Früchte können Sie in die geschlagene Sahne etwas Honig unterheben.

Eintägige Saftfastenkur einmal wöchentlich

Sie werden staunen, wie gut Ihnen diese so einfach durchzuführende Entschlackungskur bekommt; und bei Übergewicht wird sie ein kleines Wunder vollbringen. Ein 15minütiges Kräuterbad kurz vor dem Zubettgehen wird den Gesamterfolg noch erhöhen.
Empfehlenswerte Kräuterextrakte: Heublumen, Thymian, Melisse, Lavendel, Arnika, Fichtennadel, Roßkastanie sind in Bioläden, Reformhäusern und in Apotheken erhältlich. Sie sollen stets einzeln verwendet werden, wobei die Verträglichkeit verschieden sein kann und darum ausprobiert werden muß.
Diese Fastenkur ermöglicht den vollen Einsatz in Beruf und Haushalt. Bei sensiblen Naturen kann ein ganz leichter Kopfdruck oder Schwindelgefühl auftreten, was aber zu keinerlei Besorgnis Anlaß gibt.

Fastenfahrplan für eine Person

(nach Schwester Else, Volkertshausen)

Am Morgen

Kräutertee

½ Teel. Kräuter, 1 großes Glas Wasser, 1 gestr. Teel. Imkerhonig. Kräuter: Birkenblätter, 23-Blätter-Tee, Brennessel, Brombeerblätter, Kamille, Melisse, Malven, Pfefferminz, Schafgarbe, Zinnkraut, Hibiscusblüten, Apfelschalen, Hagebuttenschalen.

Am Vorabend beliebige Kräuter – die Sorten immer wieder wechseln – in einen Topf geben, das bis zum Rand gefüllte Glas Wasser dazugießen, abdecken und über Nacht ziehen lassen.
Am Morgen das Wasser mit dem Tee erhitzen, aber keinesfalls kochen lassen. Den Honig in das Glas geben, den Teelöffel dazu, damit das Glas nicht springt. Den heißen Tee abseihen, einfüllen und in Ruhe löffelweise trinken.
Teekerne z. B. von Hagebutten müssen 2–3 Minuten gekocht werden.
Teekräuter gibt es in Bioläden und Reformhäusern. Viele kann man auch sammeln, im Dörrapparat (s. Seite 13) oder an der Luft – aber nicht an der Sonne – trocknen, zerkleinern und in Dosen aufbewahren.
Nach Bedarf kann am Vor- und Nachmittag zusätzlich ein Glas Tee getrunken werden, wobei Kräuter, Wasser und Honig um ein Zwei- bzw. Dreifaches bei der Zubereitung am Vorabend erhöht werden müssen.

Am Mittag

Gemüsesaft

½ Tasse oder knapp ⅛ l frischer Gemüsesaft, z. B. rote Bete, Gurken, Möhren, Tomaten, Sellerie, Kohlrabi, Sauerkraut, hausgemacht oder aus dem Reformhaus.

Immer nur eine Sorte verwenden. Das Gemüse gründlich säubern bzw. hauchdünn schälen, in den Entsafter geben und roh schluckweise trinken. Überschüssiger Saft kann im Schraubdeckelglas 2–3 Tage im Kühlschrank aufgehoben werden. Mehr als eine halbe Tasse pro Tag sollte nicht getrunken werden. Notfalls Reformhaussäfte verwenden.

Nach dem Gemüsesaft trinken Sie eine

Gemüsebrühe

1 großes Glas oder knapp ¼ l Gemüsebrühe, nachstehende Zutaten ergeben 3 Gläser, 400 g beliebiges Gemüse (netto), 1 l kaltes Wasser, ½ Cenovis-Brühwürfel.

Am Morgen das Gemüse säubern, nur einwandfreie Teile verwenden, grob zerkleinern und in einen Kochtopf geben. Das Wasser aufgießen – es muß ein wenig darüberstehen – und abdecken. Auf diese Weise werden die lebenswichtigen Wirkstoffe entzogen und von der Brühe aufgenommen. Zur Mittagszeit das Gemüse unter leichtem Kochen garen.
Dann abseihen, den Brühwürfel beigeben, sorgfältig verrühren, in das Glas füllen und gut warm schluckweise trinken oder löffeln.
Die Restbrühe für Suppen, Saucen oder als Trinkbrühe für den nächsten Tag verwenden. Zugedeckt im Kühlschrank aufheben.
Hinweis: Gemüsereste (z. B. Blätter und Stiel von Kohlrabi, Möhren, Blumenkohl, Rettich, Sellerie, Lauch, Zwiebelgrün, Spargelenden, Kräuterstiele,

Knollen und Wurzeln aber nicht verwenden.) von 1–3 Tagen sammeln, in feuchtem Küchenkrepp einpacken und kühl lagern.

Am Abend

Fruchtsaft

1 großes Glas oder knapp ¼ l Fruchtsaft

Saft aus Beerenobst aller Arten, ebenso Apfel-, Birnen-, Orangen-, Pflaumen-, Rhabarbersäfte.

Das Glas viertel- oder halbvoll mit Fruchtsaft füllen – das kommt auf den Säuregehalt und auch auf die Dickflüssigkeit des Saftes an. Dann gut warmes Quellwasser oder Stilles Wasser aufgießen, sorgfältig umrühren und schluckweise trinken oder besser löffeln.
Sie können Säfte aus dem Reformhaus oder aus Bioläden verwenden, besser und billiger sind die Säfte, die Sie selber herstellen.
Je nach Saison sehr reife Früchte bzw. Beeren bei 65–70° C entsaften. Gut verschließbare Flaschen heiß ausspülen, auf ein feuchtes Tuch stellen und den Saft bis zum Überlaufen einfüllen. Den Rand rasch mit Küchenkrepp säubern und die Flaschen sofort verschließen. Kühl lagern.
In Flaschen oder Schraubdeckelgläsern halten sich Reste von Frucht- oder Gemüsesäfte 2–3 Tage frisch.

Nach dem Fruchtsaft

1 Glas Sauermilch

nach Belieben mit einem Rest des Fruchtsaftes vermischen.

Sauermilch, mit oder ohne Fruchtsaft, wie die anderen Getränke stets löffelweise zu sich nehmen.

Zubereitung von Sauer- bzw. Dickmilch: Steht Frischmilch oder Vorzugsmilch zur Verfügung, diese in ein irdenes Gefäß füllen, zudecken und in der Küche aufstellen. Nach einigen Stunden den Rahm abschöpfen, für Salate, Suppen oder Desserts verwenden und die Milch stocken lassen. Je nach Raumtemperatur benötigt sie dafür 12–24 Stunden. Reste in ein kleineres Gefäß umfüllen. Steht keine Frischmilch zur Verfügung, holen Sie die Sauermilch in Ihrem Bioladen oder Reformhaus.
An den Tagen danach wieder normale Vollwertkost zu sich nehmen. Vielleicht bei Magenempfindlichkeit am 1. Tag auf Pfannengerichte, im Fett gebacken, verzichten.

Was Sie wissen sollten

Obstsäfte sind keine vollwertigen Nahrungsmittel und daher z. B. zum Stillen von Durst nicht geeignet. In ganzen Früchten, beispielsweise im Apfel, sind alle biologischen Wirkstoffe enthalten, die zur Verarbeitung der Nährstoffe benötigt werden. In den Säften befindet sich nur noch ein Teil der löslichen Vitamine; ein großer Teil bleibt in der ausgepreßten Masse zurück.
Säfte können die Verträglichkeit von Frischkost und auch von Vollkornbrot beeinflussen. Sie sollten es sich zur Gewohnheit machen, die ganzen Früchte zu essen, anstatt die Säfte zu trinken.

Ausnahmen sind Fastenkuren!

Trinken, ohne Durst zu haben, ist für die Erhaltung der Gesundheit entgegen vieler Behauptungen nicht nötig. Diejenigen Menschen, die den Rat befolgen, ihrer Gesundheit zuliebe täglich 3 Liter Flüssigkeit zu sich nehmen zu müssen, sollten bedenken, daß es dabei um eine zusätzliche Flüssigkeitsmenge geht, die zu den eineinhalb Liter Flüssigkeit dazukommt, die wir uns normalerweise mit der Nahrung zuführen. Diese überflüssige Flüssigkeitszufuhr bedeutet eine starke Belastung für den gesamten Organismus, die man sehr ernst nehmen sollte.
Ausführliches darüber lesen Sie in dem Heftchen von Dr. med. M. O. Bruker: Wieviel und was soll man täglich trinken. Es ist in Reformhäusern und Bioläden erhältlich.

Tiefkühlen? Ja – aber richtig!

Was Sie vor dem Einfrieren beachten müssen

Es ist wichtig, zum Einfrieren nur qualitativ einwandfreie Lebensmittel zu verwenden. Um die Qualität zu erhalten, ist ein rasches Eindringen der Kälte notwendig. Denn dadurch werden die Zellen der Gefrierprodukte nicht gesprengt, und so geht nach dem Auftauen keine Flüssigkeit verloren; auch Geschmack, Vitamine und Mineralstoffe bleiben erhalten. Die Kühlzone von –1° C bis –5°C sollte so schnell wie möglich durchlaufen werden.
Nur kalte Lebensmittel einfrieren, größere Mengen vorher im Kühlschrank (nicht im Kühlfach) kühlen. Dadurch werden Sie schneller auf mindestens –18° C heruntergekühlt, was dem Wohlgeschmack zugute kommt.
Brot aller Art und sämtliche anderen Backwaren dürfen lauwarm eingelegt werden.
Nicht zuviel auf einmal einfrieren, höchstens 5 % des Nutzinhaltes innerhalb von 12 Stunden. Bitte die Gebrauchsanweisung Ihres Gerätes genau studieren. Bei Einlage von zuviel frischen Lebensmitteln auf einmal erwärmt sich die Luft im Gerät und die Qualität und der Vitamingehalt lassen erheblich nach. Es ist besser, mehrere kleine, flache Pakete als ein großes Paket einzufrieren.
Alles, was Sie einlegen, muß luftdicht abgeschlossen sein. Luft aus Beuteln herausdrükken, besser heraussaugen, und mit Clips oder frostfreiem Klebeband, aber nicht mit Gummiringen oder Klebefilm, sorgfältig verschließen. Für große Mengen tut ein Folienschweißgerät gute Dienste.
Niemals dürfen Lebensmittel unverpackt eingefroren werden. Die Feuchtigkeit tritt aus den Lebensmitteln aus und setzt sich in Form von Eis ab. Das Gefriergut wird trocken und zäh.
Zum Einfrieren fertige Packungen an die kälteste Stelle im Gefriergerät legen, z. B. in das Vorgefrierfach – wenn eines vorhanden – oder in die Truhe an die Wände. Packungen immer einzeln legen, sie dürfen nicht aneinanderstoßen, auch nicht an bereits angefrorene Packungen wegen der besseren Luftzirkulation. Durch diese friert alles schneller durch.
Nach ca. 24 Stunden können Sie das völlig durchgefrorene Einlegegut auch aufeinander in die Vorratskörbe, -fächer oder -schubladen geben.
An- oder aufgetaute Lebensmittel dürfen nicht wieder eingefroren werden.

Verpackungsmaterial

Beutel oder Folien aus Polyäthylen 0,05–0,1 mm dick. Ein- oder zweimal verwenden. (Gewöhnliche Plastikbeutel sind dünner, wodurch Vorsicht geboten ist.)
Aluminiumfolie „extra stark", sie schließt sich hauteng an und läßt sich durch Zusammenkneifen der offenen Ränder gut verschließen.
Aluminiumbehälter mit Deckel; ohne Deckel müssen sie sorgfältig mit Alufolie verschlossen werden.
Polyäthylendosen bis zu 2 Liter Inhalt mit festschließendem Deckel, flache oder hohe, je nach Größe des Gefriergerätes. Bitte die Aufschrift beachten: Für Tiefgefrieren geeignet.
Haushaltsgläser, mit Deckeln oder Folie schließen. Gläser, die sich nach oben hin verengen, dürfen nicht ganz vollgefüllt werden, damit sie nicht platzen.
Bio- bzw. Joghurtbecher sind nur bedingt geeignet, d. h. für eine kurze Zeitspanne.
Verpackte Lebensmittel stets beschriften, entweder direkt auf die Verpackung oder auf kleine Etiketten (kältebeständig), die aufgeklebt werden. Mit Wachsstiften oder gefrierfesten Filzstiften Datum und Inhalt vermerken.
Beutel bzw. Dosen ganz voll füllen; dann bilden sich keine Eiskristalle.

Vollwertige Lebensmittel, die sich zum Tiefkühlen eignen

Beerenfrüchte und Obst

Wegen der bestmöglichen Erhaltung der Vitamine sollen sie unmittelbar nach der Ernte eingefroren werden, wobei es keine Rolle spielt, ob die Früchte überreif oder noch nicht ganz reif sind.

Kleine Mengen Konfitüre sind gefriergeeignet, sie müssen aber nach dem Auftauen schnell verbraucht werden. Beeren und Obst zum Garnieren sollten unverpackt auf einer Alufolien-Platte 2–3 Stunden vorgefroren und erst dann verpackt werden. Ganze Früchte können in Beuteln, Schläuchen oder Gefrierdosen verpackt werden.
Auftauen bei Raumtemperatur etwa 2–5 Stunden, je nach Art der Früchte. Für Kaltschalen, Creme und Konfitüren im gefrorenen Zustand mixen. Gefrorene und dann leicht angetaute Früchte sind als Kuchenbelag und auch zum Mitbacken gut geeignet.

Gefriergut	Eignung ●●● sehr gut ●● gut	Vorbereitung und Einfrieren	Lagerzeit in Monaten	Zeit fürs Auftauen bei Zimmertemperatur, je nach Gewicht und Größe
Brombeeren	●●●	roh	8–12	2–5 Stunden
Datteln	●●	frische Früchte	8–10	2–5 Stunden
Erdbeeren	●●	roh und roh püriert	10–12	2–5 Stunden
Heidelbeeren, großbeerige	●●●	roh und als Kompott	8–12	2–5 Stunden
Himbeeren	●●●	roh und roh püriert	8–12	2–5 Stunden
Johannisbeeren	●●●	abgeperlt	8–12	2–5 Stunden
Kirschen	●●●	roh, entstielt mit oder ohne Stein	8–12	2–5 Stunden
Nüsse und Mandeln	●●●	ganz oder gehackt, gemahlen ohne Schale	10–12	2–3 Stunden
Maronen	●●●	fertig vorbereitet und verpackt	5–6	3 Stunden
Orangen	●●●	gespalten ohne Schale und weiße Haut	10–12	2–3 Stunden
Preiselbeeren	●●●	roh	11–12	1–6 Stunden
Rosinen	●●●	in Folie verpackt	5–6	5–10 Stunden
Stachelbeeren	●●●	roh	8–12	2–5 Stunden
Zitronen	●●	Saft und Schale zum Abreiben	10–12	30 Minuten
Zwetschgen	●●	entsteint	10–12	angetaut verwenden

Gebäck

In lauwarmem Zustand verpacken, 2–3 Stunden in den Kühlschrank geben und dann einfrieren. Vollkornbrot ganz, als Laib, in Portionen oder in Scheiben ganz frisch verpakken und einfrieren. Bei Zimmertemperatur auftauen. Frisches Brot läßt sich mit der

Maschine tadellos aufschneiden. Aufgetautes Brot altert schneller als frisches Brot und muß in 1–3 Tagen verbraucht werden. Kleinere Mengen sollte man besser in Scheiben einzeln verpackt einfrieren.

Gefriergut	Eignung ●●● sehr gut ●● gut	Vorbereitung und Einfrieren	Lagerzeit in Monaten	Zeit fürs Auftauen bei Zimmertemperatur, je nach Gewicht und Größe
Brötchen	●●	frisch, in Portionen verpacken	4–6	angetaut 10 Minuten bei 175° C backen
Biskuit	●●	nach dem Auftauen mit Obst belegen	3–4	1–3 Stunden
Blätterteig roher	●●●	rechteckig formen	6	2 Stunden
Blätterteig-Gebäck	●●●	in Alufolie bzw. Beuteln verpacken	6	10 Minuten bei 200° C aufbacken
Brandteig roh	●●	flache Pakete	4	4–6 Stunden
Brandteig-Gebäck	●●	nach dem Auftauen füllen	4	3–4 Stunden
Berliner Pfannkuchen	●●	fertig gebacken einfrieren	1–2	gefroren bei 175° C 10–15 Minuten aufbacken
Hefeteig roh	●●	Hefe um $^1/_4$ erhöhen, gehen lassen, kurz kneten	2–3	2–3 Stunden
Hefe-Gebäck	●●●	Im Ganzen oder in Portionen verpackt	3	3–4 Stunden, flache Stücke bei 200° C 10 Minuten aufbacken
Käsekuchen, gebacken	●●		1–2	30 Minuten bei 150° C aufbacken
Käsekuchen roh	●●		1–2	
Mürbeteig roh	●●●	In Blockform portionieren	6	4–6 Stunden im Kühlschrank auftauen
Mürbeteig-Gebäck	●●●	Tortenböden und Torteletts erst nach dem Auftauen belegen	4–6	$^1/_2$–1 Stunde
Rührteig	●●	in einer Form aus Alufolie einfrieren	3	3 Stunden
Rührkuchen	●●●	ganz oder in Scheiben einfrieren, verpackt auftauen	6	4–6 Stunden ganzer Kuchen, 1 Stunde in Scheiben
Stollen gebacken	●●●	ganz o. in Scheiben	6–8	2–4 Stunden
Strudelteig roh	●●●	Oberfläche mit Öl bepinseln	4–6	2–3 Stunden
Strudel gebacken ohne Quarkfüllung	●●●	ganz oder in Portionen	4–6	30–40 Minuten bei 175° C backen
Waffeln gebacken	●●●	Folie dazwischenlegen	2–3	5–10 Minuten bei 225° C aufbacken
Pizza	●●●	rohe belegte Teigböden	2–3	gefroren bei 220° C 30 Minuten backen

Eier und Milchprodukte

Gefriergut	Eignung ●●● sehr gut ●● gut	Vorbereitung und Einfrieren	Lagerzeit in Monaten	Zeit fürs Auftauen bei Zimmertemperatur, je nach Gewicht und Größe
Süßrahm-Butter, ungesalzen	●●●	in Pergamentpapier und Alufolie verpacken. Molkereibutter ist ungeeignet	6	1–2 Stunden
Butterschmalz	●●●	in Folie verpacken	10–12	2–3 Stunden
Eier roh in Gläschen	●●	mit wenig Salz verrühren	8–10	1–2 Stunden
Eigelb roh in Gläschen	●●	mit einer Prise Salz verrühren	8–10	1–2 Stunden
Eiweiß roh in Gläschen	●●●	leicht verrühren	10–12	1–2 Stunden
Käse am Stück und gerieben	●●	in Portionen verpacken. Fetthaltige eignen sich bes. gut	1–2	2–3 Stunden
Sahne süß	●●●	geschlagen in Dosen	3	15–40 Minuten
Sahne süß	●●●	ungeschlagen in Becher füllen	3	1–1½ Stunden. Vor dem Schlagen in kaltes Wasser stellen, aber nicht ganz auftauen lassen.
Sahnetupfer gefroren auf das Gebäck geben	●●●	unverpackt auf einem Alufolien-Tablett 2–3 Stunden vorfrieren. Mit dem Tablett verpacken und einfrieren	3–4	Sahnetupfer auf Gebäck tauen in 12–15 Minuten auf
Eiscreme	●●●	portioniert in kleinen Behältern	2–5	Milchspeiseeis ist haltbarer als Fruchteis

Milchprodukte, die sich zum Tieffrieren nicht eignen

Dickmilch, Bio- und Sanoghurt werden flockig.

Frischmilch wird grießig und ist dadurch ungenießbar.

Saure Sahne wird nach dem Auftauen ebenfalls grießig; nur noch für Salatsaucen verwendbar.

Hüttenkäse u. ä. Käsearten werden wässerig und schmecken unangenehm.

Mayonnaise: Die Zutaten trennen sich voneinander.

Gekochte Eier weisen ein glasiges Eiweiß auf.

Fertiggerichte

Je kürzer Fertiggerichte im Kühlschrank gelagert werden, um so besser ist die Qualität. Es sollen auf keinen Fall drei Monate überschritten werden. Saure Sahne, Schlagsahne und Milch dürfen erst nach dem völligen Auftauen der Fertiggerichte dazugegeben werden.

Gewürze wie Ingwer, Kapern, Kümmel, Meerrettich, Nelken, Zimt und Zitronenschale, die in den Speisen vorhanden sind, bleiben in ihrer Ursprünglichkeit erhalten. Dagegen zeigen z. B. Curry, Majoran und Salbei Geschmacksveränderungen auf.

Gefriergut	Eignung ●●● sehr gut ●● gut	Vorbereitung und Einfrieren	Lagerzeit in Monaten	Zeit fürs Auftauen bei Zimmertemperatur, je nach Gewicht und Größe
Kartoffelklöße	●●●	fertig garen	2–3	gefroren in leicht kochender Brühe ziehen lassen.
Grieß-, Reisklöße	●●●	fertig garen	2–3	
Hafer-, Hirseklößchen	●●	fertig garen	2–3	
Kartoffelpuffer	●●	fertig backen	2–4	gefroren verwenden
Kroketten	●●	roh verpackt	2–3	gefroren in Öl backen
Maronen	●●●	fertig vorbereitet und verpackt	5–6	3 Stunden
Pfannkuchen	●●●	hellbraun backen, gefüllt aufrollen oder durch Folie trennen	2–3	gefroren in der Pfanne 3 Minuten, im Ofen 20–30 Minuten bei 20–30° C backen
Nudeln, Spätzle, Knöpfle	●●●	nicht ganz weichkochen	6	gefroren in kochendem Salzwasser oder Brühe erhitzen
Reis	●●	knapp garen	3	gefroren in Salzwasser erhitzen
Suppen	●●●	klare, wenig gewürzt	6	gefroren verwenden
Suppeneinlagen	●●●	getrennt verpacken	6	gefroren aufkochen

Gemüse

Das Einfrieren von Gemüse ist nur dann sinnvoll, wenn es frisch aus dem eigenen Garten kommt oder frische Ware günstig erworben werden kann. Hierzu muß aber gesagt werden, daß aufgetautes Gemüse – mit ganz wenigen Ausnahmen – für Rohkost nicht geeignet ist. Das Gemüse muß blanchiert werden, d. h. nach dem Putzen und Waschen einige Minuten in kochendes Salzwasser gelegt werden und dadurch nicht mehr als Frischkost bezeichnet werden kann. Darüber hinaus macht das Blanchieren einige Mühe. Gefrorenes Gemüse eignet sich aber für Suppen, Gemüsegerichte und Eintöpfe recht gut. Nach den Richtlinien der vollwertigen Ernährung aber soll gekochtes Gemüse nicht verzehrt werden, wobei Ausnahmen die Regel bestätigen. Dafür gibt es das ganze Jahr hindurch frisches Gemüse in reicher Auswahl.

Grüne Kräuter

Im Gegensatz zu Gemüse eignen sich fast alle Kräuter sehr gut zum Einfrieren. Voraussetzung ist, daß sie gartenfrisch sind oder frisch vom Gemüsehändler gekauft werden. Es ist zweckmäßig, die Kräuter vor dem Waschen zu sortieren, zu verlesen und die groben Stengel

abzuschneiden. Kleingebündelt in kaum handwarmem Wasser rasch waschen, gut abtropfen lassen und in Küchenkreppapier behutsam ausdrücken und danach aufschütteln.
Dann die Kräuter nach Sorten getrennt fein schneiden oder wiegen. Einzeln oder gemischt in die passenden Behälter füllen, gut verschließen und sofort in das Gefriergerät geben. Sehr kleine Mengen, vor allem von den gebräuchlichsten Kräutern, wie Petersilie, Schnittlauch, Kerbel und Dillspitzen, z. B. für Einzelpersonen, in Alufolie verpacken.

Verpackungen

Schraubdeckelgläser in verschiedenen Größen, Klarsichtfolienbeutel, kleine Kunststoffdosen (für Lebensmittel geeignet), Alufolie, Bio- bzw. Joghurtbecher.

Verwendung

Für Salate: Petersilie, Schnittlauch, Dill, Estragon, Kerbel, Pimpinelle, Zitronenmelisse (Liebstöckl sparsam verwenden). Einzeln oder mehrere Sorten, je nach Geschmack oder Vorrat, vermischen.

Für Suppen und Saucen eignen sich alle oben angeführten Kräuter außer Zitronenmelisse, die Sie durch Majoran oder Thymian (nicht beides zusammen) ergänzen können. Gefroren in heiße Suppen und Saucen einrühren.

Für grüne Saucen können Sie die gleichen Kräuter verwenden wie für Salate, außer Majoran und Zitronenmelisse. Sie werden ergänzt durch Kresse, Sauerampfer, Schnittlauch und nach Belieben Löwenzahnblättchen.

Wichtiger Hinweis: Jede Art von Kräutern gefroren verwenden. Mit einer Gabel oder mit einem Teelöffel die gewünschte Menge aus der Verpackung nehmen, eventuell schaben. Die Kräuter tauen sofort auf. Die Verpackung wieder schließen und in das Gefriergerät geben.
Wenn Ihr Gefriergerät im Keller steht ist es ratsam, in Gläser verpackte Kräuter in Folie zu hüllen und in einem Körbchen hochzutragen und genauso wieder hinunter zu befördern. Durch die Berührung mit der Handwärme würden die Kräuter sehr rasch auftauen und in diesem Zustand dürfen sie nicht wieder eingefroren werden.

Frühlingsputz im Tiefkühlgerät

Tiefkühlgeräte müssen jährlich zwei- bis dreimal abgetaut werden. Eine Eisschicht von fünf Millimeter kann den Stromverbrauch um 30 % erhöhen. Das Gefriergut in einem mit Zeitungspapier und darüber mit Plastikfolie ausgelegten Korb dicht stapeln. Mit Papier und Wolldecke belegen und sehr kühl stellen. Gefrierboxen tun auch gute Dienste. Nun das Gerät abschalten und den Stecker herausziehen. Zwei bis drei größere Schüsseln, wenn möglich aus Metall, mit kochendem Wasser füllen und hineinstellen; Türe oder Deckel schließen. Durch den Dampf wird das Eis gelöst; eventuell wiederholen. Eiskrusten wenn nötig mit einem Kunststoffschaber behutsam lösen.
Nach dem Abtauen das Gerät innen und außen mit einem milden Seifenwasser reinigen. Den Innenraum noch mit warmem Essigwasser nachwaschen und gut austrocknen. Dann das Gerät auf höchste Stufe schalten, bei minus 10 Grad das Gefriergut wieder einlegen. Das Gerät 24 Stunden auf „super" eingeschaltet lassen und dann auf die vorgeschriebene Temperatur zurückschalten.

Suchregister nach dem Alphabet

Suchregister nach Arten der Speisen

Suchregister nach dem Alphabet für Alleinstehende

Suchregister nach Arten der Speisen für Alleinstehende

Platz für Ihre private Rezeptesammlung

Die Bücher des Schnitzer Verlags

Die Bücher des Schnitzer Verlags vermitteln Ihnen ein fundiertes Wissen über die natürlichen Gesundheitsgrundlagen, die Ursachen der chronischen Zivilisationskrankheiten und die Möglichkeiten zu deren Verhütung und Überwindung so wie über die praktische Anwendung einer urgesunden Ernährung. Es sind u. a. folgende Titel erhältlich:

Dr. J. G. Schnitzer
Das volle Leben
ISBN-Nr. 3-922894-85-2,
136 Seiten

Dr. J. G. Schnitzer
Der alternative Weg zur Gesundheit
ISBN-Nr. 3-570-01699-4,
Mosaik-Verlag, München,
256 Seiten

Dr. J. G. Schnitzer
Das Kursbuch der gesunden Ernährung
ISBN-Nr. 3-922894-65-8,
64 Seiten

Dr. J. G. Schnitzer/M. Schnitzer
Schnitzer-Intensivkost/ Schnitzer-Normalkost
ISBN-Nr. 3-922894-45-3
mit 14-Tage-Menüplänen,
Berechnungsangaben und
100 Farbtafeln,
186 Seiten

Dr. J. G. Schnitzer
Backen mit Vollkorn für Hausfrauen und Hobby-Bäcker
ISBN-Nr. 3-922894-25-9,
12 Lektionen Wissensgrundlagen,
16 Brot- und Gebäckarten,
96 Seiten

Dr. J. G. Schnitzer
Der Schnitzer-Report
4702 Personen berichten über ihre Erfolge
ISBN-Nr. 3-921123-88-7,
534 Seiten

Dr. J. G. Schnitzer
Nie mehr Zahnweh
ISBN-Nr. 3-921123-39-9
446 Seiten, 71 Abbildungen

Dr. J. G. Schnitzer
Biologische Heilbehandlung der Zuckerkrankheit und ihrer Spätfolgen
ISBN-Nr. 3-921123-70-4,
184 Seiten

Dr. J. G. Schnitzer
Gesundheit für unsere Jugend
ISBN-Nr. 3-921123-20-8,
292 Seiten

Dr. J. G. Schnitzer
Kommt das Leben ohne Brot
ISBN-Nr. 3-921123-50-X

Prof. Dr. med. Lothar Wendt
Gesund werden durch Abbau von Eiweißüberschüssen
ISBN-Nr. 3-922894-50-X,
301 Seiten, 42 Abbildungen,
13 Tabellen

Dr. med. Karl Stephan
Heilung über Magen und Darm
ISBN-Nr. 3-922894-15-1,
144 Seiten

Hildegard Hölzle
Gesunde Küchenkunst
ISBN-Nr. 3-922894-30-5,
8 Farbtafeln, 186 Seiten

Werner Vogel/
Marlies Dorschner
Yoga mit Heilwirkungen
Programm mit 15 Lektionen
ISBN-Nr. 3-922894-60-7,
172 Seiten, 207 S/W-Fotos

Dr. Ing. E. Spohn
Selber kompostieren für Garten und Feld
ISBN-Nr. 3-921123-91-7,
150 Seiten, 23 Zeichnungen